THE ART OF MANAGEMENT

管理操控术

陈墨◎/编著

北京理工大学出版社
BEIJING INSTITUTE OF TECHNOLOGY PRESS

图书在版编目(CIP)数据

管理操控术 / 陈墨编著. —北京:北京理工大学出版社，2011. 10
ISBN 978-7-5640-4815-0

Ⅰ.①管…　Ⅱ.①陈…　Ⅲ.①管理学　Ⅳ.①C93

中国版本图书馆 CIP 数据核字(2011)第 137570 号

出版发行 / 北京理工大学出版社
社　　址 / 北京市海淀区中关村南大街 5 号
邮　　编 / 100081
电　　话 / (010)68914775(办公室)　68944990(批销中心)　68911084(读者服务部)
网　　址 / http://www. bitpress. com. cn
经　　销 / 全国各地新华书店
印　　刷 / 北京市通州富达印刷厂
开　　本 / 710 毫米 × 1000 毫米　1/16
印　　张 / 20
字　　数 / 260 千字
版　　次 / 2011 年 10 月第 1 版　　2011 年 10 月第 1 次印刷　　责任校对 / 张沁萍
定　　价 / 34.00 元　　责任印制 / 母长新

图书出现印装质量问题,本社负责调换

前　言

　　管理的核心是管人。管人是一门学问、一种智慧，它是所有想在管理职位上坐得长久的人，所有立志于凝聚人心、干一番事业的人，必须练就的一种本领。

　　《孙子兵法·谋攻篇》曰："上兵伐谋，其次伐交，其次伐兵，其下攻城。"兵家讲究"攻城为下，攻心为上"，管理企业也是如此。管理企业的实质是管理人心，高效管理的关键在于"操控人心"，实现管理者之心与员工之心的和谐互动。因此，作为企业的管理者，一定要学会管理人心。

　　简单地说，人心管理主要体现在以下三个方面：

　　管理者要会识"人心"

　　管理人心首先要具备识人心的能力。俗话说："画龙画虎难画骨，知人知面不知心。"管理者想要读懂人心，就要掌握一些必要的心理学知识和洞察人心的方法、技巧。好的读心技巧可以让管理者更精明、强干，让员工更积极、高效，让企业效益有更大提升。

　　有时候，员工一个无意识的动作、一句不经意的牢骚，都能反映出他们深藏不露的本意。管理者千万不要被假象迷惑，而要学会透过现象看本质，通过员工的一言一行、一举一动掌握其最重要的心理信息，这样才能在关键时刻出奇制胜，控制大局。

　　管理者要会收拢人心

　　作为一名企业管理者，如果有人问你："世界上什么样的投资回报率最高？"你将作何回答？日本麦当劳社长藤田田的答案是："在所有投资中，感情投资花费最少，回报率最高。"藤田田在自己所著的畅销书《我是最会赚钱的人物》中说，日本麦当劳每年支付巨资给医院，作为保留病床的基金。当员工或员工家属生病、发生意外时，可以立即住院接受治疗。即使在周末休息时患了急病，也能马上被送往指定医院，避免多次转院带来的麻烦。

有很多人问藤田田，如果你的员工几年都不生病，那么这笔巨额医疗基金岂不是白白浪费了吗？藤田田回答说："只要能让员工安心工作，对麦当劳来说就不吃亏。"藤田田的信条是：为员工多花一点钱进行感情投资，如果可以收拢人心，绝对"物超所值"！因为感情投资能换来员工的工作热情和积极性，赢得员工对企业的信赖和忠诚，由此产生的巨大创造力，是其他任何投资都无法比拟的。

管理者要会激励人心

"激励"一词的英文为 encouragement，其拉丁文词根"cor"的字面意思是"心"。"勇气"（courage）一词也是一样。有勇气就意味着有心。激励——提供或给予勇气，从字面意思上理解就是给别人心。

这些词语的来源告诉我们，当我们在谈到勇气和激励时，并不仅仅是指现代贺卡上使用的那些动情华丽的辞藻。相反，在激励的情境中，"心"这个词往往意味着面对巨大挑战时的勇气，面对巨大困难时拥有的希望，面对重大挫折时依然不屈不挠、努力做到最好的决心。

实际上，我们每个人都需要得到激励。激励能提高绩效，巩固我们的决心，并且能改善我们的身心健康状况。我们无论做任何事情，为了把事情做得更好，都需要得到他人的掌声，并且需要知道我们和其他人是相联的，我们需要从别人那里获得激励和力量。对员工的管理也是如此，管理者往往需要凭借激励人心的方式，使员工们紧密团结在一起并彼此帮助，以顺利完成某种工作任务或达成某种组织目标。

要实现管理人心、操控人心的目标，除上述三点之外，管理者还需要做好以下几门功课：一要加强自身的"修炼"，让操控化于无形；二要提高执行力，做到令出必行；三要交流沟通，实现上通下达；四要知人善任，实现人才为我所用；五要凝聚人心，实现万众一心；六要放权授权，做到抓大放小；七要让员工学会自我管理，实现"无为而治"。

管理是一门管理人心的学问。管理者若能摸透员工的心理，抓住员工的优点和弱点，巧妙地加以引导和利用，就能让员工心甘情愿地听从自己的指挥和调遣；优秀的精英员工会锋头更锐，精益求精；普通员工会被你"点石成金"，迅速成长；难缠的"刺头员工"也会被你驯服为得心应手的心腹干将；"老实巴交"的员工更会对你忠心耿耿、奉献终身！

目 录

第 5 章　　/143
提高执行力，操控要"令出必行"

第1章

提高魅力指数，

操控要"化于无形"

　　管理者是企业的"掌舵人"，其个性魅力可以直接折射出企业的光芒和发展前景。优秀而卓越的管理者既具有以德服人的德行和修养，又具有临危不乱的冷静和睿智；既具有说一不二、雷厉风行的办事风格，又具有深入"群众"、与民同乐的友善和亲和力；既具有自我调控、高屋建瓴的能力和修为，又具有勇于负责、身先士卒的气魄和胸襟。管理者只有不断提高自己的个性魅力，才能把员工操控于"无形"。

若想管人，必先修己

> 美国著名管理学家德鲁克说："一个有能力管好别人的人不一定是个好的管理者，而只有那些有能力管好自己的人才能成为好的管理者。事实上，人们不可能指望那些不能有效管理自己的管理者去管好他们的组织和机构。"

《论语·宪问》有言："子路问君子。子曰：修己以敬。曰：如斯而已乎？曰：修己以安人。曰：如斯而已乎？曰：修己以安百姓。"这段话的意思是，子路问孔子什么样的人才能称得上君子。孔子回答说：修养自己，保持严肃恭敬的态度；修养自己，使周围的人安乐；修养自己，使天下的百姓都安乐。

孔子认为，修养自己是君子立身处世和管理政事的基础和关键，只有做到"先修己"，才能达到"后安人"的目的。

清康熙皇帝执政总共61年，不仅取得了除鳌拜、平三藩、抗沙俄、整吏治、废圈地、革赋役等旷世奇功，而且克勤克俭、严于律己。康熙是一位非常"敬业"的皇帝，他一生孜孜不倦，刻苦读书，勤于理政，每天凌晨三四点钟就开始起来处理政务，据说在整个大清王朝，康熙皇帝是批阅奏折最多的皇帝。不仅如此，康熙皇帝还严于律己，做出表率。比如在他出巡的时候，一些地方官员为了讨好他而向他进献美女，康熙皇帝很反感这种诱惑和腐蚀，所以对这些官员予以严惩，以儆效尤。

康熙皇帝之所以创造了彪炳青史的盛世王朝，正是因为他具备了严于"修己"的品格。管理政事如此，管理企业也是同样道理。

管理是一门"以人为本"的"修己治人"的艺术。在管理过程中，管理者是主体，管理者只有先把自己"修"好了，才能管好他人。正如"中国式管理之父"曾仕强所说："管理是修己安人的历程。"

但是在现实的管理工作中，很多管理者往往会花费大量时间和精力，试图去改变员工，殊不知，这样做既浪费了管理成本，又收不到理想的管理效果。因为在这种管理模式下，员工会保持高度的警觉性，要么全力抗拒，要么表面接受，实际上各有各的想法，即口服心不服。与其如此，管理者不如先"修己"，用心改变自己，让员工受到良好的感应，然后让他们自动地改变自己。

那么，管理者究竟该如何"修己"呢？具体而言，管理者应该从以下 5 个方面进行努力：

树志向

所谓树志向，就是要求管理者要"树立远大的人生价值目标"，这是管理者将员工吸引到自己身边、凝聚在自己周围的先决条件。

一个企业对员工是否具有吸引力，往往取决于这个企业的发展前景，而企业的发展前景如何，往往取决于管理者是否具有远大的人生价值目标。当然，我们所说的远大的人生价值目标，并不是指一个管理者对名利的追求，而是指一个管理者从社会发展和企业成长的角度出发，为自己树立一个"我能为社会/他人带来什么"或"我能将企业和我的员工带向何方"的人生目标。正如詹姆斯·柯林斯教授在《明星与领导力》一书中说的那样，管理者只有为企业树立长远的宏伟目标，并将个人的雄心壮志融入到企业目标中，以企业发展作为个人发展的终极目标，才能源源不断地吸引并保留优秀的人才，才能使人才愿意为其"鞠躬尽瘁"、倾尽全力。

立品格

所谓立品格，就是要求管理者要建立高尚的职业道德，这是管理者建立职业威望、树立个人威信的基本条件。

正所谓"正人先正己"、"己欲立而立人，己欲达而达人"，管理者要想培养出高忠诚度、高能力的员工，首先要加强自身职业道德修养，一方面要自律，一方面要宽人。

自律是指管理者要严于律己、率身为正。这是建立在管理者以身作则，为员工做出表率，身体力行地维护企业整体利益的基础上的。在工作过程中，管理者和员工肯定都有一定的个人利益需要维护，作为管理者，既要处理员工的个人利益与企业整体利益的矛盾，又要处理自己的个人利益与企业整体利益的矛盾。因此，管理者绝不能对人对己实行双重原则，只要求员工超越个人利益，而自己却不站在企业利益角度处理问题；否则很难获得员工的信任和认可。

宽人是指管理者要做到尊重他人、包容他人。在管理员工的过程中，管理者要超越单纯的上下级关系，超越指挥命令的关系，平等、友善地对待员工，公开、公平、公正地处理各种事务。此外，管理者还要做到放眼他人，而非自我欣赏，正确看待员工的缺点和不足，以欣赏的眼光接纳员工的优点和长处，客观地赞扬员工的成绩，公正地评判员工的失误，这样才能使员工感到被理解而非不解、被欣赏而非漠视、被重用而非排斥。

修个性

所谓修个性，就是要求管理者要注意个人性格特征的磨炼，这是管理者带领企业达成企业目标的必要条件。

一个人的性格特征并不全是天生的，后天环境也起着很大的影响作用，因此，人的性格特征是可以改变的。当然，企业管理者并不需要进行基本个性的完全转变，只需要加强某些方面的个性修养就可以了。如在经营管理过程中转换思考问题的固有模式、调整解决问题的原始心态等，使自己变得更积极、更稳重。

企业在商海中沉浮，必然会经历各种挑战和磨难，其经营和管理也必然面临着各种机遇和风险。管理者要想带领团队抓住机遇、接受挑战、战胜困难，就必须具备顽强的意志、临危不乱的沉稳和坚定不移的决心。

此外，管理者还必须修炼勇于自省的个性特征，尤其是当失败或出现失误时，管理者要学会从自我角度找原因，主动承担责任，积极思考，改进不足，而不是一味地怨天尤人或抱怨运气不佳。成功的时候，管理者也要善于自我总结，对引发成功的因素加以强化，以便赢取更大的成功。

重情商

所谓重情商，就是要求管理者要善于与员工打交道，与员工建立起良好的工作友情，这是管理者深入了解员工、以情留人的基础。企业是由不同个性、不同背景的人构成的复杂群体，在这个群体中，管理者在权力上处于强势，在地位上处于上位，但在势力和情感上却往往处于弱势和下位。为了避免管理者在群体中处于"孤掌难鸣"的境地，管理者必须加强情商修炼，拥有同理心，并与员工建立良好的关系。

所谓同理心，是指管理者要善于换位思考，对员工在面对各种管理情境时会做出何种反应能够进行正确地分析和判断，对员工心理具有敏锐的洞察力，能够理解员工的行为，对员工的遭遇和境地感同身受，并采取有效的应对措施，而非居高临下、主观臆断，这样才能提高应对问题和变化的灵活性和有效性。

与员工建立良好的人际关系不仅是管理者行使管理权力的必要手段，也是激励员工完成目标任务的有效方式。唯有在良好人际关系的前提下，员工才能和管理者进行积极、开放的沟通和交流，管理者才能及时、准确地掌握第一手信息，从而做出正确的管理决策；唯有在良好人际关系的前提下，管理者和员工才能针对企业的各项政策制度进行坦诚的意见交换，从而使管理者的各项管理举措得到员工的理解、支持和配合。

讲方法

所谓讲方法，就是要求管理者要关注正确、有效的"用人之道"，这是管理者确保在有限的资源条件下，最大限度地发挥员工才能、挖掘员工潜能的必由之路。说起用人之道，我国古代的思想家、政治家、军事家大都形成了各具特色的用人智慧，比如孔子选贤任能的"听其言观其行"；姜子牙在《六韬》中提出的"善于利导"；墨家提出的"把政绩作为衡量是否是贤人的主要标准""善于任用难以驾驭的'良才'"和"善于运用赏罚手段调动积极性"等。

国际上很多优秀的企业家或管理学者也提出了很多有效的用人之道，比如彼得·德鲁克的用人四原则——职位设置的合理性、职位管理幅度的合理性、人岗适配及用人容短；三星集团的"能力主义原则"等。当然，上述这些理论只能为管理者提供某些借鉴和参考。管理者对这些用人理论绝不能采取"拿来主义"的态度，而应该结合自己企业内部的客观情况和人才的实际现状，将这些理论转化为可操作性的用人方法。树志向、立品格、修个性、重情商和讲方法，这5个方面涵盖了从内在价值理念到外在方式方法的管理者修为。经过这5个方面的系统修炼，管理者在管理过程中必定能赢得员工的尊重、信任、支持和配合，从而使自己的雄心壮志得以实现。

"以德服人"是管人的根本

在众多管人的方法中，以德服人是成本最低、效能最高的一种方法，也是深受管理者和被管理者认同的管理方式。因此，管理者必须修炼以德服人的本领。

企业管理千头万绪、错综复杂，但其中最根本、最核心的东西还是人的管理。"世界第一 CEO"、通用公司前任 CEO 杰克·韦尔奇说："如果哪一天我们把人的事情搞砸了，那我们就完了。"据调查资料表明，在导致员工流失的众多因素中，与管理者的关系不和谐已经上升到了第二位。因此，管理者要想赢得事业的成功，就必须具备良好的管人技能。

管人的技能有很多种，可以以力制人，可以以势迫人，可以以情感人，也可以以德服人。尽管这些管理技能各有千秋，但中国企业的管理者们对以德服人却倍加推崇。因为以德服人者，管理成本最低、管理效能最大，而且最大程度地降低了被管理者的情绪反弹，是管理者与被管理者双方都很认同的一种管理方式。

那么，以德服人的"德"究竟是什么意思呢？

"德"是指在顺应自然、社会和人类客观需要的前提下，去发展自然、发展社会、发展自己的事业。管理者的德行主要包括两方面内容：正直的品行和成就大业的能力。其中又以正直的品行为主。

管理者的德行能够给下属以安全感，让下属觉得自己"以身相许"是安全的、值得的。事实上，管理者的德行几乎可以同时满足马斯洛心理学提出的 5 个层次需求：人的生存需求、安全需求、社交需求、受人尊重的需求和自我价值实现的需求。

管理者的德行能够给下属以信任和荣誉感，让员工自觉、自愿、自发地接受管理和进行自我管理，使员工的主动性和积极性充分发挥出来，从而创造性地完成自己的工作。这就是说，以德服人的管理者根本无需对员工喋喋不休、要求员工如何做，因为员工受管理者"德行"的感召，会自觉自发地进入到自我管理的状态中，认真负责地把工作做好、做到位。以德服人的管理者，其管理原则是先管好自己，然后再影响别人。因为管理者是所有员工的标杆和榜样，他的一言一行都会对员工的思想品德、工作情绪产生潜移默化的影响。如果管理者德行不好，那么整个企业团队都会遭殃。所以企业管理实质上是管理者的管理。一个企业只要管理者没有问题，企业就不会有问题。

管理者并不一定要有很高的学历，但必须有德，德是管理者之本。那么，管理者如何才能做到"以德服人"呢？主要应该从以下几个方面努力：

以德立身

正直、诚实、勇敢、公正、慷慨等是每一个管理者必须具备的重要品德。管理者要想走向成功，必须以德立身，这是一个成功者必须确立的内在标准。

诚信为本

诚信是立人之本。作为企业的管理者，要想使员工信服自己，就必须付出使员工信服的努力。因此，管理者必须以诚信为本，要言而有信，言必行、行必果。

仁爱思想

仁爱思想是一个企业成为一流企业的重要条件，也是企业内部加强团结和增强凝聚力的基础。因此，管理者必须树立仁爱思想。

客观公正

每个人都有长处和短处。懂得欣赏和尊重员工的长处、正视和改正员工的短处是管理者德行的重要体现，也是企业走向"以人为本"的人性化管理的第一步。

有管理的实力，才有"治人"魅力

管理是一门艺术，它需要与人打交道，管人不容易，众口难调，想做到让每一个人都满意实在不太可能；另一方面，管理又是简单的，因为只要大家在同一个规则下活动，管理就可以发挥作用，达到预期的效果，管理也就会成为一件快乐的事情。

管理分解来说就是"管"加"理"。根据统计，中国企业管理者的"管""理"比例大多为 80：20；西方发达国家企业管理者的"管""理"比例普遍为 20：80，这也许就是中国企业缺乏国际竞争力的最有力说明。

企业管理者要想在管理工作上有所进步和突破，必须从计划、组织、领导、控制、协调 5 个方面入手，全面打造自身的管理水平和能力。

计划

对企业管理者来说，计划是最重要的工作环节之一。但是在现实的管理工作中，很多管理者根本没有系统的计划性可言，他们不知道自己要到哪里去，也不知道自己现在到了哪里，成了不折不扣的"哥伦布计划"。这样一来，员工们必然更加茫然不知所措，不仅浪费了大家的时间和精力，也浪费了企业的有效资源，甚至会贻误企业发展的有利时机。

管理者在制订某一项计划时，一旦找准了目标，就一定要坚定目标，一气呵成，矢志不渝，千万不能犹豫不决，更不能朝三暮四，随意改动计划。

某公司老总工作随意性非常大，常常朝令夕改，完全没有工作全盘规划和实施计划，所以经常使公司处于"兵来将挡，水来土掩"的经营状态中，结果不仅使自己陷入了烦琐的事务性工作中，更使整个公司的运营陷入了混乱、低效的困境中。

对于事关企业发展大局的项目计划的制订，管理者可以通过集思广益的方法来完成，即管理者邀请员工一起进行讨论分析，然后对员工的意见和建议进行收集、筛选和归纳，这样不仅有利于提高计划的科学性和可操作性，还有利于调动员工的积极性和责任感。反之，如果是在管理者的"专制独裁"下出台的项目计划，对员工解释耗费时力不说，计划的科学性、完善性和可行性都可能存在质疑。

组织

组织能力是企业管理者应该具备的第二种能力。对管理者而言，组织能力主要体现在组织机构的设立和规章制度的制定两方面。

现代管理学有这样一条黄金法则：管理者应该把最合适的人放在最合适的岗位上，做到才适其位、位适其才。管理者的核心职责之一，就是为不同岗位选配合适的人员，谋求人与事的最佳组合，建立合理、高效、精简的组织机构。

管理专家研究表明，组织机构的管理层次越少越好，最多不能超过四级，这样便于市场一线与管理者之间进行信息的双向传递。

沃尔玛公司实行扁平化结构的管理体制，下设 4 个事业部，组织管理分事业部总裁、区域总裁、区域经理、店铺经理 4 个层次，直接有效地对店铺的选址、开办、进货、库存、销售、促销、广告等各项事务进行管理。正是这样高效的组织结构，使沃尔玛始终稳居世界第一零售商的宝座。

在组织机构形式上，我国目前的企业普遍为职能型，即企业内部主要分为销售部、市场部、财务部、人事部、售后部等职能部门，其缺点是容易导致部门之间各自为政、团队意识淡薄。现代管理提倡矩阵型的组织形式和学习型组织形式。矩阵型组织形式强调组织内部的横向联系和合作，从而可以大大提升企业的整体运营能力。学习型组织形式是一种非等级权力控制型组织模式，强调管理重心下移，强调员工的命运掌握在自己手中，强调通过"学习 + 激励"提高员工的知识和技能。学习型组织形式是企业未来发展的趋势，只有企业成为一个学习型组织时，才能充分发挥员工人力资本和知识资本的作用，才能源源不断地为企业的发展提供精神动力和智力支持，才能实现令企业满意、客户满意、员工满意和社会满意的最终目标。

一个企业要想实现组织目标，光靠组织形式是不够的，还必须形成一套组织管理规章制度。其实，对大多数企业而言，组织管理规章制度都是大同小异的，万变不离其宗。但是，管理者必须明白："制度 ≠ 管制"。制定规章制度的目的绝不是约束和处罚员工，而是以尊重员工为出发点，营造一个公平、人性化、鼓励先进的工作环境。

领导

管理者的领导能力是企业发展成败的关键。长期以来，很多管理者都是以命令的形式来强迫员工干这干那，结果极大地妨碍了员工的热情，遏制了员工的积极性和主动性。因此，管理者要善于运用激励原则将领导变为引导，这样往往能取得意想不到的效果，如：建立科学、完善的奖惩机制；适当授权给员工，让员工独立承担起一份责任等。

作为企业的管理者，不能单凭自己的职务、权威和形式上的地位尊严去领导员工，否则很难让员工信服。管理者只有以身作则，身体力行，言必行、行必果，为员工做出表率，才能让员工心悦诚服地接受领导，跟着管理者"动起来"。

管理者还要懂得尊重员工，重视和满足员工自我发展和自我实现的欲求，唯有如此，员工才能用心去工作，才能更有效率地完成管理者的指令。因此，管理者要像尊重朋友一样尊重自己的员工。

此外，管理者还要懂得授权的必要性。一流的管理者能够充分发挥下属的智慧和才能，二流的管理者只会凭借下属的体力，三流的管理者则必须事必躬亲。因此，作为管理者，要敢于并善于授权给下属，并做到知人善任，根据下属的爱好、特长安排合适的岗位。否则，人才也会变成庸才，没有任何利用价值，甚至会成为企业发展的障碍。

控制

控制能力是企业管理者最重要的能力之一。所谓控制，就是用简洁、高效的方式方法来处理和解决复杂的问题。很多管理者时常会发出这样的感慨：为什么一些想当然可以顺利开展的工作会变得越来越糟糕呢？主要是因为企业内部运作流程和运作规范没有公示并贯彻执行。因此，管理者应着力编制标准化作业程序（Standard Operation Process，简称 SOP），以达到有效控制的目的。标准化作业程序主要包括标准的工作流程和标准化的岗位操作手册，它不仅可以避免员工因个人经验、能力不足等造成工作上的失误，还可以帮助员工更高效地投入到工作中去。

管理者控制员工的最基础方法有两种：监督和激励。在具体运用时管理者要注意，对于容易监督的工作应该主要利用监督的方法，如生产线上的工人；对难以监督的工作则应该主要利用激励的方法，如产品开发、营销人员。

此外，管理者还必须明白，最有效的控制不是强制，而是实现员工的自我控制。现在的员工不比从前，他们有很强的自我意识，工作对他们来说不仅意味着"生存"，他们更加注重在工作中实现自我价值。作为企业的管理者，如果不能认识到这一点，根本无法赢得员工，也就无法取得事业的成功。

德国 MBB 公司采取灵活的上下班制度。员工只需要把专门的身份 IC 卡放进电子计算器，立刻就能显示出本星期已经工作了多长时间。MBB 公司允许员工根据工作任务、个人情况等与公司商定上下班时间，公司只考核员工的工作成果，不强制要求工作时间，这种制度让员工感到，自己的个人权益受到了极大尊重，因而产生了强烈的责任感，大大提高了工作热情。

此外，竞争也是实现员工自我控制的有效手段之一。竞争能催人奋进，最大限度地激发员工的积极性和个人潜能，使企业上下形成一种你追我赶、奋勇争先的良好氛围。因此，管理者要善于在企业内部创造竞争环境，比如建立一套完善的绩效评价机制，以实现员工的自我控制。

协调

协调能力也是管理者必须具备的一项能力。企业是由不同的个体组成的团队，但团队的整体能力并不等于所有个体能力的简单相加，关键要看个体之间的组合和协作程度。作为企业的管理者，最重要的职责之一就是把所有员工的力量拧成一股绳，使他们朝同一个方向发挥合力的作用，从而促进企业整体目标的实现。

最成功的管理者，不一定是最优秀的行业领头人，但一定是最优秀的中间协调员。最佳的团队，其实就是个体的最佳组合。在越来越注重团队协作的今天，企业管理者尤其要注重团队精神的培育——对员工实行动态管理，进行合理有效的组合，强调员工之间的团结协作。唯有如此，才能产生协同效应，提高整个企业的工作效率。

管理者是最大的责任者

管理者就是最大的责任者！责任意识是管理者最重要的素质。管理者责任意识的增强，不仅是企业发展的要求，也是管理者成长的自身需求。管理者如果没有责任心，即使水平再高、能力再强，也必将一事无成。

据说在美国前总统杜鲁门桌子上有这样一句话："责任到此，不能再推！"作为堂堂一国的"管理者"，的确应该有这样的境界、这样的责任感。作为企业管理者，也应该有这样的境界和责任感。

红豆集团董事局主席周耀庭曾经打过一个形象的比喻：一个部门就像一辆汽车，厂长、部长就是司机，如果司机一边开车、一边干自己的活儿，车肯定会出问题，乘客就会要求下车。周耀庭一向享有"企业思想家"的美誉，他这个形象的比喻说明，作为一名管理者，最重要、最关键的就是责任心，如果没有责任心，即使他能力再强，学历再高，"开车"时一心二用，那么"乘客"（企业、客户、员工）也会失去信心，最终弃"车"而逃。

由此可见，责任心是一个管理者的根本。管理者是一个团体的灵魂人物，他的一言一行都在无形中影响着全体员工。所以，一个管理者是否具有责任心，不仅是个人行为，还将影响全体员工的责任心。

如果一个管理者很有责任心，一切从企业利益出发，那么他的员工就不会轻易做出有损集体利益的事，甚至会向管理者学习，主动承担责任。反之，如果一个管理者缺乏责任心，做事不负责任，甚至以权谋私，那么他带领的员工肯定责任心不强，做事不认真，可能企业制度很多，但很少有人认真执行，"上梁不正下梁歪"说的就是这个道理。

某公司老板冯先生怒斥员工道："你们干的什么事情？签订合同，不明确客户的具体需求是什么，又不按照公司的规定流程来操作，一天到晚就像催命式的，让公司上上下下都为你们这个客户忙碌。你们对工作太不负责了！"

员工们立刻反驳说："我们曾多次找您要客户具体需求的标准文档，可您一直说很忙，没有空！我们也多次找您要过公司操作的标准流程文件，可您一直推说明天！现在出了问题，您不能把责任全部推到我们身上啊！"

在这个案例中，员工的工作出现了问题，不能说员工一点责任都没有，但老板冯先生应该负主要责任。正是因为冯先生缺乏责任心，才导致员工的工作出现了问题，并进一步导致了相互扯皮的现象。因此，作为管理者，绝对不能以"员工执行力不强""员工素质太差"等为理由，试图推脱自己的责任或将责任推卸给员工，而应该在自己的权限范围内，承担起相应的、最大的管理责任，甚至是全部的责任！

任何一名睿智的管理者，都必须懂得责任的重要性。一方面，勇于承担责任是每个管理者应尽的权利和义务，责无旁贷；另一方面，勇于承担责任，学会批评和自我批评，有助于树立和增强管理者的人格魅力，提升员工对管理者、对团队的信任和向心力；同时也有利于管理者清醒地认识到自身的缺陷和不足，从而不断提高自己、完善自己，带领团队更好地向前发展。正如著名学者爱默生所说："责任具有至高无上的价值，它是一种伟大的品格，在所有价值中它处于最高的位置。"

美国前总统吉米·卡特就是一个勇于承担责任的"管理者"。在营救驻伊朗的美国大使馆人质的作战计划失败后，卡特在电视里发表郑重声明说："一切责任在我。"就是因为这句话，卡特总统的支持率骤然上升了 10% 以上。

这件事说明，员工对一个管理者的评价，往往取决于管理者是否有责任感。勇于承担责任不仅使员工有安全感，也会使员工进行反思，从而有利于员工的成长和进步。并且，这种勇于承担责任的精神具有极强的感染力，一旦企业里上行下效，形成勇于承担责任的风气，就能杜绝相互扯皮、上下不团结的散漫现象，从而增强企业的凝聚力和竞争力。

那么，管理者怎样才能增强责任感呢？

明确责任的概念

管理者要想增强责任心，首先要明确责任的概念。何为责任？责任就是分内应做的事。做好分内的事，即为尽责任；没有做好分内的事，则要追究责任。责任无时不在，无处不在。作为一个有责任感的管理者，一要做好分内应做的事，二要承担没有做好分内事的责任。

分清责任和机会的关系

管理者要想增强责任心，必须分清责任和机会的关系。从某种意义上说，"责任就是机会"。你的事情越多，说明你越重要；你面前的困难越多，越能证明你的能力。责任越大表明机会越多，责任越小表明机会越少。因此，管理者必须走出负责任的误区，做一个勇于承担责任、善于把握机会的管理者。

提高负责任的能力

管理者要想增强责任心，关键在于提高负责任的能力。首先，要加强学习，不断实践。其次，要做好应该做的事，为责任而做。

第三，要从小事做起，从本职工作做起，从不起眼的事做起。正如海尔集团总裁张瑞敏所说："把每一件简单的事做好就是不简单，把每一件平凡的事做好就是不平凡。"第四，要抓住重点责任：高层管理者的重点责任是制定组织的总目标、总战略，掌握组织的大政方针并评价整个组织的绩效；中层管理者的重点责任是贯彻执行高管层制定的重大决策，监督和协调基层管理者的工作；基层管理者的重点责任是为基层员工分派具体工作任务，直接指导和监督现场作业活动，保证各项任务的圆满完成。第五，要培养所有员工负责任的态度和能力。第六，不管得失成败，都要对结果负责。

喊破嗓子不如做出样子

古人云："己所不欲，勿施于人。"只有自己愿意去做的事，才能要求别人去做；只有自己能够做到的事，才能要求别人也做到。管理者只有以身作则，做出表率，才能赢得员工由衷的钦佩和尊重，从而让员工心甘情愿为你效力。

成功的管理源于何处？99%源于管理者个人的威信和魅力，1%源于权力的行使。那么，管理者的威信和魅力又源于何处？答案其实很简单，源于管理者自身的行为。孔子说："己欲立而立人，己欲达而达人。"说的正是这个道理。正所谓"无声胜有声"，现代管理者应该做到以身作则，身体力行，用无声的语言去打动员工、征服员工，因为无声的语言不仅具有真正的亲和力，还能形成高度的凝聚力和向心力。

所谓以身作则，就是把"照我说的做"改成"照我做的做"，这是提高执行力的最好方式。然而在现实的管理过程中，很多管理者却更习惯于对自己的员工发号施令："照我说的做！"殊不知，这种命令方式是最下下之策，那么上上之策又是什么呢？就是把"说"改成"做"，即"照我做的做"！

第二次世界大战时期，美国著名将领巴顿将军有这样一句名言："在战争中有这样一条真理：士兵什么也不是，将领却是一切。"巴顿将军这句话是什么意思？我们先来看看下面这个小故事吧。

一天，巴顿将军在带领部队行进时，汽车陷入了一个很深的泥潭中。巴顿将军大声喊道："你们这帮混蛋，赶快下车把车推出来！"

听到巴顿将军的命令，所有士兵都急忙跳下车，一起往上推车。大家鼓足力气，齐心协力，终于将车推出了泥潭。车推出去之后，一名士兵正打算擦去身上的泥污，不经意间却发现站在自己身边的那个泥人竟然是巴顿将军！士兵不由得对巴顿将军产生了一股深深的敬意。后来，这件事就像烙印一样，深深烙在了这名士兵的心中……

现在，我们再静下心来仔细回味一下巴顿将军那句话："在战争中有这样一条真理：士兵什么也不是，将领却是一切。"这句话背后的真正含义就是：将领的状态决定了士兵的状态，将领展示的形象正是士兵学习的榜样。这是一条颠扑不破的真理，不只适用于军队组织，对于企业组织同样适用。也就是说，只有以身作则的企业管理者，才能带领团队取得真正意义上的成功。

"管理者以身作则"是美国玫琳凯化妆品公司所有管理人员的最重要准则之一。作为公司的最高管理者，玫琳凯·艾施经常把未完成的工作带回家做，"今天的事绝不拖到明天"是她不变的工作信条。尽管她没有要求员工也像她这么做，但她的助理和秘书却都具备和她一样的工作风格。

玫琳凯·艾施深知，作为企业的管理者，不仅要严格要求自己，还必须时时起到模范作用，只有这样，才具备说服力，才能增加自己的凝聚力。

20 世纪 70 年代，美国非常流行穿长裤，但玫琳凯·艾施从来没有追逐过这种流行，她始终保持着自己的本色，她甚至为了保持形象，放弃了自己一生中最大的爱好——园艺。原因也许会让你大吃一惊：她担心自己会在不留意间，让沾在身上的泥土破坏了自己的形象。因为玫琳凯·艾施深知，一个化妆品公司经理的形象，会在客户的心中烙下深刻的痕迹，"形象"对公司声誉的影响是巨大的。正是由于她的以身作则、身体力行，公司里每一位员工都衣着整洁得体，展示出了玫琳凯人的风采。

由此可见，以身作则是管理者最令人信服的管理方式。对管理者而言，想要什么样的员工，自己首先应该成为什么样的人。

但是在现实生活中，很多管理者却做不到这一点。比如我们以遵守企业的规章制度为例。企业的规章制度不只是为员工制定的，也是给管理者制定的。如果管理者自己都不能以身作则，带头遵守企业的规章制度，那他还有什么资格要求员工遵守呢？但是在现实的企业中，最容易破坏制度的人，往往是那些制度的制定者。破坏制度的现象有时甚至发生在最高管理者身上。举个最简单的例子，公司大厅里赫然写着"请勿吸烟"4 个醒目的大字，可一旦烟瘾袭来，很多管理者却会悠然地点起烟，不以为然地抽起来。试问：这样的管理者何以服众？

企业的规章制度是严肃的，一旦制定出来，就要坚决贯彻执行。在规章制度的执行过程中，管理者应该起到标杆的作用。所谓标杆，就是永远站在队伍的最前方，为后面的员工树立一个好榜样，给他们以激励和鼓舞，教给他们正确的方法，把他们带往正确的方向。

"榜样的力量是无穷的"，想要成为一名优秀的管理者，必须首先以身作则，事事为先，严于律己，当好员工学习的标杆，这样才能在员工心目中树立起威望，从而带领企业乘风破浪，驶向胜利的彼岸。

想要控制别人，先要控制自己

> 作为企业的管理者，管理的不仅仅是员工，还需要管理好自己的情绪、思维等无形的东西。因为它们不仅会影响到你自身的工作，还会影响你管理的整个团队的工作。

情绪是一种正常的生理和心理反应，但它归根结底只是我们内心的一种力量，我们应当做自己情绪的主人。

一个成熟的管理者，应该有很强的自制能力，能够驾驭自己的情绪。无论遇到什么事情，即使是违背自己本意的事情，都要控制自己的情绪，不得有过激的言行。唯有如此，才能稳坐钓鱼台，从而达到自己的目标。相反，如果管理者缺乏自制能力，无法控制自己的情绪，最终会伤人误己。

唐朝贞观年间，河南有个叫李好德的精神病患者，常常说一些不着边际的妖言。唐太宗得知此事后，命令大理丞相张蕴古去察访此事。张蕴古经过一番明察暗访，确定李好德确实有病，于是上书唐太宗，说李好德确实患有精神病，不应当抓起来。治书权万纪上书弹劾张蕴古，说他故意包庇李好德。唐太宗龙颜大怒，下令把张蕴古杀了。后来此事由魏征处理，唐太宗才知道错杀了张蕴古，但悔之晚矣！

唐太宗因怒不忍，过于急躁，错杀了一位贤臣，虽然他非常后悔，但已经于事无补。由此可见，作为一名管理者，如果不能很好地控制自己的情绪，终会受到"冲动的惩罚"！因此，聪明的管理者都懂得适当控制自己的情绪，用理智的态度处理管理工作中一些不尽如人意的事情。

当然，控制情绪并不等于压抑情绪。如果管理者把大量的能量都消耗在抑制自己的情感上，很容易患病。因此，管理者应该学会灵活调控自己的情绪。

曾经担任美国作战部部长的斯坦顿，早年曾做过林肯的战地机要秘书。一天，他怒气冲冲地告诉林肯，说一位少将用侮辱的话语指责他偏袒一些人。

林肯听了也很气愤，于是建议斯坦顿写一封措辞激烈的信回敬那个少将，他甚至说："你可以狠狠地骂他一顿。"于是，斯坦顿立刻写了一封辱骂信拿给林肯看，林肯看后高声叫好。但当斯坦顿打算把这封信寄出去时，林肯大声阻止道："千万不要胡闹，这封信不能寄，快把它扔到炉子里。凡是生气时写的信我都是这么处理的。你写这封信时，其实已经解气了，现在感觉好多了吧，那就把它扔掉，再另外写一封吧。"

林肯的自我约束力非常强。一次，他手下的米德将军因为拖拉不服从他的命令而贻误了战机，结果错过了一举歼灭敌对方李将军的大好机会，林肯得知消息后，气得暴跳如雷，浑身发抖，对自己的儿子大声喊道："上帝呀！怎么会这样？他们已经在我们的手边了，只要一伸手，他们就是我们的了。在这种情况下，几乎任何一个人都能把李将军打败。如果我现在在那里，我将亲手给他一个耳光！"

就是在这种强烈的愤怒下，林肯给米德写的信依然保持着高度的克制："亲爱的米德将军，我相信你并不了解李将军逃跑将会造成多么严重的后果。他已经落到我们手里了，如果一举歼灭他，战争就会立即结束，可是现在，战争将无限期地拖延下去，你当时怎么会在南岸那么做呢？要说你现在还能再做出更多的成就，那是不太可能的，而且我现在也根本没这个指望。你的黄金时间已经一去不复返了，我为此感到无比的遗憾。"就是这样一封信，林肯写好后却一直放在文件夹里，一直没有寄出去，直到他去世后才被人们发现。

如果林肯把这封信寄出去了，他的心情是痛快了，可他对米德的责备只能使米德为自己极力辩解，减弱米德作为一个指挥官该发挥的作用，可能还会迫使他引咎辞职。而且战机已经错失，再怎么责备也于事无补。

管理者要想控制别人，首先要学会控制自己。在日常工作中，管理者总会遇到各种各样不顺心、不如意的事情，这时候，管理者首先要在心理上建立克制意识，用积极的思考把不良情绪转移出去，把情绪发泄给下属不仅不能解决问题，而且有失管理者的风度和气度。因此，管理者不妨向林肯借鉴一下经验。

对管理者而言，高度的自制力不仅是一种美德，更是一种必备的品格和素质，是管理者树立形象、提高魅力的必需。因此，作为管理者，任何时候都要控制好自己的情绪，做情绪的主人。

管理是一场心理素质的博弈

面对层出不穷的商机和日益激烈的市场竞争，企业管理者之间的较量不仅是一场智慧和能力的较量，更是一场心理素质的博弈。要想在竞争的大潮中不被吞没，就必须沉稳点，做到临危不乱、处变不惊。

在激烈的市场竞争中，企业会面临各种各样的危机。当危机出现在企业管理者面前时，管理者需要做的首先是沉稳、镇定，抓紧时间排除危机。管理者只有具备临危不乱、处变不惊的冷静和睿智，才能以最快的速度解决危机，从而使企业尽快脱离险境。

由此可见，遭遇危机，是镇定应对、反败为胜，还是惊慌失措、怨天尤人，主要取决于管理者是否拥有沉稳的心态。

前两年，微软公司中国区总裁唐骏离任，被陈天桥挖去，成为盛大网络总裁。微软的一员大将离开，影响一定很大，可微软大中华区 CEO 陈永正从来没有特别对人提起过这件事。从中可以看出他的潇洒：走了就走了，惊慌也没有用。

美国微软总部也走了一员大将——全球副总裁李开复转投 Google，成为 Google 的全球副总裁和中国区总裁。微软总裁比尔·盖茨也很少跟别人提起这件事。

李开复走了，比尔·盖茨没有惊慌；唐骏走了，陈永正也没有惊慌。如果开玩笑，对于这两个人的"移情别恋"，他们会说：I don't care（我不在乎）。因此，微软的发展不但没有受到任何影响，而且更加兴旺发达：世界十大品牌，微软名列其中；全球十大最受尊敬的企业，微软也当仁不让。

在企业管理中，管理者常常会遇到一些突发事件，比如产品质量危机、人事危机等，这些突发事件往往会对企业发展造成一些不利影响，使人处于恐惧之中，从而乱了手脚。一名优秀的管理者首先应该做的是把事态控制住，使其不扩大、不升级、不蔓延，这是处理突发事件的关键。

2004 年 12 月 27 日，900 毫升金龙鱼大豆色拉油被卫生部通报为"问题油"，第一次上了卫生部"黑名单"，原因是经过国家卫生检验监督部门的抽检，其酸价为 0.5，超过了国家标准(0.3)。12 月 30 日，卫生部发布的第二次通报指出：卫生部同时在全国对其他 6 个批次的金龙鱼大豆色拉油进行了抽检，各项抽检指标均合格，造成单一批次的酸价超标很可能是在流通环节（如储藏、运输、销售等）中造成的。而且植物油国家标准也表明：只要酸价低于 0.3，对人体健康都是无害的，而在安全范围内（0.5）酸价的高低只是区分食用油等级的标准之一，因此，金龙鱼食用油为合格产品，消费者可以放心食用。

金龙鱼被通报为"问题油"，并上了卫生部"黑名单"，算得上一次比较严重的企业产品危机，但金龙鱼为什么能在短短的时间内转危为安呢？

原因就在于金龙鱼的管理者做到了临危不乱、处变不惊。金龙鱼在被卫生部通报为"问题油"之后，其管理层并没有因此而乱了阵脚。嘉里粮油商务拓展（深圳）有限公司（即金龙鱼在华总部）相关负责人立即出面向外界表示："现在公司有关人员正在了解事件的具体情况。"并在第一时间对金龙鱼产品进行全面复检，找出并对外公开被卫生部抽检判定酸价超标的产品的具体流向和数量；并迅速将尚留存于渠道、卖场等零售点以及消费者购买的此批次产品全部回收。同时金龙鱼还主动在全国范围内向权威机构申请复检，并向消费者及时公布了复检结果：金龙鱼产品全部合格，以让消费者真正放心！

通过这一系列的危机公关措施，金龙鱼不仅没有受到什么负面影响，而且进一步巩固了它在食用油行业内龙头的地位。

危机往往具有严重的危害性，甚至是灾难性，如果管理者面对危机首先乱了阵脚，就很难把危机及时控制住，如此一来，将很可能影响企业的生死存亡。因此，每一位管理者都应该具备临危不乱、处变不惊的心理素质。为了达到这个目的，管理者可以从以下几个方面努力：

注重效能，标本兼治

处理突发事件的首要目标是控制局势，将突发事件的负面影响降到最低，这就要求管理者的决策指向要针对要害问题，达到"立竿见影"的效果。首先是治"标"，为此而采取的决策方式可以是特殊的，在治"标"的基础上，再谋求治"本"之道。

打破常规，敢冒风险

由于突发事件的前途扑朔迷离，犹如处于战场的军队，需要管理者强制性的统一指挥和凝聚力量。同时，在突发事件决策时效性要求和信息匮乏的条件下，任何莫衷一是的决策分歧都会产生严重后果。所以，对突发事件的处理需要灵活性，要敢于改变正常情况下的行为模式，由管理者最大限度地集中决策，使用资源，迅速做出决策并使之付诸实施。

循序渐进，寻求可靠

在处理突发事件时，管理者固然要有冒险精神，但也要倾向于选择稳妥的阶段性控制的决策方案，以保证能够控制突发事态的发展。管理者在信息有限的条件下采用反常规的决策方式，并对决策后果风险进行预测和控制的同时，需要回避可能造成不必要波动的方案，同时注意克服急于求成的情绪，因为突发事件的表象固然可以迅速得到控制，但其根本的处理则需要在表象得到控制的阶段上进一步决策，做到既要及时应变，又要循序渐进，寻求可靠的出路。

外圆内方，管理的成功之道

一枚小小的铜钱，外圆内方，看似很不起眼，但古圣先贤们却在这枚小小的钱币中悟出了很多为人处世的道理。其实，方圆之道同样适用于企业管理。

一个企业在发展过程中会遇到各种问题和矛盾，由于管理者个人生活背景、学识修养、脾气秉性等方面的差异，就决定了在处理这些问题和矛盾时，可能出现不同的"声音"。面对问题和矛盾，管理者如果只是一味地讲"原则""制度"，而没有"人性""人情"，必然会碰得头破血流，到头来一事无成。相反，如果管理者只讲"人性""人情"，则必然成为一个没有原则、没有主见的"老好人"，致使企业表面上一团和气，实际上犹如一盘散沙。因此，管理者只有学会外圆内方，才能找到管理的成功之道。

外圆内方在管理者的日常管理中应用非常普遍，尤其是在处理员工关系、上下级关系时很有用。它比较注重采用灵活的方法，通过友善地沟通交流、积极地协助支持，来达成管理的目标。

某公司总经理平时很注意与下属的交流互动，常常会主动抽时间到下属的办公室去进行沟通，而且经常在公司餐厅和下属们边吃边聊，以增进感情。凡是遇到组织各种活动，他总会主动找到那些比较关键的下属，当面邀请他们参加，获得他们的口头认可，这样组织的活动出度率都很高，配合度也很好，工作目标总能很顺利地达成。

这位总经理的管理之道，外圆主要体现在把功夫做在平时人际关系的建立上，内方主要表现在他亲自出马，邀请一些下属，宣示事情的重要性，并让下属们做出参与的承诺，而这些承诺会变成行动的动力。

当然，管理者与下属建立良好的人际关系，并不意味着没有原则地迁就和纵容，而是以正确的原则为基础，在可以运作的范围内进行适当的妥协。比如对负责考勤的管理者来说，外圆并不是要去包庇迟到的员工，而是在员工迟到时，关切地询问一下对方迟到的原因，并表示出理解和关怀，提出解决问题的方法。

某公司总经理总标榜自己是一个讲究"外圆内方"的管理者。他总向下属们强调纪律，对于主管以上的员工更是严格要求。他手下有一个主管，上班经常迟到。按照公司规定，迟到是要罚款的，于是这个主管经常拿着迟到记录到总经理那里请求签字免罚，总经理顾念他是自己的下属，总是爽快地满足他的要求。由于有了这样的"特权分子"，公司的考勤制度一直无法严格，很多迟到的员工上行下效，纷纷去找这位总经理签字免罚。

这位标榜自己"外圆内方"的总经理，实际上走入了外圆的极端，只有外圆而没有内方，所以纵容下属的不良行为，加强管理的目的自然就很难达到。

当然，管理者也不能只讲原则、制度，而不讲方式方法，即有方没圆，否则很容易给下属带来压力，伤害下属的自尊心，打击下属的积极性。

某公司总经理的原则性很强，一天到晚不停地批评下属，他说管理者的主要任务就是批评下属，只有批评才能让下属不断进步。下属们在他手下做事，总是战战兢兢，如履薄冰，唯恐被他抓住什么漏洞或错误，所以工作气氛很沉重，下属们的心理压力很大，离职率不断上升。

这位总经理实际上走入了内方的极端，只讲原则，不讲人情，让员工感觉像机器一样沉闷。当员工们承受不住压力时，就会选择逃离，这对企业发展也极为不利。对管理者而言，最理想的状态是有方有圆、方圆结合。

某公司有这样一位经理，他在开会和布置任务时非常严肃，并且告诉下属在接受任务时不许说"不可能""办不到""太难了"等消极字眼。而且他认为，下属们的事情应该由他们自己来完成，管理者绝不能越俎代庖，也不应该替他们承担应该由他们自己承担的责任。但是，他非常关心下属的成长，并且在日常工作中保持与下属的沟通与交流，跟踪检查下属的工作进程，培训和指导下属的工作技能和工作思路。对于下属工作中存在的问题，他会毫不客气地批评指正；对于下属做出的成绩，他会及时予以表扬和奖励。下属们对他既敬畏，又爱戴，团队的凝聚力和战斗力很强，上下级关系也非常和谐融洽。

从上述几个管理实践我们不难看出，圆和方的关系其实就是方法与原则的关系，既讲方法又讲原则，是最理想的管理状态。如果一个管理者能够灵活运用方圆之道，管理工作就会变得轻松而有效。

外圆内方是一种高超的管理艺术。"方"是原则，是立场，也是本质；"圆"是策略，是途径，也是手段。因此，管理者必须方中有圆，圆中有方，外圆内方，通过"方"与"圆"的有机结合构建和谐的人际关系和理想的管理状态。

第2章

洞察员工心理，

操控要"有章可循"

员工是企业发展的主力，是企业各项工作目标得以实现的直接执行者。因此，管理者要坚持以人为本的现代管理理念，及时体察员工的心理状态，真诚地倾听和关心员工的心声，这样才能充分发挥人力资源的优势，激发员工的积极性，增强企业的凝聚力，缔造出企业强大的人文合力，从而使企业在激烈的市场竞争中立于不败之地。

了解员工的欲望是成功管理的基石

> 人的一切行为都是心理内涵的外在反射。人的心理内涵虽然复杂多变，但从更深层的意义上看，都是由一些基本欲望构成的。因此，管理者要学会从员工的欲望底层透视人的心理，以达到管理员工行为的目的。

人都有欲望，人必须承认自己的七情六欲。"欲望是无法被完全满足的，满足一个欲望的同时也是下一个欲望的开始。"与其说现代社会的本质是经济社会、知识社会、能力社会，倒不如说它是心机社会、理智社会、灵感社会，而心机、理智、灵感又都是从人的欲望中来的，所以归根结底，现代社会是"欲望社会"，管理难就难在如何管理和控制员工的欲望上。

有一个古老的寓言可以解释欲望与行为之间的关系。

有一个老农发现自己的老牛工作态度很差劲，用鞭子抽打一下，就走一步，不抽就不走。老农想了很多办法也不见起色，后来，他买来一筐上好的草料，并把草料拴在棍子上，吊在老牛的头前。老牛为了吃到草料就往前走，但总也吃不到，于是不得不一直往前走。

如果把老牛看做企业员工，把老农看做企业管理者，那么可以看出，对管理者来说，员工的欲望是一个好东西。没有欲望的驱使，员工就不会努力工作。所以，管理者要善于利用欲望去驱动员工的行为。

拿破仑之所以说"不想当元帅的士兵不是好士兵"，就是因为他知道让每个士兵都有强烈的欲望是胜利的根本，并且他已经掌握了把其野心转化为部队战斗力的法宝。同样的道理，管理者也要善于发掘、满足和利用员工的欲望。

那么，员工都有哪些欲望呢？

常听到很多员工这样谈论他们的需求："在公司里工作，获得一份令人满意的工资是最基础的，此外，精神、友谊以及自身的成长也很重要。""我经常参加公司的文娱活动，公司丰富多彩的企业文化生活让我感到很开心！""我家是外地的，但公司经理和同事对我一直都很照顾，这让我感到很温暖。""我工作的价值，不在于薪酬的多少，而在于能否获得一种个人的成就感。"仔细分析一下就会发现，员工的欲望可以分为物质欲望和精神欲望两方面。

物质欲望主要包括以下几方面：

薪金福利

薪金是员工最基本的欲望，这个欲望不能被满足，那么员工将会连最基本的工作也做不好。一般而言，薪金越高越能满足员工的欲望，但加薪是有限度的，也并不能解决所有问题，一味地加薪反而会带来很多麻烦。有时候，非薪酬激励的方法和技巧也可以带来意想不到的成效。

物质奖励

对表现优秀的员工给予一定的物质及金钱奖励，对员工本人和其他员工都会有激励和促进作用。

精神欲望主要包括以下几方面：

自我实现的需求

自我实现的需求主要是指自身价值的实现并被承认。这是人的最高层次的需要。在企业或组织中，每个员工都希望能够最大程度地发挥个人能力，使自己的能力与社会评价相称，这样才能体现员工的最大价值。

从员工角度来说，在自我实现的需要中，职务的晋升是最重要的表现形式。因为职务的本质是能力的体现，上升到一定的职务，就表明其能力达到一定程度，并可以获得相应的社会地位。职务晋升包括专业职务和行政职务晋升，专业职务多数是指技术性的职务，表明员工的技术能力达到了某一高度；而行政职务则是指管理能力，表明员工具有了一定的管理能力。

荣誉需求

每个员工都希望自己有较高的社会地位，自己的能力和成就得到企业或组织的承认，在企业或组织中能够有地位、有威信，获得别人的尊重、信赖和高度评价。

感情需求

在工作中，员工首先需要有良好的、和谐的人际关系。每个员工在工作中都需要保持与伙伴之间、同事之间的融洽关系，这种友爱的需要十分重要，否则员工就会失去工作的乐趣。如果一位员工在工作中没有朋友，没有自己的感情小圈子，就会产生被孤立、被遗弃的感觉，这将对他的工作产生很不利的影响。其次是归属的需要，即人都有一种归属于一个群体的情感需求，希望成为群体中的一员，并和其他成员相互联系。

安全需求

安全需求对员工来说十分重要，也是一个基本的需要。员工要求保障自身的工作安全、生产安全，要求摆脱失业的威胁。企业或组织一定要采取措施满足员工这方面的需要，一旦安全需要得不到满足，员工中就会出现人心惶惶的情况，非常不利于企业或组织正常工作的开展。

对管理者来说，欲望是个好东西，因为欲望可以转化为行动。但并不是员工所有的欲望都是有益的欲望，管理者要善于分辨员工的欲望是良性的还是恶性的。

良性欲望可以给员工以更大的工作动力，恰当地激发这些欲望可以更好地调动员工的积极性和创造性。良性欲望主要包括以下几种：

成功的渴望

有的员工十分渴望自己能够在某个时间段在某一方面获得成功，为此他对管理者的要求可能就是给予他一些具体的帮助。一旦给了他需要的人际关系或设备，他可能就会没日没夜地工作下去。

实现自我价值的期望

有的员工希望自己的人生价值得到别人的承认。如果管理者能发现这些员工的优点，并且真诚地给予表扬、奖励，他们就不仅会更勤奋地工作，而且会对管理者心存感激。

对物质的要求

员工希望有更高的薪水、更好的福利，只要不过分，都应该尽量满足，管理者要学会用恰当的物质激励来激发员工的工作热情。

对良好人际关系的渴望

所有员工都希望有一个好的人文环境，在这个环境中可以自由地呼吸，而不必因为面对自己厌恶的人而每日心情抑郁。

对正常感情的需要

每个员工都有自己的感情需要，这种需要是多方面的，大致来自家庭、单位、社会。管理者要关注员工的感情需要，为满足员工的感情需要创造更好的条件。

良性欲望在一定条件下可能转化为恶性欲望。恶性欲望基本上都是过度的欲望，比如物质欲望，在合理的范围内是良性的，一旦超过了限度，就有可能危害企业或组织，甚至危害社会。最有可能转化为恶性欲望的情况有以下几种：

过分的权力欲望

有的员工或下属对权力有与生俱来的要求，而且贪得无厌。

过分的色欲

有的员工或下属色欲过度，见到美色就无法自控，在一定情况下他们会为美色而牺牲企业或组织的利益。

过分的金钱欲望

有的员工或下属对金钱永不满足，即使给了他全企业最高的工资，他依然会说他的某个同学能力还不如他，工资却比他高出许多。这种欲望一般很难填满，此类员工不如不用。

那么，管理者应该如何对待员工的欲望呢？

良性欲望要引发或放大

对于那些有良好欲望的员工，管理者要给他们创造良好的条件，比如可以充分授权，授权不仅是"封官"，更重要的是要让员工产生独挑大梁的感觉，这有助于使员工获得更加充足的信心。

要激发员工的欲望，还要多给员工鼓励和表扬。员工不希望管理者只有在自己出错时，才会注意到他们的存在。所以身为管理者，应该尽量给予员工正面的反馈，比如对他们的努力和成绩予以肯定或表扬，这样不但可以提高员工的工作效率和士气，还可以有效地建立起员工的信心，提高员工的忠诚度。

要鼓励良性竞争。所谓良性竞争，是指因羡慕别人的长处、成绩，而敦促自己刻苦努力，学到别人的长处并做出超过别人的成绩，这可以使全体员工在能力、技术上更上一层楼。管理者要对良性竞争加以鼓励，并采取一些制度性的措施激励良性竞争，这有助于把员工的原有欲望放大。

有时候，员工有一些潜在的欲望需要管理者去引发。如有的员工有能力去负责某一项新项目，但他自己可能因为各种客观原因而不愿意去承担。这时管理者要采取一些引发措施，如更加优惠的奖励措施，更好的项目前景等。这样可以引发他的欲望，使之担起更大的责任。

恶性欲望要遏制

对那些明显带有不合理因素的欲望，管理者必须采取各类措施予以遏制。倘若不能遏制这些恶性欲望，很可能对企业或组织产生巨大危害。

遏制的方式可以灵活选择，比较常见的做法有：通过心理疏导的方式让员工的不合理欲望降低；有时员工的不良欲望受到环境的影响，适当改变一下环境，其欲望就可能改变；激发员工新的欲望，使其放弃目前的不合理欲望。

有一个企业进行领导班子调整，可以任副总经理的人选有4个，但只有3个职位。最终落选的那个候选人心里很难受。于是公司老总把他派到国外负责一个新项目。到了新的环境，有了新目标之后，这位员工很快就调整了情绪，开始了新的工作。

面对欲望，堵不如疏

当员工的某些欲望不能被满足时，要允许员工合理地发泄情绪，高明的管理者会给员工提供一个发泄的平台。

一家美国公司的老板定期请自己的员工去吃比萨饼，他每次都对员工说："除了不付钱之外，你们还可以大发牢骚，任何话都可以讲，既可以谈谈其他员工的不是，也可以谈论老板的不是，还可以就管理问题提出自己的看法。而且任何人都不得迁怒于别人。"发牢骚的时间是一个小时，发泄完以后，再拿出一个小时讨论解决办法。

该公司通过这种形式，不仅使公司内部积累下的各种不满得到释放，避免了员工产生心理问题，而且改善了员工与管理者之间的关系，进一步调动了员工的热情和积极性。

疏导是治理拥塞的根本途径。人有各种各样的欲望，但真正能达成的却不多。对那些无法实现的欲望和不能满足的情绪，千万不要压制，而要让它们发泄出来，这对人的身心发展和工作效率的提高是有百利而无一害的。

做管理，耳朵比嘴巴重要

著名管理培训专家、"华人管理教育第一人"余世维先生说："管理者的耳朵比嘴巴更重要。"这就是说，一个好的管理者，他的耳朵比嘴巴更重要，即一个好的管理者必须善于倾听。

很多员工总是希望管理者能够真心地听他们诉说，却常常没有人扮演倾听者的角色，于是各种争吵、抱怨就一个个地出现了。这时，管理者应该及时站出来，甘当倾听者的角色。但很多管理者认为，处理这些问题根本不必亲自出马，有一些更容易让员工说出心里话的人会代替自己完成作为倾听者的任务，而自己只需在幕后充当信息的接收者。然而那些成熟的管理者却不这样想，他们认为，亲自出马倾听员工心声是非常重要的，也是非常必要的。

员工之所以希望管理者倾听，并不单纯是传递信息，更是在传递一种愿望、一种感情，而且员工与一般工作人员谈心的方式和与管理者谈心的方式是截然不同的，有些问题只有在与管理者交谈时才能表现出来。因此，管理者一定要放下架子，走到员工中去，亲耳听一听员工的"心里话"。

百安居是欧洲最大的仓储式家居装饰建材连锁超市，曾荣获"英国最佳雇主"的称号。1998年，百安居正式进驻中国大陆，到2003年年底，一共开设了15家连锁店。

在百安居，员工的想法和建议是极其受尊重的。它一直有一个优良传统，即强调上下级之间的双向沟通和一对一沟通，不会人为地界定森严的等级。百安居之所以在英国本土当选为"最佳雇主"，原因就在于它建立了一套完善的沟通反馈制度，目前中国公司也在不断地借鉴。比如公司的 Grassroot Meeting，即"草根会议"，实际上是他们的基层委员会，各家商店、总部的各个部门每个月都会召开一次。任何一个员工都可以在会上提出他们的问题和建议，公司高层领导会分别参加各个"草根会议"，面对面地了解员工的想法。会上提出的各项问题，管理层要和相关部门制订行动计划，然后去推进解决。在下一次的"草根会议"上，管理层会向员工通报解决情况，然后了解员工的反馈情况，看看结果是不是令人满意，还有什么意见。这种倾听员工心声的机会，不仅中级管理层对此重视，而且包括董事长、董事总经理在内的所有高管层都很重视。如果他们出差到外地分店，也都会尽量参加当地的"草根会议"。

除此之外，百安居还有很多其他沟通渠道。比如，如果员工觉得有些问题当面谈比较尴尬，或者他们离总部比较远，可以写信发到专门的电子邮箱里或者打电话。百安居有一个对员工免费的 24 小时录音电话，叫做 Easy Talk。员工可以跟总裁或总经理反映任何问题。这部电话每天都会有人去接听整理，然后汇报给高层。

正是因为百安居重视倾听员工的心声，所以才赢得了"最佳雇主"称号。管理者能够倾听员工的心声，体现了企业对员工的重视，是以人为本管理理念的重要体现形式，它有如下积极作用：

倾听会让员工有安全感

管理者的倾听会让员工有安全感，因为当他的感受被理解，至少被管理者了解之后，他就会产生一种从别人那里得不到的心理安全感。

倾听也会让员工有荣誉感。管理者愿意在百忙中倾听自己的诉说、意见、建议，这本身就是一种关注、重视，是一种难得的荣誉，有的员工会因此积极工作，并会感谢管理者。

倾听会让员工有责任感

当管理者倾听完之后，可以对员工顺势提出一些要求，不但这种要求会被接受，在实施过程中员工的责任感也会增强。管理者的倾听会让员工在谈论自己的感受、意见、建议时更加谨慎，因为他要对此负责，不可以随口乱说。

因此，在一些成功的企业里，人们经常可以看到管理者在百忙之中放下手头的工作来到下面的部门，与正在休息的员工倾心交谈，认真地听员工说一些似乎不得要领的话，这就给员工创造了一个轻松、愉快的氛围，让员工一个想法接一个想法地自由说下去；有时员工无意中在谈话里传递出一些重要信息，管理者就会认真对待；即便只是听到一些传言，也会反映出一些员工的基本心理状态，这些对管理者都是极其有用的。

那么，管理者应该如何倾听员工的心声呢？

用"同理心"倾听

倾听的关键是要学会用"心"去听。倾听与单纯的"听"不同，它需要理解力，需要判断力。倾听时一定要有"同理心"，就是将心比心，设身处地去感受、体谅别人，因为缺乏同理心的人是无法获得融洽的人际关系的。

用同理心倾听可以让你很快听懂对方在说什么，可以让你设身处地感受对方的感受。如果仅仅是听，你就会漏掉大量的真正有用的东西，而留下的很可能只是一些猎奇性的东西。所以，倾听时管理者要把手头的工作先放在一边，把注意力放到员工身上。当员工在发表他的意见时，千万不要打断他。如果员工是站着和你说话，如果可能，就请他坐下来说；如果不能，你也应该站起来，让你们的眼睛处在同一水平线上。

书面倾听

除了面对面的沟通，管理者还可以用书面的方式来倾听，如鼓励员工给管理者写信、发送邮件等，什么都可以谈，并要在事后给员工一个答复，以示你的重视。如果员工有意愿主动做书面诉说，管理者更应该予以鼓励和支持，比如可以采取一些措施，提供机会让员工去做。

例如，有一个外国公司是这样做的：在每周的某一天，公司的管理人员都会将一份表格放进每个员工的邮箱。这是一个简短的、填空式的问卷调查，上面写着：

今天，我非常不开心，因为：

今天我原本可以做得更好，如果：

……

这些情况都会被整理出来，而且每个人的答案在员工会议上都会被认真讨论。公司老板把这份表格命名为"倾诉表格"，在这份表格上，员工们可以发表任何评论，提出任何问题，在下一次的员工全体会议上，这些问题都会得到答复。

谈心是了解员工心理世界的最佳途径

俗话说："话是开心锁。"意思是说，如果心中有什么心事，找人聊聊天就会使自己轻松许多。因此，管理者应该多和员工谈心，以便更多地了解员工的内心世界。这对管理工作的开展是大有裨益的。

《财经时报》的记者采访 UPS 国际总裁大卫·艾博尼时问了这样一个问题："面对全球化的挑战，你觉得一个成功的 CEO 应该有哪些素质？"艾博尼回答："能成功运作全球化的管理者，首先要能够在全球旅行，而且没有时间差。全球化管理者的素质，我认为最重要的不是他自己了解多少这方面的知识，而是他要能倾听员工的意见，能够知道真正的问题所在。"

尽管在当前的企业或组织中也会有一些了解员工心理的机构，但对管理者来说，亲历亲为的谈心工作依然是必不可少的。可以这样说，与员工谈心应该是管理者最重要的一项日常工作，甚至是每日必做的功课。如果管理者做不到这一点，就称不上一个合格的管理者。

　　一些成熟的管理者认为，要想让员工说出自己的全部想法，必须要找到一个能让他开口的人，最合格的人选往往就是管理者本人。而成熟的管理者也愿意走到员工中去听，去看，去揣摩。

　　江苏有一家年营业额超过30亿的大型药厂，记者去采访时问公司的老总最愿意做的事情是什么，那位老总说，他最愿意做的事情就是走到员工中间与员工交谈。他说："我每天都想到员工中间去倾听，一天不去我就觉得有些事情没做好。只有员工直接给我的信息，我才觉得是真实的。"

　　他常常会去车间，站在一些重要的生产线前看每一位员工的工作情况，然后低下身与员工做简短的交流。有时在生产线上，员工会向他询问新引进设备的具体操作方法，他并不知道这种操作方法，就去请教懂的员工。他说："我绝不会先用官腔来敷衍员工，再想办法解决，或者把自己封闭起来，躲在办公室里，把所有员工拒之门外，只与所谓的高层人员交往，下达不切实际的命令。"

　　管理者与员工谈心，可以采取各种各样的形式。比如：微软公司给每个员工提供了一个免费网址，用于和公司内任何人（包括最高层人物）进行交流与沟通；美国英格拉姆公司的董事长专门设立了一部直拨电话，供公司一万多名员工直接同他联络、交流；美国联信公司的董事长除了每月给员工写一封两页纸的信以外，还要定期与员工举行早餐会，目的也是和员工谈心，拉近彼此之间的距离。

　　通过谈心，管理者可以与员工交流思想、沟通认识、加深感情，及时洞察员工心理的情绪波动，防患于未然。所以说，谈心是管理者赢得下属理解、信任和尊重的有效途径。然而，要想使谈心收到实实在在的效果，管理者还应掌握以下几条谈心的艺术：

预先准备，有备而来

　　管理者与员工谈心，特别是与个别人谈心时，准备工作一定要做细，做充分，要对谈心对象的思想、心理有一个较为透彻的了解，要认真了解造成心理问题的前因后果，必要时还要做相关的调查工作，如这个员工的社会关系、家庭状况、生活环境、性格爱好、情绪状况等。在谈心前，管理者要事先考虑好谈心的目的、重点、方式等，做好交谈的准备，也要充分考虑谈心可能遇到的困难和问题，对对方可能出现的反应要所有准备。如果是问题型谈心，要事先了解问题的发生、发展过程和原因以及要解决的难点，做到心中有数，有的放矢。只有充分了解情况，才能对谈话心中有底，才不会使谈心过程出现障碍。

选择一个私人的时空

人们都喜欢和朋友谈心，和上司谈心往往会感觉不自在。因此，管理者应该尽量将这种非公务性的谈心选择在私人的时间和地点，如时间选在下班后或午休的时候，地点则应该尽量避开办公室。这样才不会让员工有工作交流的感觉。当员工置身于比较自然或轻松的环境中时，自然很容易卸下心理防备，从而使谈心收到预期效果。

平等相待，坦诚相对

很多管理者在谈心工作中常犯的一个低级错误，即把谈心等同于训话，等同于交代工作。其实，谈心不同于交代工作，它是两个人之间的感情交流，具有亲近性和平等性。面对一双充满真诚和信任的眼睛，谁也不会说一些言不由衷的假话。管理者如果总能以一种朋友式的目光面对员工，相信这种气氛一定会给这次谈话奠定一个很好的基础。谈心时一定要使员工敞开思想、敞开心灵，使谈心在轻松、愉快的环境和平等的气氛中进行，不仅管理者要充分表达思想，也要让员工充分表达思想，否则谈心是不能达成目的的。此外，在日常的谈心中，管理者应该直接说明自己的意图，说明找员工谈心的具体原因。不要让员工感觉是你对他这个人产生不满，让他感觉：为什么你只是盯着我，明摆着是对我不够信任。所以谈心无需多谈事件的细节，更多的在于说明道理。

学会专注地倾听

管理者和员工谈心要多听少说，而非一味地向员工灌输自己的思想。只有这样，管理者才能切实了解到员工心中的真实感受，以便在日后更好地处理和员工的关系。有时员工甚至会在谈心中，不经意地说出一些对公司的意见和建议，这对管理者的管理工作是很有帮助的。

为此，管理者在倾听时应该做到以下几点：不要打断员工的讲话；设法使交谈轻松、愉快，使员工感到舒适，消除拘谨感；表示出倾听的兴趣，不要一副冷淡和不耐烦的样子；尽量排除外界干扰；站在员工的立场上考虑问题，表示出对员工的理解和同情；控制情绪，保持冷静，不要与员工发生争论；不要计较员工口气的轻重和观点是否合理。

切中要害，把话说到位

谈心的时候，管理者一定要把话说到要害处，想要向员工表达的思想要表达充分，不留死角，否则谈心就可能变成白开水，达不到预期效果。与有问题的员工谈心时，对其问题千万不能回避，要明确地指出来，而且要切中要害，对问题的性质要界定清楚，一是一、二是二，不能放弃基本的原则和立场。

有的管理者常常会犯这样的毛病：为了保持谈心时的一团和气，不愿指出对方的问题而以赞扬为主。如果不是原则问题，当然可以宽容一些，但如果是原则问题又不指出来，谈心不仅无益，而且有害。

动之以情，晓之以理

这是谈心的最大原则。所谓动之以情，就是用感情去感化人，以真情去打动人，其关键是找到感情的共振点。以情动人要考虑对象，一般来说，这种方式对那些与管理者关系密切或有共同感情指向的员工来说比较适合。而如果与你谈心的员工跟你没有太大关系，适当的感情交流可以，但想以情动人是很难做到的，这时就要晓之以理了。

晓之以理就是用共同的价值标准去说服对方，其关键是抓住对方观点中的缺点，通过摆事实、查根源、论危害、讲道理去说服对方、教育对方。有些管理者片面强调以情感人，忽视了以理服人，甚至有意回避从正面讲道理教育人，对下属的缺点和错误一味地迁就，结果使员工的小错误酿成大错误，反而害了对方。

区别对象，因人而异

不同员工的要求以及心理障碍不同，谈心前要做准备，谈话要有针对性。如自卑感较重的员工，可能会产生恐惧心理，不愿意多说，对此就要以鼓励为主，对其优点和长处多肯定；再如，有的员工自尊心比较强，有的可能还有自负心理，居功自傲。对这些员工，在谈心时，如果说话方式不对，对方就可能产生对立心理，这时要避免说话直来直去，若对方是个心直口快的人，领导者说话时就应该简洁明了、直来直去，最好不要拐弯抹角。

不要替员工下结论

对于一些员工的私人问题，管理者可以给出一些参考性的意见或建议，并表明"这些只是个人意见"，仅供参考。因为你不是他，不可能代替他去思考，也不能代替他去经历人生的每一个历程。然而在现实生活中，很多管理者往往会因为自己经验丰富而比较主观，习惯为员工下真理性的结论，甚至越俎代庖。这就会给员工很大压力，好像谈心也要领会老板的意图，然后去贯彻执行。因此，管理者在与员工谈心时，应该试着进行一下换位思考，站在员工的角度上去考虑问题。否则很难让员工敞开心扉，从而达不到倾听和了解员工的目的。换句话说，作为管理者，你可以在谈话中引导员工进行积极的思考或判断，但最好不告诉他你的判断和结论，即使你有肯定的结果。

切忌将谈话内容公开

员工与管理者谈心，难免会透露出一些内心的小秘密。管理者千万不要辜负了员工的信任，把员工的这些秘密告诉第三者。否则员工就会有被欺骗、被羞辱的感觉，进而质疑你的人格。即使你是出于好意去提醒其他员工处理好类似事件，但难免会有人对号入座，这样会让与你谈心的员工心中有压力，让日后和你谈心的员工不敢再袒露心声，甚至在工作中遇到麻烦也心存芥蒂，不愿意说真话。这对你的管理工作是非常不利的。

管理者和员工之间的关系极其微妙，既是上下级关系，又是接触较多的同事关系，还应该是朋友和亲人的关系。管理者只有多和员工谈谈心，对员工多一些理解和亲近，才能更清楚、更全面地了解员工的心理，进而赢得员工的尊重和信赖。

在抱怨中聆听员工的心声

管理者对员工的抱怨大可不必恐慌，但一定要认真对待。员工有抱怨并不可怕，可怕的是管理者没有体察到这种抱怨，或者对抱怨不予重视，从而使员工的抱怨情绪蔓延下去，最终导致管理的混乱和矛盾的激化。

哈佛大学心理学教授梅奥提出：凡是公司中有对工作发牢骚的人，那家公司或老板一定比没有这种人或有这种人而他们却把牢骚憋在肚子里的公司或老板要成功得多。哈佛大学心理学系为此曾做过一次颇有价值的实验：专家们找来一些工人个别谈话，而且规定在谈话过程中，专家要耐心倾听工人们对厂方的各种意见和不满，并进行详细记录。与此同时，专家对工人的不满意见不准予以反驳和训斥。这个实验研究的周期是两年。在这两年的时间里，研究人员前前后后与工人谈话的总数达到了两万多次。

结果他们发现：这两年以来，工厂的产量大幅度提高了。为什么会这样？经过分析和研究，他们得出了结论：在这家工厂，工人对它的各个方面有诸多不满，但无处发泄。"谈话实验"正好为他们的这些不满提供了一个发泄的渠道，不满发泄出来，工人们自然就感到心情舒畅了，所以工作积极性也随之大大提高。

在日本，很多著名的大企业都非常注重为员工提供发泄自己情绪的渠道。松下公司就是一个典型的例子。在松下公司，每个分厂里都设有一个吸烟室，里面摆放着一个酷似松下幸之助的人体模型，旁边放着一支竹竿，工人们可以用竹竿随意抽打"他"，以发泄自己心中的不满。等员工打够了，停手了，喇叭里会自动响起松下幸之助的声音，这是他本人给工人们写的诗句："这不是幻觉，我们生在一个国家，心心相通，手挽着手，我们可以一起去求得和平，让日本繁荣、幸福。做事情可以有分歧，但记住，日本人只有一个目标：即民族强盛、和睦。从今天起，这绝不再是幻觉！"

松下幸之助不愧为管理的高手，正是通过这种方式，松下的员工自始至终都保持了高度的工作热情。

抱怨是一种很正常的心理情绪，当员工们认为自己受到了不公正的待遇，就会产生抱怨，这有助于缓解他们心中的不满情绪。一般来说，员工抱怨的内容有如下 4 类：

薪酬问题

薪酬直接关系着员工的生存质量问题，所以薪酬问题肯定是员工抱怨最多的内容。比如本公司薪酬与其他公司的差异，不同岗位、不同学历、不同业绩薪酬的差异，薪酬的晋升幅度、加班费计算、年终奖金、差旅费报销等都可能成为抱怨的话题。

工作环境

员工对工作环境和工作条件的抱怨几乎能包括工作的各个方面，小到公司信笺的质量，大到工作场所的地理位置等都可能涉及。

同事关系

同事关系的抱怨往往集中在工作交往密切的员工之间，并且部门内部员工之间的抱怨会更突出。

部门关系

部门之间的抱怨主要是由以下两方面的原因产生的：部门之间的利益矛盾；部门之间工作衔接不畅。

那么，作为企业管理者，应该如何对待和处理员工的抱怨呢？

不要忽视

不要以为你对员工的不满和抱怨不理不睬，它就会自行消失，更不要以为你对员工奉承几句，他就会忘掉不满，停止抱怨。让员工不满和抱怨的问题一天得不到解决，不满情绪就会在员工心里不断升温，直至沸腾，结果小问题很可能恶化成大问题。因此，管理者绝不能以不以为然、不理不睬的态度对待员工的抱怨，而应该把它作为重要问题去处理。

认真倾听

员工的抱怨无非是一种发泄，它需要听众，因此，当你发现下属抱怨不停时，应该找一个单独的环境，让他尽情地抱怨一通，你需要做的就是认真倾听。这样不仅能表明你对员工尊重，还能使你找到员工抱怨的根源。如果你做到了这一点，你的管理工作就算成功了一半，因为你已经赢得了员工的信任。

全面了解起因

任何抱怨都有它的起因，管理者在了解抱怨的起因时，不能只听抱怨者的一面之词，还应该听听其他员工的意见。如果是因为同事关系或部门关系产生的抱怨，管理者一定要认真听取双方当事人的意见，争取做到客观公正，不偏袒任何一方。

提出解决方案

实际上，80%的抱怨是针对琐碎小事或是不合理的抱怨，它源于员工的习惯或敏感。对于这些抱怨，管理者应该通过与员工的平等沟通来解决。管理者除了要认真听取员工的抱怨外，还要对员工抱怨的问题做出认真、耐心的解答，并且对员工不合理的抱怨进行友善地批评。

另外20%的抱怨是必须做出处理的，它往往是由于公司的管理或员工的工作出现了问题造成的。对于这类抱怨，管理者首先要与员工进行平等沟通，以平静员工的情绪，阻止抱怨的继续扩散，然后再采取有效措施加以解决。

处理果断

一般而言，需要做出处理的抱怨中有 80% 是因为管理问题造成的，由于员工个人失职造成的抱怨只占 20%，所以，管理者处理抱怨的最主要措施应该是规范工作流程、岗位职责、规章制度等。在规范管理制度时，应该采取民主、公开、公正的原则，首先要让抱怨的当事人参与讨论和制定规范；其次要把制定好的规范向全体员工公开，只有这样，才能保证管理的公正性。如果是由员工失职造成的抱怨，要及时果断地对当事人采取处罚措施，力求做到公正、严明。

在动态环境中洞悉员工心理

> 环境是变化的，人的心理也是变化的，因此，管理者要根据环境的变化来考察和分析员工的心理，以防僵化地看待问题而导致错误的判断。也就是说，管理者应该学会在动态的、不断实践的过程中洞察员工的心理。

某公司年底前进行了一次干部大调整，一些潜在的矛盾被激发出来。公司总经理有一次对一个朋友说："我的前任对这样的大调整常常很头疼，因为不断有人来找他，各种各样的矛盾都会涌到他的面前，他有时甚至感觉无从下手。但我却特别喜欢这个大调整的机会，因为它就像一个放大镜一样可以使我看清每一个干部的真正性格和心理。比如在这次大调整中，有两个中层干部都来竞争行政处长的位置。两个干部中 A 是做技术的，B 是做销售的，而且两个人的关系一直不错。但奇怪的是，有一天晚上 B 找到我家，和我谈了很长时间，言辞吞吞吐吐。最后我终于听出了其核心意思是 A 能力不行，在家还打老婆，还说这些事别人都不知道，A 一直对他没有防范之心才告诉他的。最后，我对 B 说：'本来以为你挺聪明的，看来不是啊。'我当然不会用 B 了。"

那么，管理者怎样才能做到从动态环境中洞察员工心理呢？

不要先入为主

管理者往往会不可避免地犯先入为主的错误，这是极其不可取的，因为这些先入的印象往往是瞬间获得的：或是看履历，或是听别人介绍，或是看工作成绩，或是听一些似是而非的传闻，或是听一些未必公正的社会评价，这往往使管理者看不清员工的本质。

周先生是某银行分行的行长，有一次，副行长给他介绍的一位营业部主任的情况给他留下很深的印象。这位营业部主任负责的营业部原本是一个不起眼的小单位，一年的存款额也不过 200 多万，他上任后，存款额增加到 600 多万，甚至超过了一些位于市中心的大营业部，而且这 600 万都不是通过既有关系做到的。一时间，周先生对这位营业部主任充满了好感，于是找机会把他调入了分行，任办公室主任。这时他才发现，这位营业部主任太过油滑，对周围的人缺乏真诚，而且做事不择手段。他为了拉到存款甚至可以给客户下跪，虽然短期内拉到了客户，却不利于长期经营。周先生后来不得不想了很多办法才把他弄走。

管理者也不要过分相信对员工的第一印象。第一印象有时会给管理者太过强烈的冲击，以致忽略后来观察到的一些真实情况。而且第一印象总是伴随着表面性和片面性，是无法触及人的心理本质的。因此管理者应注意回避第一印象的影响。

不要以偏概全

看人要看主流，而不能以一时一事的表现来下定论。管理者知人要深、要全，必须通过"日观其德，月课其艺"的全面考察才能获得完整的信息。这里要注意两点：

一是不要以点代面。要从历史的角度，在企业或公司的大环境中对员工加以考察。如果仅以一时行为来断定一个人的能力大小和心理素质的好坏，就必然得出错误的结论。

二是不要以一事成败论英雄。一件事情做成功是很多因素促成的，个人能力大小有时并不一定起着关键作用。同样，一个人一件事情没有处理好，也未必就是能力差，要具体问题具体分析，更要看到他在其他工作中的表现，这才是正确的观察员工之道。

不要优柔寡断

在对员工的心理管理中很忌讳优柔寡断。对员工的心理状态辨别不清，对员工中出现的不良思想问题完全不了解，无从"断"起，或少谋无断，不知道如何是好，这些都是心理管理中的大忌。

和其他管理一样，心理管理也要果断，但果断的前提是要具备宽广的心胸，能从善如流，并从科学的心理管理规律中找到合适的"驭心"之法。

理性是心理管理的基石

要正确判断一个员工的心理状态，就不能凭借感性认识，而要从理性认识出发做切合实际的客观分析。这就要求管理者自己要先消除预判的心理，并在实际工作中不断清除由此造成的心理障碍。对一些人和事，要从不同的角度全面地分析，防止以貌取人或以第一印象取人。

上海一家企业招聘新员工时，有一位姓李的销售人员在面试时就给老板留下了很不好的印象。他口若悬河，谈吐得当，但衣着随便，对老板的态度也不像其他面试人员那样恭敬。由于没有特别合适的人选，老板最终把他留下了，想在实践中考察一下。

原本苏北地区的销售业绩很不好，李先生来了之后不到三个月就打开了局面，销售主管也多次赞扬他。但老板对他却没有好感，有时即使在公司里遇到了，也不太愿意和李先生打招呼。销售主管曾向老板建议找李先生聊聊，但老板一直不愿意做这种安排。

李先生也感觉到了老板对自己的冷淡，心情一直不好。在一次工作部署会上，他又因自己的看法与老板不同而受到老板冷落。后来，觉得没有前途的李先生只好一走了之。他在会上的意见最终被证明是正确的，而且自从他走后，苏北地区的销售情况一落千丈，老板这才明白自己错过了一个好员工。

唐朝武三思曾经这样说："凡与我为善的人即为善人，凡与我为恶者即为恶人。"但以此来识人，最终留在身边的可能都是些不得不终日提防的小人。因此，管理者要避免以个人好恶为标准来推测人心。

了解员工心理不要有"私心"

管理者之所以会非理性地看待员工、分析员工心理，其中很大一个原因就是管理者被自己的"私心"所左右。

所谓私心有两个含义：一是从自己的需要出发预判员工或下属的心理；二是凭着自己的好恶预判员工或下属的心理。

以己心推他心是一种判断人心理的重要方法，因为人性总是大体相同的。但如果把自己的心理完全等同于他人的心理，特别是在中间还夹着个人恩怨和不健康的东西时，推断出来的结果就未必是正确的了。

以自己的好恶来推断员工的心理更是错误的。有些管理者对那些每天奉承自己的员工大有好感，并推断这些员工是忠诚的，而对于不善言辞的员工就认为他们缺乏积极性，性格不健康。这样推断人心，结论又怎能正确呢？

关注员工的私人问题

私人问题对员工的心理和工作，以及对企业的发展都有着极其重要的意义。面对员工私人问题中的某种困境或不和谐之处，管理者如果能提供一些力所能及的帮助，或者给予一些建设性的意见和建议，不仅是对员工莫大的鼓舞和激励，有助于员工走出困境，同时也体现了管理者的风度和真正的人性化管理策略，对企业的发展也会产生积极作用。

上班期间，管理者对员工的工作严格要求是应该的，但是下班后，管理者与员工之间就不再是上下级关系了，而是地位平等的社会成员，都有自己的家庭生活和私人问题。所以下班后，管理者应该多了解一下员工的私人问题。

私人问题通常不包含在公司制定的政策当中，通常是指发生在工作环境以外的造成员工工作失败的私人生活中的一些事情，比如家庭纠纷、离婚、与亲人的生离死别、债务纠纷等。管理者处理员工私人问题的做法是否妥当，往往会直接影响员工的工作情绪和工作效率，甚至会影响员工与客户、同事，甚至与领导之间的人际关系。

为此，管理者可以通过一些合理的方式了解员工的私人问题，这有助于对员工的心理状态做出准确判断。比如，管理者可以尽量参加一些员工的业余活动，甚至可以加入到某些特定的兴趣小组中，作为一名成员与员工一起活动。管理者一定要明白，与员工共同活动的过程是了解员工心理状态的一个绝好机会。因为业余活动这种轻松氛围给了员工平等交流的机会，他们会更自然地表现出自己真实的一面，从而使管理者掌握员工更真实的心理情况。

某公司的胡小姐工作业绩一直很好，分外的工作也能认真去做。但现在不仅分内的工作经常完不成，而且还常常迟到、早退，对领导的态度也不像以前那样恭敬了。

老板看在眼里，觉得有些奇怪，本来打算找胡小姐好好地聊聊，但想了一下，又没有那样做。因为他觉得发生这么大的变化，一定与强烈的外界刺激有关，于是他让手下人先了解了一下胡小姐家里的情况。原来胡小姐已经 30 岁了，老公希望她生孩子，可是要生孩子肯定会影响工作，甚至不得不辞职，如果不要孩子，和老公就无法相容，甚至可能离婚。因此胡小姐想：生孩子就要离开公司，不生孩子就要离开老公，无论选哪样都没有好结果，她甚至因此产生过自杀的念头。

老板了解到这些情况后，就把胡小姐找来谈了一次心，表示胡小姐以前工作得那么好，他不会因为她生孩子就辞掉她，并让她一定要和老公处理好关系，安心工作。后来，胡小姐果然恢复了最初的工作状态。

科克说："家庭是每个人的城堡。"在很大程度上，家庭是员工努力工作的动力源泉，是员工心灵栖息的港湾。有时候，员工其实很希望管理者多了解一下自己和自己的家庭状况，多了解一下自己的私人问题，他们觉得这是管理者对自己的关心和爱护。因此，管理者如果懂得对员工的私人问题表示出理解和关怀，必定能让员工感受到自己的"人情味"，感受到企业的"温暖"，从而赢得员工的尊敬和感激，获得员工的倾心回报。相反，如果管理者对员工的私人问题漠不关心、不闻不问，很可能引起员工内心的不满，让员工觉得你不近人情，从而大大降低员工的工作热情。

员工的私人问题是让很多管理者最感到头疼的问题之一，有的管理者甚至不知道怎样跟员工谈论私人问题，更不知如何处理。下面给管理者提供了几条参考性的建议：

员工消极，你要主动

如果员工的私人问题不足以影响他本人或其他员工的工作，管理者就没有必要也无权过问。反之，管理者就非得过问不可。最佳的做法是：主动与问题员工交谈，向该员工强调公司对员工的工作要求以及他未能符合工作要求的事实；询问他是否正在被某些私人问题所困扰；最后向他亲切地表示，如果有事情需要帮忙，公司方面一定会尽力而为。以这种方式处理员工私人问题的好处是，无论员工是否愿意进一步谈论其私人问题，这种做法都足以使他感受到莫大的精神慰藉，同时也向员工传递一个信息：任何一个企业都不可能长期接纳一个员工的不良表现。员工只有尽快解决私人问题，才能让工作步入正轨。另外，如果员工愿意谈论其私人问题，可以借此机会协助他解决问题。

员工主动，你应谨慎

如果员工主动要求管理者协助其解决私人问题，管理者应该谨慎对待。

管理者对员工私人问题的协助，应该仅限于提供有利于解决问题的条件，而不是亲自为员工排忧解难。比如，员工有家庭问题需要照料，管理者可以酌情安排灵活的上班时间；员工有经济困难，管理者可以提前给员工预支薪水、发动捐款以帮助员工尽快渡过难关；员工有法律纠纷，管理者可以安排员工休假以打官司。总之，管理者可以对员工的私人问题予以理解、关注和帮助，但没有权利越俎代庖。

同情但不要过分

管理者在处理员工私人问题时，过分同情员工的不幸遭遇，不但不利于员工私人问题的解决，而且还可能使其他员工心生不满、愤愤不平或士气低沉。

所以，管理者可以设身处地去了解员工的心理感受，但不要让这种感受支配自身的做法。这样才能为员工提供真正的帮助，同时也不至于让自己陷入尴尬境地。

关注员工的心理问题

员工是企业的财富，企业应做到以人为本，在"关注员工心理健康，提升员工幸福指数"方面多下一些功夫，这样才能减少员工对企业的抱怨，增强员工对企业的认同感和向心力，提高员工的士气，使整个企业和谐健康发展。

近年来，员工自杀事件层出不穷，其中不乏一些知名企业的员工，比如 11 名富士康 80 后、90 后员工先后跳楼自杀。

接连不断的员工自杀事件，让人们不禁心生质疑：企业的管理理念和管理模式是否真的做到了"人性化"？同时，更将人们的目光引向了一个新的领域——员工的心理健康问题。

心理学专家认为，员工自杀虽然不排除员工自身存在心理脆弱等问题，但更主要的原因是，密集型工作、劳动强度大，进一步增加了员工的挫折感和孤独感，企业的程式化管理，缺乏人情味的氛围，使很多员工的抑郁心理无处排解，所以最终酿成了恶果。

员工自杀事件给所有企业都敲响了警钟：企业管理者应该多关注一下员工的心理健康，提升员工的幸福指数。员工的心理问题在极端爆发之前往往是有征兆的，关键是在问题初露端倪时，员工能否获得安全的支持渠道。这就要求企业管理者平时多给予员工一些心理支持，尤其是帮助员工排解工作和个人精神层面上的困惑与烦恼。

因此，企业管理者有必要了解一下员工通常都有哪些心理问题。

工作压力形成的心理问题

多数身在职场的人都会感受到工作带来的巨大压力，这种压力表现在以下几方面：

一是工作任务繁重，身心疲惫。

由于工作目标制定得过高或下达的指标超出了员工的实际承受能力而造成其心理负担过大，因而员工工作起来忧心忡忡、烦躁焦虑、思想消极，让人感觉有"问题"。

现代社会的竞争越来越激烈，企业或组织为取得和保持竞争优势，对员工的要求越来越高，员工面临着巨大的工作负荷；企业或组织内的竞争也更加激烈，每个员工每天都面临紧张的工作气氛，不进则退，不敢懈怠。

二是持续性压力增大，心理压力无法缓解。

过去下班回到家里还可以休息一下，而现在虽然每天上班不过七八个小时，但实际上每时每刻都在想着工作的问题。

特别是随着技术的发展，移动通信、个人计算机、互联网的出现使人们的工作方式发生了剧变，手机、笔记本电脑、电子邮件、无线上网等现代 IT 技术和设备使专业人士的心理受到全天候工作的严重威胁。

三是变革速度快，让员工面临心理适应压力。

企业或组织的外部条件变化极快，内部的调整也越来越剧烈，使员工每时每刻都不得不在意何时会发生变化，发生了什么变化，这种变化会不会轮到自己，轮到自己又会是什么样的结果。

人际关系不协调形成的心理问题

由于工作日渐复杂，企业或组织中的人际关系也日渐复杂。许多员工每天都面对着各类"不公平"，这就使一些员工由于不能处理好各类人际关系或由于遭到打击报复、孤立排斥等行为而产生心理焦虑，表现出恐惧、无助、对人冷漠麻木、冷嘲热讽、缺乏同情心、不信任他人、动辄责备迁怒、反应过度、与他人刻意保持距离等心理问题。

也有的员工认为自己的工作目标不合理，总是没有晋升机会，心里的怨气累积后，就可能会在一些场合中故意顶撞其他员工或自己的领导，大发怨气，成为"问题员工"。

个人和家庭危机形成的心理问题

家庭和个人生活中的一些危机也可能会造成员工的心理问题。这些危机包括：身体健康问题；恋爱失败，夫妻失和；家庭纠纷；家中有人患病或伤亡，子女成长遇挫折。此外还包括经济负担过重、家庭财务窘迫、对失业和收入下降的恐惧等。在现代社会中，由于工作占用精力和时间对家庭和朋友产生愧疚而影响员工心理的情况也渐渐增多。

遇到家庭危机的员工最常见的表现是情绪不稳、工作起来没有积极性、易怒、暴躁等，从而引起工作效率下降，工作质量出现问题。

突发事件形成的心理问题

企业或组织面临各类突发事件时，会严重冲击员工的心理。如裁员、兼并、重组、濒临破产等企业或组织自身的原因会使员工由此产生危机感，感到更大的生存压力。此外，企业或组织外的社会性突发事件，如自然灾害、恐怖事件、流行疾病、社会变动、安全事故等也会给员工带来心理冲击，特别是同事在突发事件中伤亡会造成其他员工极大的心理震动。

那么，管理者怎样才能看出员工有心理问题呢？一般而言，员工如果有心理问题，都会有不同形式的外在表现，主要体现为以下几种：

严重的嫉妒行为

嫉妒也会导致员工的心理失常。一般来说，竞争越激烈，越容易引起强烈的嫉妒心。

嫉妒心人皆有之，只要没有付诸实施，就不会有危害。但在激烈竞争的条件下，许多员工会有严重的嫉妒行为，比如，有的员工看到原来同一级别的同事成为自己的上司后，就会出现在工作中经常不配合或"捣乱"的态度，或者散布一些上司在某些方面不如自己的"贬损"言论等，从而成为"问题员工"。

严重的疑心

对有工作压力或对组织的管理不满的人来说，最常见的心理问题就是疑心病极重。他们总是虚构一些因果关系去解释别人为什么会有某种言行举止。

某个国企搞干部竞争上岗，一位女干部因为经营业绩的原因从原来营销经理的位置上被竞争下来。从此她就产生了严重的疑心病，见到别人小声交谈，就认为是在议论她，从而或者主动走过去询问，或者偷偷地在一旁听着，有时还会借故和那些她认为说她坏话的同事大吵大闹一番。

时间久了，同事都不太敢接触她，而她的压力就更大了，精神状况也越来越差，最后不得不请假休息。

疑心重的员工会把自己虚构的东西当成真实的东西，并四处散播，其中有一部分也许是真实情况，但大部分是他的猜测。因此，有疑心病的员工通常也是谣言的来源地。

强烈的依赖行为

有的员工因为在工作或生活中受到严重打击，从而对特定的人产生强烈的依赖心理，并在工作或生活中体现出来。如有的员工会对一些异性或工作能力强的领导、同事产生依赖，一旦他依赖的人离开，他便无法正常工作或生活，无法确定自己的工作和生活目标，无法处理一些看起来十分简单的事。

要求绝对公平

某公司的一个员工总是要求绝对公平，总是问为什么，如为什么××的交通补贴会比自己多出 5 元钱，为什么××加班一小时拿了 10 元钱，自己加了 70 分钟也才拿 10 元钱。这种要求绝对公平的员工会在小事上计较不已，并把这些小事当成十分重大的事件，一旦要求不能得到满足就大吵大闹，无法正常工作。他总是觉得别人的工资都比自己高，而自己总是受到不公平的待遇，所有人都在不停地算计他。

这类员工喜欢攀比，既喜欢在公司内不同部门之间的工资、奖金分配上进行攀比，也喜欢在新老职工之间进行攀比；既喜欢在不同行业之间的收入待遇上进行攀比，又喜欢在同行业之间进行攀比。

持续的内疚

一般来说，过分或持续的内疚是一种畸形责任感，就是主动承担本来不是自己的责任，这种心理对员工身心也是极其有害的。持续的内疚感会使员工的行为发生改变，他总是觉得自己的工作没有做好，担心管理者的斥责，以至于行为失常。

获得赞扬的极度饥渴

渴望领导或其他人的赞扬是一种可以理解的普遍心理，但过分看重赞扬也会带来很多心理问题。在现实中就有许多员工把获得他人的赞许作为支配自己的一种强大力量，但其实质就是不相信自己。如有一些员工会经常邀功，处处表现自我，夸大领导对自己的赞扬。

太多的牢骚

发牢骚的原因，既有对社会经济现实的不满，又有对改革过程中某些失误的不满；既有对社会没有公平竞争环境的不满，又有对分配制度不完善，责、权、利不一致的不满；既有对周围所见所闻的不满，又有对自己的岗位、职称、职务的不满等。这种牢骚如果可以控制，就不会有太大的问题，但如果牢骚太多，就可能影响正常工作。

过度的忧虑

有的员工会出现过度的忧虑，如患得患失，考虑大局少，考虑自己多；或在一切都稳定的条件下，过分考虑可能出现的严重后果；有的员工担心一旦经济形势发生变化，自己的收入会减少；还有员工担忧管理者对自己不满，忧虑其他员工与自己过度竞争等。这些员工要么总是担心，要么总是感到委屈，这也是很不利于工作的心理问题。

员工的心理问题不只是他们个人的事，还将极大地影响企业的绩效。英国一项调查表明，每年由于压力造成的健康问题，通过直接的医疗费用和间接的工作缺勤等形式造成的损失高达 GDP 的 10%。因此，企业管理者应该尽快意识到员工心理健康的重要性，对员工的心理问题承担更多的责任，而不是把这个责任推给员工个人或者社会。

实施员工心理疏导的九个途径

员工的心理问题，往往会直接影响员工的工作质量和工作效率。因此，加强员工心理疏导是企业管理者不可忽视的一个重要课题。

所谓心理疏导，是指运用管理心理学、行为科学等有关科学方法，对员工可能出现或已经出现的异常心理变化或情绪波动，进行科学的心灵调适、慰藉、安抚、沟通或说服，以达到心理和谐及实现员工个人与企业组织目标的一致性的一种活动方式或方法。

加强员工心理疏导，可以减少员工对企业的抱怨，有助于树立良好的企业形象；可以增强员工对企业的认同感，促进企业内部各部门、各层次员工之间的交流与沟通；可以鼓舞员工士气，提高员工积极性，改善企业内部气氛，降低员工的缺勤、跳槽、离职率；可以帮助员工缓解身心压力，促进员工身心健康，提高企业经营绩效。

那么，管理者应该如何成功实施员工心理疏导呢？主要有以下9个途径：

提高认识，以人为本

企业管理者首先要提高认识，转变观念，充分认识到员工心理疏导的重要意义：只有员工心情舒畅、家庭幸福、人际关系和谐了，精神状态才会积极向上、工作热情才会提高上来。因此，管理者要做好员工心理管理的第一责任人，要多听取员工的意见和心声，多关心员工的困难和疾苦，不断改善员工的工作和生活环境，最大限度地解决员工的切身利益问题，真正做到想员工之所想、急员工之所急，让员工切实感受到企业发展给自己带来的实惠，从而增强员工的凝聚力和向心力。

广泛宣传，有机融合

面对困难和挫折时，心理健康的人往往能对自我情绪进行控制和调节，表现出很强的社会适应能力和应对能力；而心理不健康的人往往情绪低落、郁郁寡欢、怨天尤人、自暴自弃，甚至出现过激行为。

在企业中，员工对于自己的心理健康问题往往没有明确的认识，因此，管理者要通过宣传栏、宣传手册、网站、内部刊物、健康知识讲座等多种形式，使员工了解和关注心理健康、正视心理问题。并鼓励员工在遇到心理问题时积极寻求帮助。此外，管理者还要坚持把疏导和管理有机结合起来。在日常的心理疏导中，管理者应该给员工充分的尊重和信任，让员工有充分的发言权、民主管理权，让他们参与一些重大事项的讨论和决策，如：绩效分配、岗位竞聘、奖惩制度等关系员工切身利益的问题，这不但有利于集思广益，提高决策的质量，还有利于改变员工的心态，从而大大减少员工产生心理问题的几率。

加强培训，提升能力

认知水平的高低和正确与否，往往决定着人的心理健康状况。学习可以改善人的认知，认知水平的提高又可以改善人的心理。因此，不断提升员工的认知水平，是改善员工心理状态的重要环节。所以，管理者要注意对员工进行心理培训，将心理学的理论、理念、方法和技术应用到企业的日常管理中。

通过开设系列课程，如压力管理、挫折应对、心理调试、人际沟通技巧等，对员工进行心理卫生训练，使员工了解必要的心理健康知识，掌握心理素质提高的基本方法，从而增强员工的心理承受能力。

改善环境，指明方向

管理者要尽力为员工建立一个积极、健康的工作环境，以减少或消除导致员工心理健康问题的消极因素。比如，管理者可以通过改善员工工作条件，增设休息室、健身室等，改善员工工作的物理环境；另一方面，管理者还要通过组织结构变革、管理能力培训、团队建设、岗位轮换、员工职业生涯规划等手段改善员工工作的软环境，为员工的职业发展指明方向。

实现目标，科学导向

人的心理往往与个人需求的满足状况有关，当人的需求无法得到满足或暂时满足不了时，心理问题就会产生。因此，管理者需要对员工的个人需求进行科学的导向。一方面要注意满足员工的基本需求，如安全的保障、收入的提高、工作环境的改善等；另一方面又要对员工的心理期望进行引导，即在符合主客观实际的基础上，引导员工把心理期望变成一种追求，促进员工通过积极艰苦的努力，去追求心理目标的实现，比如引导一般员工考技师、考职称，激励员工竞聘更高更好的工作岗位等。这种引导必然会在员工当中营造出一种良性的心理竞争态势。

适度宽容，寻机赞美

从心理学角度讲，每个人都需要赞美、渴望赞美。赞美就像一汪甘泉，能滋润人的心田，使人的心里感到舒服；赞美就像一针清醒剂，能使有错的人知错就改；赞美就像一盏路灯，能使人知道前行的方向，从而激励人走向成功。因此，管理者要学会赞美员工，学会用放大镜去寻找员工的闪光点，而不是用显微镜去寻找员工的缺点，这样就会发现员工身上有许多值得赞美的地方，从而使员工的心里更加愉悦。

承认差异，尊重个体

正所谓"尺有所短，寸有所长""世界上没有两片完全相同的树叶"，管理者如果不懂得这一点，在管理工作中以一把尺子去衡量员工、要求员工，甚至以自己的能力和水平作为衡量员工的标准，就很容易造成员工心里不悦。因此，管理者既要承认员工的个体差异，又要尊重这种差异，将最合适的岗位或最合适的工作安排给最合适的员工去做，切忌求全责备，力争把导致员工不良心理的因素降到最低。

良好心态，感恩情怀

一个时常心怀感恩之情的人，其心态往往是健康的，并把在社会上做个好公民、在企业里做个好员工、在同事间做个好朋友、在家庭里做个好成员，作为自己报答社会、企业、同事或亲人的手段。但在目前的大多数企业里，员工的感恩意识并不强，企业收益再好、领导对他再好、同事对他再好，他都认为这是理所应当的。这就要求管理者对员工加强教育，培养员工的感恩情怀，引导员工感恩社会、感恩企业、感恩同事，特别是感恩自己的家人，因为是家人承担了大部分家务和抚养孩子的重任。

搭建平台，互动疏导

为了及时了解员工的心理动态，企业管理者应该建立健全员工心理疏导组织网络，努力使疏导途径多样化。比如，管理者可以建立员工申述制度，设置意见箱或网上论坛，让员工的意见和建议得到及时的交流，以使员工的心理失衡或不满情绪有地方倾诉或释放。此外，管理者还可以通过问卷、访谈、座谈会等方式，对员工的心理健康状况进行调查，了解员工的压力、人际关系、工作满意度等，如果有必要，还可以聘请心理学专家对员工的心理健康状况进行评估，分析导致心理问题产生的原因，并提供相应的解决方案。

第3章

赢得员工"芳心"，

操控要"心悦诚服"

人心是企业最宝贵的财富，当员工能够心向企业时，这个企业就有了强大的凝聚力和竞争力。蒙牛创始人兼 CEO 牛根生说："这个世界不是有钱人的，也不是有权人的，而是有心人的。"他指出，蒙牛集团企业文化的核心价值观就是经营人心。因为获得人心，才是长久的经营之道。古人云："得人心者得天下。"管理者经营人心，首先要经营好员工的心。

增加员工的"心理收入"

内在的心理报酬在很大程度上左右着员工的满意度和忠诚度。对管理者来说，关注员工的心理收入因素并利用这些因素去弥补薪酬机制中的缺陷和不足，是实现有效管理不可或缺的环节。

如果有这样两个公司同时向你"抛出绣球"，你会做何选择？

A公司薪水比较丰厚，福利待遇也很好，工作比较轻松，但老板刚愎自用、蛮横不讲理，他经常挂在嘴边的一句话就是："我付给你们这么高的薪水，你们就应该为我拼命干活，要不然我炒了你们!"所以，在A公司里，员工虽然表面上服从领导，背地里却颇为不满，要么工作敷衍了事，拖拖拉拉，混日子拿工资，要么干不了几天就辞职走人。

B公司的工资和福利待遇虽然比不上A公司，工作也很辛苦，有时还要加班，但老板视每一位员工为亲人，同事之间相亲相爱，就像一个大家庭一样，公司还为每位员工提供了很多培训学习的机会。所以，B公司的员工没有一点不满，对上级交代的工作很乐意去做，公司上下呈现出一片祥和的氛围。

如果是你，你会做什么样的选择呢？毫无疑问，肯定是选 B 公司。因为 A 公司只注重员工的经济收入等物质报酬，而忽视了员工的心理报酬，它把员工看成是"金钱的奴隶"，将员工的忠诚度和奉献精神逐渐抹杀殆尽，最后导致企业虽然给了员工很高的工资待遇，但员工忠诚度、满意度仍然不高，阳奉阴违、跳槽离职现象十分严重。而 B 公司除了给员工经济收入报酬外，还关注了员工的心理收入，给予了员工尊重、友谊、关怀、个人价值及学习机会、发展空间等。由此可见，企业要想赢得员工的心，光靠金钱是远远不够的，必须多关注一下员工的心理收入。

什么是员工的心理收入呢？从广义上来说，薪酬主要是由两种不同性质的内容构成的：经济报酬和非经济报酬。经济报酬，是指企业付给员工的工资、奖金、各种津贴和福利等物质性的报酬；而非经济报酬，主要包括工作保障，身份标志，给员工提供培训、晋升的机会，对突出工作成绩的承认，弹性工作时间和优越的办公条件等，是一种非物质性的报酬。员工的心理收入是指员工对企业及其工作本身在心理上的一种感受，它属于非经济报酬的范围。

员工在企业里工作，不只是为了赚取更多的工资，他们还希望通过工作发挥自己的最大潜能，使自己的能力和价值得到充分体现和承认，他们渴望从工作中得到乐趣和享受。因此，企业不能过分依赖物质激励因素而忽视心理因素的作用，否则不仅达不到预期的效果，反而会带来一些负面影响：工资不断在上升，员工的不满却在增加；企业中缺乏人性化和精神层面的东西，大家只是看钱干活，多给钱多干活，少给钱少干活，不给钱不干活；很难调动员工的积极性和责任感，培养员工的主人翁意识；员工对企业的忠诚度和满意度逐渐降低。

因此，管理者不仅要善于利用薪酬机制激励员工的积极性，更要善于利用心理收入因素去弥补薪酬机制中的缺陷和不足。比如：设立培训基金用于员工的学习和培训。学习不仅可以让员工个人受益，更会让企业受益；营造一个温馨、和谐的工作氛围，管理者对员工说几句关心的话语，就会让员工开心工作、快乐工作……这些其实都是给员工的心理报酬，它减少了对过高薪资水平的依赖，转而使员工更多地依靠心理报酬，同时也有利于企业从仅靠金钱激励员工的困境中摆脱出来。

沃尔玛就十分关心员工的心理收入。创始人山姆·沃尔顿把员工称为"合伙人"，并且非常注意倾听员工的意见。他经常对沃尔玛各层领导干部们说："关键在于深入商店，听一听各个合伙人要讲的是什么，那些最妙的主意都是店员和伙计们想出来的。"

沃尔顿认为，在沃尔玛公司，管理者必须以诚恳的态度尊敬并亲切对待自己的员工，必须了解员工的为人、他们的家庭、他们的困难和他们的希望，必须尊重和赞赏他们，时时刻刻关心他们，这样才能帮助他们成长和发展。沃尔顿会经常驾临一些本公司的商店，询问一下基层员工"你在想些什么"或"你最关心什么"，以了解员工的困难和需要。

美国《华尔街日报》曾报道说："一天晚上，沃尔顿先生在凌晨两点半结束工作，到一家面包铺买了些点心，回来的途中路过公司的一个发货中心，与一些刚从装卸码头上回来的工人聊了一阵。结果，他发现这儿至少还需要两个沐浴间。"从这个故事不难看出，沃尔顿先生是非常关心他的员工的。因此，员工们都亲切地称他为"山姆先生"。

沃尔玛公司的一位员工回忆说："我们盼望沃尔顿先生来商店参观时的感觉，就像等待一位电影明星或政府首脑一样。但他一走进商店，我们原先那种敬畏的心情立即就被一种亲密感所代替了。参观结束后，商店里的每一个人都清楚，他对我们所作的贡献怀有感激之情，不管那些贡献多么微不足道。每个员工都感到了自身的重要性。这几乎就像老朋友来看你一样。"

所以说，对员工心理的满足非常重要，不但能拉近管理者与员工的距离，还能调动员工的工作积极性。

赢得员工"芳心"，操控要"心悦诚服"

1981 年，美国戴蒙德国际纸板箱厂因管理不善，面临极大的经营困境。65%的员工认为这是管理层对员工不尊重造成的，56%的员工对工作感到悲观，79%的员工认为他们的出色工作没有得到相应的报偿。为此，管理层推出了"100分俱乐部"计划，即无论哪个员工，全年工作绩效高于平均水平的，就可以得到相应的分数，如无安全事故20分，全勤25分等，如果分数达到100分，就可以获得一件印有公司标志和"100分俱乐部"臂章的浅蓝色夹克衫。

到 1983 年，工厂的生产率提高了 16.5%，产品不合格率下降了40%，员工的不满意见减少了72%，工厂年利润增长了100多万美元。

1983 年底评议时，86%的员工认为管理层对员工很重视；81%的员工感到自己的工作得到了认可；79%的员工认为自己的工作与组织成果关系更加密切了。

由此可见，一个人的心理需求是其动力的最大来源，与物质收入相比，人们更注重来自心理的满足，更希望得到被尊重、被信任和被重视的心理感觉。

那么，管理者如何增加员工的"心理收入"，让员工获得心理上的满足呢？

增加精神奖励

为增加员工的心理收入，管理者要注重提高精神奖励的程度和技巧。一句祝福的话语、一声亲切的问候、一次有力的握手、一次公开的表扬，都会使员工终生难忘，并甘愿为你效劳一辈子。

满足尊重动机需求

人是生产力发展的决定性因素，是一切物质财富和精神财富的创造者。在企业中，员工是企业持久竞争力的创造者，是企业发展的原动力，所以员工的需要应该得到保障；员工的地位、价值和尊严应该得到尊重。诚心诚意地尊重，使员工处处都体验到自己的价值所在。管理者在工作中要特别注意：在实施决策之前，要主动、认真地听取员工的意见，吸收其合理成分，对其工作成果给予肯定。这是调动员工工作积极性的重要一环，也是对其人格的尊重。

注重员工兴趣的激发和培养

一个好的管理者应该善于激发员工的潜能，应该让其认识到自身的能力并且激励其自我提升。同时，还应该引导员工更加注意自身价值的实现，而不是简单管理，从这一点来讲，现代企业管理者的领导能力比管理能力更重要。海尔在这方面的做法是：让员工在各自的领域真正处于主导地位，尊重人的价值，提高人的素质，发挥人的主观能动性——力求使每个员工的聪明才智都有用武之地，使他们各得其所、各尽所能。

提供安全、健康的工作环境

健康、和谐的工作环境是员工高效工作的前提和基础。企业为员工提供一个稳定、积极、和谐的工作环境，不仅有利于提高员工的工作效率，充分发挥员工的个人能力，而且有利于树立良好的企业形象，激发员工的自豪感。作为企业员工，无一不希望自己所处的环境是稳定的、和谐的、积极的。所以，管理者应该竭尽全力满足员工这方面的要求。

改善企业内部员工的人际关系

据有关调查显示，有相当一部分员工离职是由公司内部员工人际关系不和引起的。马斯洛的需求层次理论说明，人是有社交需要的，人们从事工作不仅仅为了挣钱和获得看得见的成就，对大多数员工来说，工作还满足了他们社会交往的需要。所以，友好融洽的同事关系无疑能提高员工对工作的满意度。

了解员工的忧虑

人是感性动物，需要群体的温暖。因此，管理者要关爱员工，重视员工的身心健康。管理者首先要摸清情况，对下属尤其是生活较困难的下属的家庭情况、子女情况一定要做到心中有数，并时时给予关怀、帮助。特别是在员工的家庭遇到一些困难时要最先知道，并采取措施给予一定帮助。

提供成长空间、展现自我的舞台

一个能够使员工利用所学知识，尽情发挥能力，彰显智慧的舞台，可以使员工产生一种成就感。员工在自己的知识、能力、智慧派上用场的同时，还需要学到新的知识、提高自己的能力、增进智慧。这样才会感觉到自己在成长。很多企业之所以有不少骨干会纷纷跳槽，原因就是企业不能满足这些员工的成长需要。

征服员工，从尊重他们开始

早在 20 世纪 30 年代，美国就有一家电器公司得出了这样的结论：工人不仅仅是单纯依靠工资来调动积极性的经济人，而且是有获得别人尊重需要的社会人。这就是说，管理者要想管理好员工，首先必须学会尊重他们。

作为一名企业管理者，必须学会的一门功课就是尊重员工。然而事实上，有很多管理者在管理过程中对员工并不尊重，即使有些管理者口口声声说尊重员工，也只是做些表面功夫，缺乏发自内心的真诚。

获得尊重是员工最根本的心理需要。马克思认为：尊重是人类较高层次的需要。既然是较高层次的需要，满足起来自然有些困难；一旦满足了，它产生的作用将不可估量。

唐太宗就是一个懂得尊重"下属"的成功"管理者"。据《隋唐嘉话》记载，唐太宗对大臣非常尊重。在非正式场合，他对大将军李靖以兄长相称，对直臣魏征说话，从不用"朕"，而是自称"世民"。这种谦逊待下、尊重臣子的态度，在历代帝王中实属罕见。

正是唐太宗这种谦逊恭敬、尊重臣子的态度，赢得了臣子们的倾情回报，君臣上下一心，创造了贞观之治的盛世局面。治理国家如此，治理企业也是如此。

海尔总裁张瑞敏说："经营企业就是要经营人，经营人首先要尊重人。企业必须关心人、理解人、尊重人、爱护人，即把人当做'人'而非'非人'。"

杰克·韦尔奇被誉为"世界第一CEO"，他在通用公司工作了20年，在这段时间内，他将一家小企业发展成为全球著名的跨国集团。他的自传被全球经理人奉为"CEO的圣经"。他在总结自己几十年的管理经验时认为，尊重别人是管理者的基本素质，要想成为一名成功的管理者，就必须从尊重员工开始。

美国著名企业家玫琳凯·艾施说："企业成败的关键在于是否把员工视为最重要的财产，是否尊重每一位员工。如果做到这一点，就能依靠员工创造出不同凡响的业绩。"尊重是一切社会活动的基础，管理尤其如此。管理者应该像尊重自己一样尊重员工，更多地强调员工的重要性，强调员工的主体意识和作用，这样员工才能从心里愿意为你效力，为企业的发展出心出力。

然而遗憾的是，很多企业管理者却不懂得尊重自己的员工，他们向员工发布强硬的命令，进行粗鲁的指挥，甚至对员工随意斥责、诋毁，毫不顾及员工的感受，更不会理会员工的想法和意见。他们认为这样就可以使自己高高在上，更有权威。其实不然，这种做法不但难以征服员工的心，甚至还会激起员工的逆反心理，导致管理的失败。

美国某钢铁公司出现了员工蓄意怠工的问题，老板为此心急如焚。为了尽快解决问题，他又是给员工加薪，又是想方设法提高员工的福利待遇，可丝毫不见效果。无奈之下，老板只好请来一位管理专家，让他帮忙解决这个问题。

管理专家来到公司后，老板对他说："您跟我在厂子里转一圈吧，看看这些肮脏的懒人们究竟出了什么毛病！"听到这句话，管理专家立即找到了问题的根源所在。

他提出的解决方案很简单："您需要做的，就是把每个男员工当做绅士一样对待，把每个女员工当做女士一样对待。如果您这样做了，这个问题不到一天就能解决。"

老板对管理专家的解决方案将信将疑，管理专家说："请您诚恳地试上一星期吧。如果没有效果或不能使情况有所好转，您可以不付给我一分酬劳。"老板点点头同意了。

一个星期以后，管理专家收到一封感谢信，上面写着："万分感谢您，××先生。相信您会认不出这个地方了，这儿有了奋发向上的激情，有了和睦共处的新鲜空气。"

尊重是征服员工、赢得员工的最有效手段，它能使员工感受到自己的重要性，让员工们有一种满足感，它还有助于员工之间形成和谐、融洽的关系，有助于企业团队精神和凝聚力的形成。

IBM 是最早实施以员工为重心的美国公司。IBM 的历史就是一部尊重员工、重视员工的历史。

"员工是我们最宝贵的财富"，类似这样的话已经被太多的企业写进自己的公司手册里、公司网站上，但很多企业不过是标榜一下而已。而 IBM 创始人老托马斯·沃森却把"尊重员工"这个信念溶入到 IBM 的血液中！

在 IBM 公司，每个人都是最重要的，每个人都能受到很大尊重。沃森非常清楚，现代企业最重要的资产不是机器、不是资金，而是每个员工。正是有了备受重视的员工，才有了 IBM 的昨天和今天，也才能有 IBM 的明天。

正如沃森所说："通过我们对人们的尊重和帮助人们自己尊重自己这样的简单信念，我们的公司就肯定能赢利。"这正是 IBM 成功的奥秘所在。

沃森认为，只有尊重员工，才能赢得员工对企业的尊重，所以 IBM 将"尊重个人"作为企业管理的最高信条。据说，早在 1914 年老托马斯·沃森创办 IBM 公司时，这条原则就已经提出来了，1956 年小托马斯·沃森接任公司总裁后，将该原则进一步发扬光大，从总裁到传达室，公司里的每个人都知道。IBM 公司"尊重个人"的原则不仅体现在"公司最重要的资产是员工"这样朴素的理念上，更体现在充裕的培训和发展机会、能力与工作岗位相匹配、合理的薪酬体系等方面。

作为管理者，要想真正做到尊重员工，需要从以下几方面下功夫：

打破等级观念

管理者要想做到尊重员工，首先要打破等级观念，经常与员工进行开放式的沟通和交流。这样一来，员工才能感觉到自己在企业中的重要性。

尊重员工的建议

每个员工都渴望获得管理者的尊重，管理者要深知这一点。作为一名管理者，当你的员工向你提出建议时，这个建议或许并不符合企业的现实情况，然而就员工"提建议"本身而言，提建议的员工也应该得到你的尊重。你应该尊重他的诚恳和责任心，同时也要欣赏他的勇气。因为这样能产生良好的正向激励作用，促使员工提出更好、更切合实际的建议。

尊重员工的成绩

尊重员工，还要尊重他们的工作。可能他们的工作在管理者看来无足轻重，但它也是整个企业正常运转和目标达成必不可少的环节。尊重员工的工作成果，即使是再微不足道的成绩，那也是员工付出很大努力才完成的，因此，管理者必须予以尊重和积极鼓励。

尊重员工的思维习惯和工作方式

尊重员工，还要尊重他们的思维习惯和工作方式。企业中的每位员工，由于各自的家庭教育不同、成长环境不同、文化背景不同，所以思维习惯和工作方法也有差别。卓越的企业管理者应该关注的是工作效果，而不是挑剔员工的工作方式。管理者应该多和员工交流和沟通，多鼓励员工发表看法，在不影响整个企业目标的前提下，管理者应当给予员工充分的空间以按照他们自己的想法赢得员工"芳心",操控要"心悦诚服"

去做。

从内心尊重底层员工

在一个企业中,等级关系是客观存在的,主要体现在职位的高低上。职位高的员工,往往容易受到别人的尊重,职位低或没有职位的员工,则很容易受到轻视。所以,管理者一定要真心善待每一位员工,对每位员工都要予以重视,尤其要对那些容易被人忽视的底层员工加以关怀。

不轻易辞退员工

如果一个企业轻易辞退员工,就很难使员工对企业产生归属感。企业能够把员工当做自己的一分子,这是员工对企业产生归属感的前提。所以,作为企业的管理者,绝不能随意舍弃自己的员工。

尊重离职员工做出的贡献

对老员工而言,特别是为企业发展做出巨大贡献的老员工,即使他们已经离开了企业,管理者也有必要给予他们尊重和关心。这样做不仅可以体现管理者的亲和力,对企业现有的员工也会产生示范效应,让企业现有员工感到贴心的温暖。

换位思考,让你轻松赢得员工的心

上海立福实业发展有限公司总经理孟强有句名言:"他不是我,老板要善于与员工换位思考。"管理者只有懂得与员工进行换位思考,才能了解员工心里在想些什么,进而赢得员工的心。

南宋时期,日本僧人道元和明全结伴而行,漂洋过海来中国留学。到中国以后,他们落脚在天童山景德寺参禅悟道。

一天中午，天气炎热，道元前往延寿堂探望因病静养的明全。当他经过佛殿时，看见一位眉白如雪的老和尚，正一手拄着拐杖，一手将香菇一颗颗地排在地砖上。因为寺院里需要食用大量香菇，必须趁着烈日晒干，以便储存备用。道元看到这位老和尚没有戴斗笠，全身都被汗水浸湿了，仍然专心致志地工作着，不由得停住了脚步。

如此炎热的天气，连年纪尚轻的道元都受不了，更何况是一个古稀老人呢？于是，道元顿生怜悯之心，他上前询问道："请问老师父今年贵庚？"

老和尚微微直起腰，答道："老衲今年68岁。"

道元关切地说："老师父这般年纪，这种辛苦的工作就让寺院其他僧人来做吧。"

哪知老和尚头也不抬，严肃地说道："他不是我！"

这是上海立福实业发展有限公司总经理孟强经常说起的一个小故事。这个故事讲述了换位思考的重要性。作为一名企业管理者，孟强深谙此道，并且将这个故事延伸到了企业管理中。他说，从博弈的角度看，在一个企业中，老板和员工永远属于两大阵营。老板不是员工，员工也不是老板，员工永远无法完全了解老板的真实生活，老板也永远无法真正走进员工的内心世界。但是，高明的老板就要具备与员工互换角色的本领，求同存异，这样才能尽量缩短老板与员工之间的距离，带领大家为实现同一个目标而共同奋斗。

换位思考，处处为员工着想，主要体现于管理者与员工的交心。管理者与员工之间绝不是大脑和手脚的关系，而是心与心的双向沟通，是脑与脑的相互联系。员工的手脚是由员工自己的大脑支配的，而不是由管理者的大脑支配的。因此，管理者要想支配员工的手脚，首先要知道员工的心里在想些什么，这就要求管理者学会换位思考，想员工之所想，急员工之所急。

在报纸上曾有过这样一则新闻：在秋风瑟瑟的深秋时节，某商场为了提升自身形象，在没有采取任何保暖措施的情况下，强制员工统一穿短裙。如果有谁违反规定，每次处以 5～10 元罚款。据说，在该规定执行的当天，就有几个营业员因为忍受不了这种"虐待"而被迫辞职。

看完这则新闻，相信很多人心里都不是滋味。不错，国有国法，家有家规。企业为了加强企业文化建设，要求员工统一着装，这原本无可厚非，但前提是要从实际出发，该穿何种服装应该随季节和气温而定。管理者绝不能不顾员工的身体健康和心理感受，而把自己的主观意志强加给员工，做出一些离谱的事情。否则，换位思考只能成为一句空话。

员工是企业的主体，是企业发展的主要推动力量。没有员工的健康与稳定，企业的发展只能是无源之水、无本之木。因此，"想员工之所想，急员工之所急"应该成为企业管理者们的第一要务。

某企业为了使员工子女上学更便捷、更安全，也为了使员工更省心、更放心，在员工住宅楼旁边建了一所气派、漂亮的幼儿园，并通过层层筛选，为幼儿园配备了最精干、最优秀的幼儿教师。这样一来，就解决了员工的后顾之忧，使员工们能够专心致志地工作，并赢得了员工们的称赞。这家企业的老板经常说："员工考虑的是什么？员工考虑的是房子、车子、孩子。我们作为企业的管理者，就应该从员工关心的问题出发，切实帮助员工解决问题，实现员工的愿望。只有这样，才能更好地促进企业的发展。"

人心都是肉长的，管理者如果做到换位思考，将心比心，往往能收到"投桃报李"的效果，从而调动起员工工作的积极性。

如果把企业比作一棵大树，员工就是树根，只有树根牢靠了，整棵大树才能茁壮成长。企业管理者只有多为员工着想，员工才能更加忠诚于企业，从而实现企业发展、员工幸福的双赢格局。

关心——"俘虏"员工的糖衣炮弹

华人首富李嘉诚说:"虽然老板受到的压力较大,但是做老板所赚的钱已经多过员工很多,所以我事事总不忘提醒自己,要多为员工考虑,让他们得到应得的利益。"管理者只有真心关心员工,赢得员工的忠诚,才能真正建立自己的影响力。

很多成功的管理者常常很关心自己的员工,有的甚至到了无微不至的地步,以至于让员工感激涕零、心悦诚服。这样的管理者无疑会在员工心里产生强大的影响力和号召力,从而把企业上下拧成一股绳,同心协力,共创伟业。

杰克是美国一家影片进出口公司的老板,他的下属卡特是这方面的专家,而且很能干,但是脾气非常暴躁,动不动就和别人吵架,杰克也对他无能为力。

一天,为了一个实验问题,卡特同杰克的另一位助手吵了起来。卡特大动肝火,暴跳如雷,杰克过去劝阻,也无法使卡特平静下来。

这时,站在一旁的卡特的小女儿安妮看见爸爸那副怒发冲冠的样子,吓得大哭起来。

卡特一见女儿哭了,再也顾不得和别人争吵,急忙跑过去哄逗小女儿。

看到此情此景,杰克突然茅塞顿开:虽然卡特看谁都不顺眼,但对自己的小女儿却百依百顺,视若掌上明珠,何不从他们的父女亲情入手呢?

于是,杰克在公司附近为卡特租了一幢房子,希望他和他的小女儿生活在一起。

卡特知道杰克的资金很紧张，还出钱为他租房，心里很过意不去。因此，尽管杰克再三动员他搬进新房，他还是坚持不搬。

杰克说："安妮非常同意搬进新房子，她说你心情不好，经常发脾气，这会严重损害你的身体，如果她能天天陪着你，你就不会发脾气了。小安妮还说：'我爸爸多可怜啊，我不能再让他忍受孤独了。'"

听完杰克这番话，卡特眼里噙满了泪水，他决定听从杰克的安排，搬进新房子。

在后来的工作中，卡特几乎没有再发过火，他尽心尽力地为杰克的公司工作，使得杰克的公司迎来了一个又一个辉煌。

这个故事告诉我们：作为管理者，要想赢得员工的忠诚，就应该学会体恤和关心员工，并给予他们力所能及的帮助。你的关心一定会让员工不胜感激，用更大的工作热情来回报你，从而促进你在事业上的发展。

摩托罗拉公司的总裁保罗·高尔文，就是一个懂得用关心员工来笼络人心的管理者。

每当公司的员工或员工的家人生病时，高尔文总会真诚地问候一句："你真的找到最好的医生了吗？如果有问题，我可以向你推荐这里看这种病最好的医生。"在这种情况下，员工甚至可以把医生的账单直接交给他，并不需要解释什么，他就会帮员工处理好一切。就是这样简单的话语和行为，让员工感受到了高尔文和公司对他们的关心和爱护，使他们能够死心塌地地为公司工作。

在摩托罗拉公司，有这样一个感人的故事：比尔·阿诺斯是一位采购员，这份工作来之不易，尤其是在经济不景气的时候，他需要这份工作，所以他害怕生病，更害怕失业。有一天，他牙疼得很厉害，已经无法工作了。高尔文知道后立即让他停下工作去看医生，并安慰他说："你马上去看病。不要想工作的事，你的事我来想好了。"阿诺斯的手术费是 200 美元，这个数字在当时是他难以承受的，于是高尔文帮他支付了医药费。尽管 200 美元对高尔文来说算不了什么，但它代表的是公司对员工的关怀和尊重，因此赢得了阿诺斯对公司的信任和忠诚。

自此以后，阿诺斯工作更加勤奋努力，以报答高尔文对他的帮助。后来，当他的生活大有改善去向高尔文还钱时，高尔文说："你呀，不必把这件事放在心上。忘了吧！朋友，好好干。"

阿诺斯说："我会干得很出色的。但我这钱不是要还您的，而是让您能帮助其他员工医好牙病或者别的什么病的。"

高尔文说："谢谢，我先代他们向你表示感谢！"

俗话说，付出就有回报。摩托罗拉公司的很多专家和人才并不是高尔文高薪聘请来的，他们都是冲着高尔文对员工的真诚和关心而来的。正是有了这些技术过硬的专家、人才的积极加入，摩托罗拉公司才能够迅速发展壮大，成了手机行业中的佼佼者。

由此不难看出，一个企业要想做成功，离不开员工的忠诚，而要想赢得员工的忠诚，管理者就必须向员工付出真心的关怀。

但管理者必须注意的是，对员工的关心不能破坏企业的基本规则，企业不是慈善机构，关心的目的是为了给企业创造价值。也就是说，管理者关心员工是带有功利色彩的，它要求有所回报，要求换得员工对你的忠诚。要想达到这些效果，管理者必须注意下面几点：

第一，要让员工感受到你在关心他。即使你对员工的关心是真心诚意的，但是如果员工察觉不到，就不会产生你期望的效果。原因可能是你关心的"剂量"不够，或是关心的内容不符合员工的实际需要，或是与员工沟通得不到位。

第二，成本太高的不要做。管理者关心员工要适度，要讲求成本。如果为了体现自己对员工的关心，不惜违反企业的规章制度和利益，那么这种关心的成本未免太高了。

第三，管理者要关心员工与企业目标一致的需求，对员工不合理的需求应该加以引导。

第四,要让员工感到是你本人在关心他,而不是企业规定的。

没有管理者对员工的关心,就不可能有员工对企业的忠诚。因此,管理者在管理中要多关心员工,以员工为本,多点人情味,使员工真正感受到企业给予的温暖,从而去掉包袱,激发工作的积极性,增强企业的凝聚力。

推功揽过,最凝聚人心的管理手段

推功揽过是一笔无形的投资,管理者可以通过它激发下属正确的动机,调动下属的积极性和创造性,促使下属在工作中真正放开手脚、发挥最大潜能,从而赢得成功,实现成功和有效的管理。

古语有云:"功归人而过归己,尽堪救患扶灾。"《菜根谭》亦有云:"完名美节,不宜独任,分些与人,可以远害全身;辱行污名,不宜全推,引些归己,可以韬光养德。"

对于一名管理者来说,推功揽过既是一种重要品质和人格力量的展现,又是领导能力和管理能力的体现。在日常工作中,管理者肩负着指挥、协调、检查、督促的责任,具体工作则多由下面的员工完成。所以,管理者要想凝聚人心干事业,首先要处理好与下属的关系。如何对待功过是非,既是对管理者人格品质的检验,也是对其思想境界的考验。如果不能正确对待,有了功就一人独揽,有了过就推给下属,不仅会使个人声誉受损,更会让下属伤心、寒心。因此,管理者要想赢得下属的心,就必须具备推功揽过的胸襟和品质。

三国时期,官渡之战结束后,刘备率领数万大军进攻许昌,结果被曹操打得大败。刘备带领残兵败将仓皇逃至汉江沿岸,处境十分狼狈。刘备主动揽过，对手下的将士们说："诸君皆有王佐之才，不幸跟随刘备。备之命窘，累及诸君。今日身无立锥之地，诚恐有误诸君？君何等不弃备而投明主，以取功名乎？"将士们听到刘备这些话，怨恨之气顿然消失，并转化为同仇敌忾的激情，誓与曹操决一雌雄。

袁绍手下将才济济，并且势力庞大，威震中原，但他刚愎自用，推功揽过，最后弄得众叛亲离。田丰之死，就是最典型的例子。田丰是袁绍手下一位非常卓越的谋士，曾对官渡之战的形势做出了准确的分析和判断，当曹操和刘备在徐州打得难解难分之际，田丰就向袁绍提出了趁曹操后方空虚出兵突袭曹营的主张，但袁绍没有采纳，结果错失了战机。等到曹操打败刘备回师官渡时，袁绍却要和曹操决一死战。田丰认为战机已失，此时开战危险太大，应以持久战为上策。袁绍不但不听田丰谏言，反而认为田丰是在众人面前败坏自己的名声，遂将田丰下狱囚禁起来。后来，果如田丰所料，袁绍大败。袁绍认为这是田丰妖言惑众的结果，于是派人将田丰杀死了。

刘备推功揽过，大得人心，因而三分天下得其一。袁绍刚愎自用，推过揽功，因而大失人心，众叛亲离，终为曹操所灭。

由此可见，推功揽过是一种凝聚人心的管理手段、一种勇于担当的负责精神、一种为人处世的至善境界，有助于管理者与下属之间形成相互信任、相互支持、相互谅解、相互关心、配合默契的心理环境，形成相互激励、相互推动的向上力量，给下属以信心和鼓励，使下属放下思想包袱、放开手脚去工作，从而形成团结进取、共谋事业的良好氛围。

然而，在现实生活中，推过揽功的管理者却并不多见。个别管理者为了争荣誉、抢位子、评先评优，有了功劳就归己所有；一旦出现问题，就把责任往他人身上推、往下属身上推，如此一来，必然导致下属离心离德。

某地产公司项目经理，与下属群策群力，历经数月，终于完成了一个项目。老总过来视察工作,他夸夸其谈,将功劳全部揽到自己身上。老总大喜,不仅表扬了他一番,还许诺给他各种丰厚的奖励。但下属们心里却不乐意了,对他这种卑鄙、自私的行为非常失望,从此跟他离心离德,不管干什么都不再配合他,还有一些下属给老总写检举信,揭发他的错误,不久,这位项目经理就被撤职了。

在这个世界上,大凡成功的管理者,大都懂得与下属分享美名。在他还没有成功时,懂得与下属一起分享利益,所以下属们齐心协力"辅佐"他。当他成功以后,又懂得推功揽过,认为都是大家的功劳,错误自己承担。只有这样的人,才有超强的气场,才能让下属们紧密团结在他身边,从而上下齐心,赢得成功!

小 A 是某公司业务骨干,业绩一直不错,但这次在面对一家大客户时因为准备不充分,导致客户不满,最终失去了这个客户,为此他情绪非常沮丧。

"小 A,其实这件事我应该负更大的责任,我应该再派两个得力助手配合你一起做。你安心做你的工作,剩下的事由我来处理吧!"

销售部经理主动承担了责任,结果小 A 感激不尽,对工作投入了更大的热情。

由此可见,推功揽过是一种有效的管理手段,管理者可以通过推功揽过这种管理手段来加强和改变下属的某种行为,达到定向控制的目的。

当然,推功揽过并不是毫无原则地一味迁就,而应该在坚持原则,遵规守纪的前提下,本着有利于团结、有利于调动下属积极性、创造性的原则,尊重下属的劳动付出,为他们的工作提供良好的环境,激发他们更大的工作热情和动力。

对待下属要"一碗水端平"

　　一个管理者在对待下属时只有"一碗水端平",即做到对待下属无差别心,才能顺利建立起彼此之间沟通的基础,才会赢得下属的支持和拥护,从而"政令畅通"。

　　孔子说:"不患寡而患不均,不患贫而患不安。"意思是说,一个国家不怕贫穷,而怕财富不均;不怕人口少,而怕不安定。这就是说,作为一个管理者,要想赢得下属的拥护和支持,最关键的是要做到一视同仁,无差别心,切忌"偏心眼"。孔子在管理和教育众位弟子时,就做到了无差别心,所以赢得了学生们的尊重和拥护。

　　伯鱼是孔子的儿子,孔子的弟子陈亢怀疑他享有"特权",孔子一定会给予他与众不同的教育。有一天,陈亢问伯鱼:"你一定能听到与众不同的教导吧?"伯鱼回答说:"没有。父亲曾经独自站立在庭院中,我快步走过庭院,他说:'学习诗了吗?'我回答:'没有。'他说:'不学诗,就不会言变。'从那以后我开始学诗。还有一天,父亲又独自站立在庭院中,我快步走过庭院,他说:'学习礼了吗?'我回答:'没有。'他说:'不学礼,就无法处身立世。'我以后就开始学习礼。没有任何差别,对此,陈亢回去后高兴地说:"问一个问题获得了三个教导,教诗、教礼,又教君子不偏爱自己的儿子。"

　　孔子的故事告诉我们,作为一名管理者,只有充分了解下属的心理愿望,对待下属一视同仁、公平公正、大度无私,才能最终赢得下属的信任、支持和拥护,使下属与自己同舟共济,并心甘情愿地跟随自己,接受自己的领导。否则必然使下属离心离德,使自己在下属心中失去威信，成为"孤家寡人"。

那么，管理者怎样才能做到对待下属无差别心呢？

摒弃个人好恶

管理者在处理上下级关系时要一视同仁，不分远近，不分亲疏，不能因个人主观情绪的影响，表现得有冷有热。其实，很多管理者对待员工本没有厚此薄彼之意，但在实际工作中，有些管理者难免愿意多接触与自己"情投意合"、脾气相近的下属，无形中就冷落了另一部分下属。这虽然是人之常情，但管理者与下属过于"投缘"，很可能使下属"因宠生骄"，以致不思进取、轻视他人，还有可能把下属引入误区，对管理者权威的保持大为不利。而对那些原本与管理者关系一般或有想法的下属而言，管理者的权威更会遭到否定，管理工作将会面临极大困境。因此，管理者一定要调整好自己的心态，保持一颗平常心，不以个人好恶以及关系亲疏对待下属，而是一切以工作效益的提高为中心，一视同仁地对待下属，既能与性格、爱好相异的下属和平共处，又能与意见相左或犯过错误的下属保持良好的沟通，以消除误会，达成理解。

此外，管理者还应该注意，绝不能把同下级建立亲密无间的感情和迁就错误等同。有的管理者对下属的一些不合理，甚至无理要求一味地迁就，以感情代替原则，结果把上下级之间纯洁的感情庸俗化，这非常不利于管理者权威的树立。所以，管理者要时刻明确自己的身份，不要把私人感情与工作关系混淆起来。

不要对员工"另眼相待"

一般而言，管理者若是对一些下属心存偏见，必然会对另一些下属"另眼相待"。这是有违管理之道的。对于干得出色的下属，管理者当然应该给予表扬，但是，该表扬的时候表扬，该评功的时候评功，平时还是应该与其他下属一视同仁。也就是说，这些下属靠出色的工作得到了他们应该得到的东西，在其他方面还是同其他下属一样。绝不能因为他们工作出色而对他们"另眼相待"。如果你给予他们"特权"，甚至他们做错了事你也睁一只眼、闭一只眼，那么，你如何让其他下属向他们学习呢？

"另眼相待"造成的特殊化，不仅会使这些下属和其他下属产生差距和隔膜，使其他下属因为妒忌、仇恨而消极怠工，还会大大降低管理者的权威。因此，管理者一定要给下属一种公平合理的印象，让他们觉得人人都是平等的，机会也是均等的，这样他们才会奋发图强、积极努力，并有助于做出成绩的下属戒骄戒躁，不断上进。

一视同仁不等于"一刀切"

对管理者而言，对待下属一视同仁并不等于"一刀切"。"一刀切"其实就是忽视下属之间的差异，这样很容易忽视客观事实，让下属在"平均主义"中变得懒散、无为，削弱企业的竞争力，降低企业运作的效率。这对一些自主意识强的下属也是极为不利的，他们会对此感到不满，甚至会因为成绩没有被认可和重视而产生离职或跳槽心理。因此，管理者必须摒弃"一刀切"的做法。

此外，管理者还应该考虑到，不同类型的下属有不同的需求层次：想升职者看重的是职位的光环，想加薪者看重的是工资的高低和奖金的多少。因此，管理者要对不同下属予以区别对待，掌握其不同心理，因人制宜地调动下属的工作积极性，这是管理者赢得人心的关键环节。

宽容——网罗人心的利器

古语有云："海纳百川，有容乃大。"一个管理者只有具备容人的气度和雅量，才能网罗住更多的人才为自己服务。

现代管理成功的关键就在于它是赢得人心的管理，是一种充分关注人性、尊重人性的管理。管理者面对的员工是由不同个体的人组成的集合，所以，管理者只有对员工给予信任和宽容，才能赢得员工的尊重和支持，才能把所有员工团结在一起，从而增强企业的凝聚力和竞争力。

正所谓"水至清则无鱼，人至察则无徒"，人没有十全十美的。企业的团队是由个性不同、地位不同、生活习惯不同的人组合在一起的。在这样复杂的环境中，管理者如果对员工苛求完美，是很难赢得员工的心的。因此，管理者对待员工务必做到宽容。

管理者对员工的宽容主要体现在员工犯错时。"人非圣贤，孰能无过"，由于各种主客观原因，任何一个人都有犯错的时候，管理者要想让员工有更大的进步，就要学会给员工犯错的机会，不能一有错误就予以批评、惩罚甚至解雇。否则，员工对待自己的工作就会谨小慎微，如履薄冰，很难有所突破和提高。只有理解和宽容员工，放手让员工去做，才能赢得员工的忠诚。

北宋时期，韩琦长期担任宰相职位，并且曾经和范仲淹一道推行新政。

韩琦在定武统帅军队时，夜间伏案办公，一名侍卫拿着蜡烛为他照明。侍卫不小心失落了蜡烛，致使蜡烛烧了韩琦鬓角的头发，韩琦什么话也没说，只是急忙用袖子蹭了蹭，又继续低头写字。过了一会儿他发现，拿蜡烛的侍卫换人了，韩琦担心主管侍卫的长官责打那个侍卫，于是赶紧把他唤来，语重心长地对他说："不要替换他，因为他已经懂得如何拿蜡烛了。"

军中的将士们得知此事后，无不感动万分，对韩琦更加尊重和佩服了。

权力和威严的确可以束缚员工的身，让员工因畏惧而听命于你，但无法服其心；人格魅力却可以驾驭员工的心，让员工因敬仰而"效忠"于你。付出一份宽容，收获十份真诚，当管理者用宽容之心对待员工时，往往能激发员工的工作积极性和创造性，并能赢得员工的忠心和拥护。

高尔公司非常注重为员工提供发挥创造力的机会，即使员工在创新过程中犯了错，管理者也会给予他们宽容和鼓励。在高尔，有这样一项运作原则：每位员工在进行一项创新前只需问自己两个问题：一是如果尝试成功了，对高尔公司会有价值吗？二是如果尝试失败了，高尔公司还能继续生存下去吗？只要员工对这两个问题能做出肯定回答，就可以放开手脚、放心大胆地去做，而不必征得其他人的同意。这样的宽容管理得到了员工们的广泛赞同和积极响应，员工们的积极性和创造性被极大地调动起来，所以高尔公司的新产品频频出现。

管理者的宽容对员工来说是一种极大的鼓舞，当员工们身处于一个宽松的工作环境中时，就会心向管理者，认同管理者的管理，从而最大限度地发挥出自己的潜能，为企业发展贡献自己的力量。

在这方面，日本住宅工业巨子三泽做得非常出色。很多大企业在用人时，都不愿意任用"跳槽"人员，因为他们认为跳槽往往代表着不忠诚或有严重缺陷，而三泽的观点恰恰相反，他认为"纯血主义"会让自己的企业画地为牢、故步自封，而"杂交品种有很强大的优势"。在三泽公司的1300名正式员工中，大约60%的人都有过跳槽经历。三泽认为，跳槽员工的到来会使原有的员工受到某种刺激，从而增强活力。这些跳槽员工还会从外界带来大量有用的信息，增强公司同社会各界的交流。这种做法无异于在沙丁鱼中放入了一条"鲇鱼"，增强了员工的竞争意识，从而能最大限度地激发员工的潜能。

三泽的做法，就是一种借助于宽容赢得人心的做法。管理者凭借对员工的宽容，不但能赢得员工的支持和认同，还能激起员工更高的工作热情和积极性。

具体而言，管理者要想做到宽容，应该从以下几方面努力：

宽容员工的过失

管理大师杰克·韦尔奇说："管理者如果过于关注员工的错误，就不会有人敢于尝试，而没有人勇于尝试比犯错误还可怕。"

纵观古今中外，人们的成功无一不遵循着这样一条规律：刚开始时可能做得不好,然后吸取经验教训,最终取得成功。这就像小孩学走路一样,都是通过不断摔跟头才最终学会走路的。因此,作为管理者,必须予以员工犯错误、摔跟头的机会。

当然,宽容员工的错误,并不意味着管理者可以对员工所犯的所有错误都加以宽容,而应该具体问题具体分析,对于可容忍的、有利于员工发展进步的错误,应该提倡宽容;对于不可容忍的、员工故意犯的错误则必须严惩不贷,不予宽容。

容忍员工的长处

管理者要想真正做到宽容,还要学会容忍员工的长处。管理者不是神,不可能样样精通,管理者只有善于把各方面都比自己强的人才紧密团结在自己周围,他才能一步步向着成功迈进。因此,作为管理者,一定要有容忍的雅量,绝不能嫉贤妒能。管理者要及时发现员工的优势,积极挖掘员工身上的潜能,战胜自己的刚愎自用,对有能力的员工予以任用、提拔,充分肯定其成绩和价值,这样才能提高员工的积极性和忠诚度。

重视与员工的交流

管理者与员工处在不同的位置上,因此对待某一问题难免出现意见分歧,这是很正常的事情。这时作为管理者,必须克服这样一种心理:"我是领导,我说了算,你们都应该以我说的为准。"其实,这是一种刚愎自用的做法,正所谓"众人拾柴火焰高",管理者只有善于把大家的智慧集合起来,进行分析、比较、综合,才能找出更可行的方案。

与下属同甘苦，共患难

作为一名管理者，如果没有与下属同甘苦，共患难的精神，就不能最大限度地鼓舞下属的士气和斗志，也就很难获得事业的成功。

霍去病是汉武帝时期的一员名将，他 18 岁就率领八百铁骑纵横大漠，所向披靡，令匈奴闻风丧胆。

由于劳苦功高，青年得志，霍去病身上难免会染上一些骄横之气，但他的下属皆对他恭服有加，莫不唯命是从。因为他领兵有一个原则：与将士们同甘共苦。霍去病最初率领的八百铁骑都是从汉军中挑选出来的精英，英勇强悍，个性刚强，属于典型的"刺头兵"类型，如果统帅不如他们，根本无法指挥他们。而当霍去病和他们在一起时，无论是在校场练兵还是在战场作战，皆身先士卒、奋勇向前，将士们受到霍去病的感召，从没有消极怠战行为。后来霍去病率军一举收复了河西走廊。汉武帝为了表彰他的功绩，特地派人为他送去两坛美酒。霍去病拿到赏赐之后，首先想到的是手下的将士们，他把大家召集在一起，当着他们的面将两坛好酒倒入泉水中，让全军共享。霎时间全军欢声雷动，纷纷舀泉水庆功，酒泉因此而得名。

作为军队的统帅，霍去病对手下将士非常严厉，常常有人因为完不成任务而被扣发口粮。但无论刑罚多么苛刻，将士们依然心悦诚服地听命于霍去病，因为他们知道，霍去病永远和他们在一起。

士兵们上阵作战，常常有这样的困惑：我们是在为统帅而战，还是在为国家而战？

如果将士一心，同甘共苦，荣辱与共，功罚平担，那就是为国家而战，更是为自己而战，战士们自然会士气如虹，视死如归。倘若士兵冲杀在前，将军享乐在后，立下功劳皆归将军，战场死伤各安天命，那就是为将军而战。既然是为将军而战，战败、战胜皆由将军承担责任，士兵们为什么要卖命呢？这样的军队，自然士气低迷，没有任何战斗力可言。霍去病之所以能让将士们心悦诚服地跟着他，关键就在于他能和将士们同甘共苦，荣辱与共，从而能让将士们团结一心。

将霍去病的例子引入企业管理，可以发现很多员工同样也存在着类似的疑惑：我们是在为自己工作，还是在为老板工作？企业的成功是老板一个人的成功，还是我们共同的成功？对此，很多成功的企业管理者都有非常清醒的认识，譬如大慈善家余彭年、比亚迪总裁王传福，在平时的工作中，员工加班他们也加班；员工排队吃食堂他们也排队吃食堂……通过这些事情，员工们可以获得这样一个信息：企业是一个平台，属于老板也属于我们，成功是我们共享的。管理者如果做到了这一点，就意味着离成功不远了。

有一次，海因茨计划去佛罗里达旅行。公司的员工得知后，都赞成他出去放松一下。

大家对他说："您总是在忙碌，难得有这样的机会去旅行，就轻松地玩玩，好好放松一下，不要想公司的事情，我们大家会处理好的。"

可是，海因茨在佛罗里达玩了几天，就结束了他的旅程，回来了。

"怎么这么早就回来了？"大家都很奇怪地问，猜测他在外面是不是玩得不开心。

"没有你们和我在一起，没有多大兴致。"他对大家说。

这次旅行，他从佛罗里达带回来一只重达 800 磅、身长 14.5 英尺、年龄为 150 岁的短吻鳄，他指挥大家在工厂中央安放了一只大玻璃箱，然后把这只大家伙放在里面，供大家观赏。

"怎么样，这个家伙看起来还好玩吗？"

"好玩！"许多人由于从没见过这么大的短吻鳄而感到兴奋不已。

海因茨笑着说："这个家伙是我佛罗里达之行最难忘的记忆，也令我兴奋，但你们不在我身边，我的兴奋很短暂，就想把它买回家，请大家工作之余一起与我分享快乐吧！你们快乐了，才是我最大的快乐。"

原来，这只短吻鳄是海因茨专门为员工们带回来的礼物，他很喜欢这个大家伙，就把它买回来，与员工们一起观看，分享快乐。

上述故事中的海因茨就是亨利·约翰·海因茨——一个伟大的管理者。

亨利·约翰·海因茨出生在19世纪中叶的美国宾夕法尼亚的一个普通的家庭。因为他在家中排行最大，在很小的时候就带领着弟弟、妹妹干活帮助家里。童年的经历锻炼了海因茨的领导能力，他父亲的砖厂有一块空地，在他8岁那年，与弟弟、妹妹把这块空地变成了菜园，种植各种蔬菜，计划到蔬菜成熟时，可以把这些蔬菜卖给邻居和砖厂。弟妹们只是一时感到好玩，不久便失去了兴趣。但海因茨十分认真，勤勤恳恳，坚持不懈。两年后，他改成推着独轮车卖菜，把自己的客户范围扩展到沿街沿巷，又过了6年，他自己当起了小老板，开始雇佣伙计帮他专门种菜卖菜。

海因茨创建了自己的公司，就是后来在食品行业享有盛誉的H·J·亨氏公司。这位从宾夕法尼亚的菜地里走出的商业大亨在1888年获得了"酱菜大王"的称号，两年后，亨氏公司成为美国知名的大公司，其产品种类也达到了200种之多。如今的亨氏公司已经渗透到美国人的生活方式之中，成为他们厨房餐桌以及生活中不可缺少的组成部分。他们的产品不仅涉及婴儿营养奶粉、婴儿营养米粉等，而且还出现在美国人的厨房餐桌上，例如青豆罐头、泡菜、芥末粉等都深受美国人的喜爱和欢迎。现在我们在世界各地都可以看到亨氏公司的分公司和工厂，经过这些年的发展，亨氏公司这个超级食品王国的年销售额已经达到60亿美元，成为世界著名的大跨国公司。

海因茨从一个名不见经传的种菜小男孩成为一个大成品公司的老板，他积累了许多独特的经营之道。其中一个秘诀就是与员工建立融洽的劳资关系。作为公司的老板，他总是来到员工们中间，与他们打成一片。虽然他身材矮小，但在员工们的眼里，他的形象却是无比高大的，员工们受到他热情的感染，工作起来精神非常振奋。

亨氏公司建立的这种融洽的劳资关系成为全美各行业学习的楷模，他们称亨利公司为"员工的乐园"。

作为管理者，不要认为自己只是一个任务的发号施令者，而应该与员工同甘共苦、齐心协力完成任务，利用与员工亲近的机会，全面地了解和掌握员工的工作态度、性格、专长和办事能力，这不仅有助于对员工的管理，也有助于对有潜力和有能力的员工进行培育和开发。同时，也能让员工更真实地感受到，管理者不仅仅是上司，更是大家的同伴、工作的协作者。

虚心——赢得下属尊重的最有效方式

作为管理者，应该谦虚一点，多学习他人的长处，积累更多经验，进而发展自己的才能，这样可以让自己在下属心目中更有权威。反之，管理者如果自以为是、自高自大，只能阻碍自己的发展，失去自身的权威和员工的支持。

一个成功的管理者，必定是一个虚怀若谷，善于虚心向他人学习，不断吸纳新知识，不断提高自身能力和素质的进取者。管理者虚心向下属学习，用下属的"头脑"来丰富自己的智慧宝库，是管理者赢得下属芳心、成功实施管理工作的重要手段之一。

为什么这样说呢？主要基于以下几点原因：

虚心有利于塑造管理者的良好形象

一个自尊自大，自我感觉良好，总认为自己比下属高明的管理者，只能使下属敬而远之；而一个虽然身居领导岗位，却能放下身段，放下架子，不耻下问，虚心向下属学习的管理者，则能赢得下属的尊重和好感，有利于管理者塑造良好的公众形象。

虚心有利于提高管理者的自身水平

下属虽然职位低微，但才能未必逊于管理者。正所谓"尺有所短，寸有所长"，下属身上肯定有不少值得管理者学习和借鉴的地方，如果管理者善于从下属的智慧中汲取营养，对自身水平的提高大有裨益。

虚心有利于集思广益，做好管理工作

管理者虽然综合素质可能比下属强，思考问题比较深刻、全面，但因为知识经验和思维方式的局限性，考虑问题难免有疏漏。因此，管理者多听听下属的意见和建议，吸收其中的合理成分，有助于提高决策的科学性、准确性和可操作性。

虚心有利于加速下属的成长

管理者向下属"借脑"的过程，其实也是管理者和下属双向互动，智力碰撞的过程。因为管理者在向下属学习的同时，又在不断开掘下属的智慧资源，激发他们的内在潜能，从而能够使下属的才能得以充分发挥，有利于下属的成长和进步。

综上所述，管理者只有虚怀若谷、戒骄戒躁、求真务实，才能在事业上做出成就。

唐太宗李世民是我国古代颇有作为的一个皇帝，他在位期间政绩卓著，创造了"贞观之治"的繁荣局面。他说："我少年时就喜爱弓箭，后来我用弓箭定天下，但我并不真正懂得弓箭的好坏，更何况天下的事物，我怎么能都懂呢？"这说明唐太宗是个很虚心的人，因此，他鼓励手下的臣子们多提意见和建议，他不但从中吸取了很多有益的劝谏，为他的施政活动提供了宝贵的借鉴，而且赢得

了臣子们的敬重和忠心。

相反,如果管理者狂妄自大、目中无人、刚愎自用,只能自毁前途,导致失败。

老福特曾经是一个杰出的管理者,他 16 岁开始闯天下,依靠一批优秀的管理专家和机械专家,使福特公司发展成为世界上最大的汽车公司。但是面对成功后的荣誉,老福特开始忘乎所以,认为一切都是自己的功劳,逐渐听不进下属的意见,致使大批下属离心离德,纷纷离去。由于失去了强有力的智力支撑,公司经营状况一落千丈,很快濒临破产。危难之中,小福特接过了父亲的烂摊子,他礼贤下士,重新聘请了一批管理精英,使公司起死回生,并且达到了一个新的发展高峰。但小福特很快重蹈覆辙,刚愎自用,把自己看成是公司里至高无上的"皇帝",弄得公司人人自危。20 世纪80 年代初期,小福特被迫交出大权,被公司一脚踢出门外。

无论是老福特还是小福特,他们都输在了同一个点上:骄傲自满、刚愎自用,结果致使自己的功业中途夭折。所以说,管理者必须摒弃自高自大的错误思想,永远保持一颗谦虚谨慎、不耻下问的"虚心"。

所有管理者都应该明白:一个成功的管理者,并不是一开始就具备非凡的能力,而是通过不断向他人学习,不断吸取他人的长处,一步一步地完善和发展起来的。因此,管理者要善于向每一位下属"借脑",谦虚地向他们学习。为此,管理者需要做到以下几点:

做礼贤下士的贤者

一要胸宽。管理者首先应该心胸宽广,虚怀若谷,放下架子虚心向下属学习,这是赢得下属尊重和认可的有效方式,也是成功向下属"借脑"的前提。

二要心诚。俗话说:"心诚则灵。"管理者只有以一颗真诚的心对待下属,才能走进下属的心灵深处。任何故作姿态和作秀的举动,都可能使下属产生心理隔阂甚至引起下属的反感。

三要耳大。管理者要善于倾听下属的各种意见和建议，哪怕是很幼稚、很浅薄的意见，管理者也要认真对待，绝不可轻视敷衍。因此，管理者要注重完善企业内部的沟通机制，注意多和下属加强沟通，认真听取下属的意见，力争营造一个下属想说话、敢说话的沟通氛围。

做激发智慧的能者

作为企业的管理者，必须掌握激发下属创造力，挖掘下属智慧潜力的方法。

一是"激励引导法"。管理者要善于表扬和鼓励那些在工作中敢于开拓创新，富有创意的下属，培养下属敢于积极探索、勇于开拓创新的良好风气。

二是"草船借箭法"。管理者要学会经常给下属出难题、压担子，让他们积极寻求解决方法，树问题之"草船"，求破解答案之"箭"。比如，管理者可以将企业的一些重大决策及创新课题交给下属讨论，集思广益，力求寻找最佳的解决方案。

三是"智力碰撞法"。管理者可以采取研讨会或辩论会等形式，组织下属对一些存在重大分歧的问题进行讨论，在讨论过程中，管理者不要做指导员和裁判员，要鼓励下属发表不同的见解，让下属在激烈的唇枪舌剑中碰撞出智慧的火花。

做"点石成金"的智者

一要善于整合智力资源。下属禀赋各异，各有优劣，管理者要准确把握下属的特点和专长，取其长，避其短，这样才能提高"借脑"的含金量。

二要善于总结提炼。在实践中，并非所有下属的意见或建议都具有利用价值，这就要求管理者具备较强的甄别能力，以获得真正有价值的东西。

三要善于转化成果。管理者还要善于把从下属那里"借"来的智慧，变成可操作性的东西，并积极付诸实践，使之转化为实际效果。这样才能增强下属的成就感和创新积极性。

牢牢记住下属的名字

成功学大师戴尔·卡耐基说:"一种最简单但最有效的赢得别人好感的方法,就是牢记对方的名字。"

名字,看似一个简单的符号,但对它的主人而言,它却有着极其重大的意义,每个人对自己的名字都有一种特殊的感觉,具有极强的认同感、认定性。可以毫不夸张地说,在这个广袤无垠的世界中,只有一种字音对人们最重要,那就是人们的名字。

有人曾经做过一个实验,他找来 10 个听力相近的人,并让他们坐在同一个语音室里,然后试着用尽可能低的声音念出每个人的名字。结果发现,在声音适当的情况下,念到谁的名字,只有谁本人能听到,其他人都感觉不到声音。这项实验表明,人们的耳朵对自己名字是最敏锐的。

一位心理学家曾经说过:"在人们的心目中,只有自己的名字是最美好、最动听的。"人们都希望自己的名字得到别人的重视,因为在某种程度上,名字代表的就是他这个人。一个人的名字受到了重视,就代表他这个人受到了重视。

吉姆·法利从来没有上过中学,可在他 46 岁时却获得了学位,成了国家民主委员会主席和美国邮电部部长。

当有人问及吉姆·法利成功的秘诀时,他说:"我能记住 5000 人的名字。"

这绝不是吹嘘,而是事实,正是这种能力帮助吉姆·法利把富兰克林·德拉诺·罗斯福弄进了白宫。

在吉姆·法利担任石膏康采恩董事长和市公司秘书时,他规定自己必须记住每一个与自己打交道的人的名字。无论跟谁打交道,他都要弄清楚对方的全名，询问他的家庭、职业和他的政治观点等状况，并把这些信息记在脑子里，当下次再相遇时，即使已经过了一年，他也能拍着这个人的肩膀，叫出他的名字。

在总统竞选的前几个月，为了支持罗斯福入主白宫，吉姆·法利一天内写了数百封信，发往全国各州。接着他又在20天的时间里，走遍20个州，每到一个城市他就停下来，在当地会见选民，和他们促膝谈心。

回来以后，吉姆·法利立即给他到过的每个城市的官员写信，要求收信人向他回明所有同他谈过话的选民的名字。就这样，这些选民都收到了吉姆·法利的亲笔信。这些信的开头全是"亲爱的威尔特""亲爱的约翰"……就是凭借这些亲切的称呼，吉姆·法利为罗斯福赢得了选民的支持。

受虚荣心的驱使，每个人都希望别人记住自己的名字，尤其在乎上司或自己尊重的人是否知道自己的名字。所以对一个管理者来说，能否准确地记住下属的名字，在一定程度上体现了他对下属的重视程度。一个老板若能准确地叫出下属的姓名，往往会使下属感觉到自己在老板眼里是占有一定地位的，最起码说明你看得见他，这对下属来说是一个莫大的鼓舞。因此，大凡成功的管理者，都会牢牢记住每一个下属的名字，并在见面打招呼或在分派工作时把下属的名字叫出来。

"世界第一CEO"杰克·韦尔奇就做到了这一点。他利用自己的记忆力，记住下属的姓名，并且长时间不忘。韦尔奇单凭外貌就能叫出公司管理层至少1000人的姓名，并知道他们的职位和具体负责什么工作。公司一名员工说："他知道我们叫什么，知道我们做什么。这对一名雇员来说是莫大的鼓舞。"

某民营企业因经营管理不善，总经理换了一个又一个，始终没能带领企业走出泥潭，导致很多员工纷纷离职跳槽。无奈之下，公司老板重金请来一位管理界的知名人士做总经理。这位总经理上班的第一天上午，就把副手叫到办公室，和他认真研究每一位员工的性格、爱好、业务能力等，并请他按照办公室的布局，把每个座位上的员工姓名、职位、祖籍、特点等都写下来。这位总经理的办公室是玻璃隔断，他隔着玻璃，拿着对照表，看着外面的员工，整整背了 20 分钟，把每一个人的名字、体貌特征都记住了。中午吃饭时，他装作无意识地叫出他们每个人的名字，并和他们谈家乡、谈人生。下午一个员工来到总经理办公室对他说："×总，本来我已经决定离开这家公司了，但是您来了，我感觉我应该继续留下来。""为什么呢？""因为我感觉您很专业，您能在这么短的时间内叫出我们每个人的名字，我们内心很震撼，直觉告诉我，您一定能带领我们走出困境！"

每一个下属都希望受到管理者的赏识和尊重，而记住下属的名字，其实就是对下属的一种无形的尊重。但是在一个企业中，员工少则几十人，多则成百上千，管理者要想在短时间内记住每一个下属的名字是比较困难的，因此，管理者还是需要下一番功夫。下面提供了一些记忆人名的方法，供各位管理者参考：

聚精会神，记在心里

有的管理者虽然会主动询问下属的名字，但在下属介绍时又心不在焉，对方还没走，他已经把下属的名字忘了，这是十分不可取的。当下属介绍自己的名字时，管理者一定要用心去记。如果你的记忆力比较差，不妨让对方重复一遍："对不起，我没有听清楚。"这样可以加深记忆。还可以在听的时候，用名字的每个字造成一个词或者词组，用来加深记忆。比如，下属的名字是马洪，你可以反问他一句："是'马到成功'的'马'，'洪福齐天'的'洪'吗？"这样一来，你的印象就深刻多了。

不断重复，加强记忆

在大多数情况下，当对方说出他的名字后，不超过 10 分钟你就会忘掉。所以，管理者要想记住下属的名字，最好多重复几遍，这样才能记得更牢靠。如果下属的姓名比较奇特或罕见，管理者不妨请教一下他取名的原委，这样更能加深印象。

备个小本

如果对方是比较尊贵的客人，当然不能当面拿出小本来，而只能背后再记。但是对下属，你可以说："我记忆力比较差，请让我记下来。"下属不但不会反感，还会产生一种自重感，因为你是真心实意想记住他的名字。

多与下属接触

百闻不如一见。有不少高明的管理者一有时间就深入到基层，同他的下属一起干活，或一起玩乐，或促膝谈心，或共商企业发展大计。这样的管理者，不但能叫出下属的名字，连下属心里想什么都能猜出来。试问，这样的管理者怎能不受下属爱戴呢？

真诚地对员工说声"谢谢"

> 如果管理者能以一颗感恩的心善待员工，尊重他们的劳动和付出，员工也会以一颗感恩的心回报企业。

古人云："滴水之恩，当涌泉相报。"感恩是中华民族的传统美德，是每一个成功的管理者应该具备的心态，也是企业不断发展的动力和源泉。

员工是企业最重要的合作伙伴，没有员工的兢兢业业，没有员工的齐心协力，企业的发展壮大根本就是无源之水、无本之木。因此，作为企业的管理者，理应对员工怀有一颗感恩的心，感恩在企业发展中做出点滴贡献的所有员工。只有这样，员工才会以一颗感恩之心回报企业，企业才能不断发展壮大。

日本松下电器之所以能享誉世界、长盛不衰，关键就在于其创始人松下幸之助对"感恩文化"的推崇。松下幸之助认为，一个懂得感恩的人，做事才会有目标，才会充满信心和活力，企业才会有意想不到的效率。

据说松下幸之助每天都会为他的员工沏茶倒水，他并不认为这样做有失一个管理者的尊严，他认为员工是企业生存和发展的源泉，企业所有的成果都是由员工努力奋斗得来的，所以他尊重员工、感恩员工。

正是由于松下幸之助拥有一颗感恩的心，他的企业才拥有了无数爱岗敬业、努力拼搏、甘于奉献的好员工，也才有了松下电器永不衰败的神话。

员工是企业最宝贵的财富，是企业兴旺发达的智慧动力和力量源泉。如果没有员工同心协力地真诚付出，没有员工同心同德地挥洒血汗，也就必然不会有企业的发展壮大，企业也就不能获得期待的效益。

蒙牛集团一直是一个讲究感恩文化的企业。2003 年 11 月 23 日，蒙牛举办了感恩节活动。蒙牛创始人牛根生说："经营人心是蒙牛的终极目标，而感恩之心是蒙牛文化的灵魂。蒙牛举办感恩节的目的是：关注员工的健康，提高生活的质量；营造心灵之间的感动，实现蒙牛人的伟大使命。"

蒙牛集团借感恩节的机会，回报了所有帮助过蒙牛的人。牛根生说："'以蒙牛事业为己任，不以蒙牛利益为己有'源自对员工的感恩；'提供绿色乳品，传播健康理念'源自对消费者的感恩；'市场在变，诚信永远不变'源自对客户的感恩；'财散人聚，财聚人散'源自对股东的感恩；'关注环保，回报社会'源自对社会的感恩；'98% 的品牌是文化，98% 的矛盾是误会'源自对蒙牛事业整个价值链条之间的相互感恩。"

从顺序上来看，牛根生把感恩员工放在了首位，可见蒙牛对员工的重视程度。正如解放军总医院著名营养专家赵霖所说："蒙牛怀着深厚的感恩之心，用企业文化管理国外一流的生产设备和工艺技术，这是蒙牛成功的本质和可持续发展的源泉。"

一个企业能够从无到有、从小到大、从弱到强，离不开全体员工的努力和忠诚。如果没有员工的积极参与，再好再大的企业要想发展下去都只能是一句空谈。所以企业管理者一定要学会感恩，学会对员工说"谢谢"。

那么，管理者应该如何感恩员工呢？主要应该从以下几方面努力：

感恩员工的认同

员工是企业最基本的组成要素，是企业生存和发展的基础。正是基于员工对企业的认可，他们才会进入企业工作，并把这份工作作为自己职业生涯的一部分甚至是全部。员工对企业的认可，源自于他们内心深处对企业的尊敬。员工如果不认可企业，就不会到企业里来工作。即使来了，也是因为某些客观因素或迫于某种外在压力，所以往往不会认真工作，这样自然会影响工作效率和工作质量，对企业的发展壮大产生不利影响。

感恩员工的忠诚

"企业需要忠诚的员工"，这是所有企业管理者共同的心声。忠诚的员工即使老板不在时，也一样会认真努力地工作，倾心倾力地为企业服务，把企业作为自己施展才能的舞台。对一个企业而言，员工对企业的忠诚将会大大提高企业的效益，增强凝聚力，提升竞争力，使企业在风云变幻的市场中立于不败之地。

感恩员工的努力

在企业发展壮大的过程中，始终离不开员工的积极参与和热情投入。员工每天的尽职尽责、任劳任怨；员工为了提高公司效率而加班加点；员工为了谈成一项订单忍受客户的冷眼和承受巨大压力；员工为了维护企业形象吞咽下委屈和泪水；员工为准时交货高温作业、挥汗如雨，甚至冒着生命危险……总之，没有员工兢兢业业的付出，就没有企业的效益，更没有企业的发展壮大。因此，管理者应该认真反思一下，企业对员工的管理是否用心了？管理者只有用心去研究员工缺少什么、需要什么，然后有针对性地予以解决，才能让员工感激企业，提高员工的责任心和凝聚力。

第4章

恰当激励员工，

操控要"催人奋进"

激励是管理者必须掌握的管理手段，激励法表明了企业对员工的有效管理。激发员工的积极性和上进心，鼓励员工做出不凡表现，这是激励的宗旨和中心意义。激励方式虽然各有不同，但激励心法却大同小异，关键在于捕捉不同员工的不同心理特征和个性思想，参照员工的不同表现和需求，恰如其分地表达激励，从而达到激励的最佳效果。

目标，让员工永远充满希望

> 著名数学家广中平佑说："人是否能实现目标，这点并不重要，更重要的是一旦有了目标，就会成为一股吸引力，使他做好工作，取得发展和进步。"用目标激励员工前进就在于形成这种吸引力。

所谓目标激励，就是通过目标的设置来激发人的动机、引导人的行为，使被管理者的个人目标与组织目标紧密地联系在一起，以激励被管理者的积极性、主动性和创造性。

目标是行动所要达到的预期结果，是行为的一种诱因，具有诱发、导向和激励行为的功能。因此，适当地设置目标，能够激发人的动机，调动人的积极性。所以，管理者的主要任务之一就是不断向员工提出具有诱惑力而又切实可行的目标，以凝聚人气，激励士气，让员工永远充满希望，使企业快速成长。

目标激励的管理手段古已有之，比如"望梅止渴"就是一个典型的例子。

一年夏天，曹操率领军队去讨伐张绣。天气异常燥热，骄阳似火，将士们在狭窄曲折的山道上行走，两边的树木和山石被烈日晒得滚烫，让人透不过气来。到了中午，将士们的衣服都湿透了，一个个叫苦连天，行军速度立刻慢了下来，几个体弱的士兵竟然昏倒在路边。

曹操担心这样的行军速度会贻误战机，心里非常着急。可是，全军上下的饮水已经用尽，附近又没有水源，即使下命令要求部队加快速度也无济于事。怎样才能激励将士们加快速度呢？突然，他看到前边有一片树林，低头沉思了一会儿，很快想出了一个好办法，他一夹马肚子，快速赶到队伍前面，用马鞭指着前方说："将士们，我知道前面有一大片梅林，那里的梅子又大又甜，我们快点赶路，绕过这个山丘就到梅林了！"将士们一听，仿佛梅子已经吃到嘴里了，顿时精神大振，不由得加快了步伐。

"望梅止渴"的故事表现出了曹操杰出的管理才能，他在大军断绝水源、将士们渴热难耐的危急情况下，提到甘甜可口的梅子，不仅使将士们产生条件反射，暂时缓解了干渴之苦，而且鼓舞了士气，实为一种高超的激励手段。

在管理实践中，管理者在面临某些困境时，一定要善于借用"望梅止渴"这一激励手段，以激励员工众志成城，上下一心，团结奋进，从而最终摆脱困境，赢得胜利。也就是说，管理者要想让员工为自己"卖命"，必须善于给他们设定一个值得追求的目标。

因此，确立目标是管理者的最重要工作之一。很多知名企业都是在创业的开始就制定了一个明确而远大的目标，并且积极鼓励员工努力奋斗。目标就像一个诱饵一样，让员工充满了成功的希望。也正是凭借这种目标激励，这些知名企业获得了成功，松下电器公司就是一个典型代表。

松下幸之助先生的重要经营管理手段之一就是不断提出适合企业发展的目标，让员工对未来充满梦想。松下幸之助担任社长时，经常找机会和员工畅谈自己对未来的设想。1955 年，他向员工们宣布了他的"5 年计划"，计划用 5 年的时间，使松下电器的效益从

220亿日元增加到800亿日元。这种做法不仅让员工看到了前景和希望，也震惊了整个企业界，同行们纷纷改变策略，向松下电器看齐。此后，松下幸之助又陆续向员工提出采用每周五天工作制，并把工资提高到西方发达国家水平的目标，同时请大家通力配合，以尽快实现这些目标。5年以后，松下先生制定的目标全部得以实现，从此员工士气大振，更加积极奋进，一起在松下先生的带领下，筑起了松下电器王国。

有人可能会说，松下电器之所以能把梦想变为现实，完全是因为松下电器的经营一直都很顺利的缘故，其实不然，企业经营顺利时，需要制定远景目标，把企业做大做强；经营出现困境时，更需要制定改进目标，以凝聚人气，鼓舞士气，摆脱困境。第二次世界大战以后，松下电器曾一度处于惨淡经营的状态中，但松下先生并没有因此放弃为公司制定目标。由于目标明确，松下电器很快就走出了困境，续写了昔日的辉煌。

由此可见，作为企业管理者，让员工看到希望非常重要。确立目标不仅是管理者的重要职责，也是管理者的必备素质之一。无论面临何种境遇，管理者都要让员工对未来充满希望，如果做不到这一点，就算不上是一个合格的管理者。

那么，管理者应该怎样确立企业的发展目标呢？一般而言，需要把握以下几个要点：

目标要切合实际

适当设置目标，能够激发员工的积极性，鞭策员工一如既往地发愤工作。但是，如果目标制定得不科学，则很可能达不到这种激励的效果。因此，管理者在制定企业发展目标之前，要注意培养和提高自己各方面的知识和能力，对市场和企业现状进行科学的分析和判断，以确保目标的科学性和可操作性。

目标的可参与性强

让员工参与目标的制定，能够让他们认清工作的性质和难易程度，在思想上有充分准备。员工往往会选择他们认为重要的、感兴趣的东西，比起被指派的任务来说，他们更愿意接受挑战，承担责任。因此，管理者在制定目标的过程中，必须注意提高员工的参与性。

注重奖励因素

目标激励发挥作用的一个前提是目标的达成情况必须与员工的报酬及晋升紧密联系起来。因此，要想让目标激励法发挥作用，必须让目标体系的达成状况与员工的绩效挂钩，这样才能真正起到激励作用。

企业目标与员工个人目标同步

管理者在制定企业发展目标时，必须注意企业目标与员工个人成长目标是否同步。不断提出适合企业发展的目标，并让员工清楚地了解这些目标，然后提出与之相适应的员工成长目标，让员工对未来充满希望，是企业发展过程中很重要的管理谋略。因此，管理者应该多找机会和员工畅谈自己对未来的设想，让员工看到光明的前景，这样有助于激励员工积极进取，同时也有助于吸引更多的优秀人才。

在达成目标的过程中合理调整下属

目标激励在实际操作过程中可能达不到"唯美"效果，因为员工的工作激情不可能长期并持续保持在一个相当的高度，它很可能时起时落，这主要是受主客观因素影响造成的，例如环境的影响、体能的支撑等。这时候，管理者要对员工做出合理的调适，肯定他们已有的成绩，并提醒他们离目标已经越来越近，这也是一种十分有效的精神激励，有助于鼓舞士气、提高战斗力。

将激励落到实处

目标激励的最后一个环节就是将激励落到实处。当员工们经过重重考验，终于完成工作任务时，管理者要及时兑现承诺，给予员工应得的奖励。

失败时给员工"打打气"

> "人非圣贤，孰能无过"，员工在工作过程中，难免会遭遇各种失败和挫折，然后才能一步步走向成功。作为企业的管理者，应该多给员工打气，多给他们一些鼓励。

很多管理者在员工遭遇挫折时，习惯居高临下地给员工讲一些大道理，希望以这种方式给予员工指导和激励，殊不知，这样很可能会给员工留下"站着说话不腰疼"的坏印象。与其如此，管理者不如换一种方式，在员工正在因失败而害怕受谴责时，不但不予追究，反而故意以失败本身为由给予员工鼓励和褒奖，然后再向员工阐述珍视失败价值的种种道理。这样做，员工才能更加深切地体验到失败本身的意义和价值，并从管理者的良苦用心中获得从头再来的信心和勇气。

在电影《元帅与士兵》中，运动员杨国光在一场国际比赛中输了球，心情非常低落，于是一个人躲在屋子里不吃不喝，失魂落魄地拨弄着琴弦。这时候，元帅却偏偏硬将他拖到宴会上，然后举起酒杯对大家说："我这个宴会是专门为失败的将军开的。如果你们胜利了，我还不一定给你们开呢！"杨国光大惑不解。元帅端起酒杯说："来！让我们为失败干杯！"大家更加迷惑不解了，手摸着酒杯不知是该喝还是不该喝。元帅严肃地告诉大家："我失败的时候，周恩来总理也专门为我举行了酒宴，当然，没有今天这样的排场。总理说：'如果善于总结经验教训，失败就是走向胜利的阶梯。不珍视失败的人和被失败压倒的人，是绝不会踏上冠军的胜利之路的！'"听完元帅这番话，杨国光的心头豁然开朗。他重整旗鼓，奋力拼搏，终于不负众望，登上了世界冠军的领奖台。

还有一个事例，也说明了这个道理。

文林·伦巴底是一个以严厉著称的足球教练。他激励队员最常用的手段是批评加鼓励。一天，守门员杰里·卡拉姆在比赛中出现了多次不应有的疏忽，结果让几个球长驱直入进了门。伦巴底严厉地训斥了杰里·卡拉姆一顿。训斥过后，杰里·卡拉姆沮丧地走进更衣室，伦巴底也紧跟其后走了进去，他摸了摸杰里·卡拉姆的头发，然后又轻轻拍了拍他的肩膀，说："别泄气，以我的眼光来看，你总有一天会成为'NFL'球队最出色的守门员。我一直坚信这一点！"

在后来的足球生涯中，杰里·卡拉姆时时刻刻记得伦巴底的这句话，并以此作为奋斗目标。不但如此，伦巴底的鼓励甚至对他的整个生活都产生了巨大的推动作用，后来，卡拉姆果然成了"NFL"球队 50 年来最令人难忘的明星之王。

由此可见，失败时给予员工鼓励是一种明智之举，可以起到极大的激励作用。为什么这样说呢？主要有以下 5 点原因：

鼓励可以培养员工的自信心

一个人的成长和成功，是一点一滴的鼓励铸造的结果。在员工的工作中，管理者一个温暖的问候、一束期待的目光、一句激励的话语，都能极大地激发员工的上进心，甚至能改变一个员工对工作乃至对人生的态度。在鼓励的刺激下，员工能不断认识和挖掘自己的潜力，逐渐成长壮大，最终成为一个成功者。鼓励还可以唤起员工乐于工作的激情。鼓励还像一架桥梁，可以拉近管理者与员工之间的距离。这样一来，员工会更加热爱自己的工作和企业。

鼓励员工可以促进工作保质保量完成

正所谓"哀莫大于心死"，管理者用尖酸刻薄的语言斥责、奚落、讽刺、挖苦员工，表面上员工可能会顺从你，但实际上员工心里很不是滋味，即便是勉强按你的要求去做，也只是敷衍了事，根本体会不到工作的乐趣，工作效率和工作质量一定不高。而且，斥责、奚落、讽刺、挖苦极易伤害员工的心灵，长此以往，势必摧毁员工的自尊，打击员工的自信，扼杀员工的智慧，这对员工、对管理者、对企业都是极为不利的。

鼓励员工可以体现管理者的个人修养

管理的艺术并不在于做指示、下命令，而在于如何激励、唤醒、鼓舞员工积极进取、努力奋斗。一个只会发号施令的管理者肯定不是一个好的管理者。

鼓励员工可以树立管理者的个人威信

鼓励员工，无疑有助于树立管理者在员工心目中可亲、可敬的形象，使员工觉得管理者是个值得信赖的人，这对于促进员工与管理者之间的关系，增进员工与管理者之间的感情很有好处，员工也愿意为这样的管理者"卖命"。

鼓励员工可以为企业创造良好的文化

管理者鼓励员工，可以在企业内部形成融洽、友好的互助互励的氛围，这对提高员工工作技能、企业经济效益大有裨益，同时也能体现企业"以人为本"的管理理念。

大凡有远见卓识的企业管理者，在处理员工犯错、失败等问题时，都不会采取"一刀切"的方法。批评和斥责只会让员工因害怕再次失败而变得谨小慎微，企业也会因此失去最可贵的创新意识和活力源泉。因此，英明的管理者在追究员工责任的同时，都不会忘记给员工以鼓励，给员工一个"戴罪立功"的机会，这不仅体现了企业管理中的人文关怀，同时有利于员工从失败中吸取教训，提高工作能力、取得进步。

具体操作起来，管理者应该注意以下几个要点：

区别对待

管理者在给失败员工提供机会之前，应该对该员工的工作进行一个客观的评价，找出其失败的根本原因所在：是能力缺乏、根本不称职，还是"好马失蹄"？是"屡教不改"，还是"初战失利"？是原则性错误导致的失败，还是一般性错误导致的失败？然后根据不同情况予以区别对待：或鼓励或严惩，这也是企业管理中必不可少的果断执行力。

考察员工"戴罪立功"期间的表现

当管理者通过分析评估，决定给员工提供机会，让其"戴罪立功"时，管理工作还只是开了个头，切不可就此收手，还应该进一步观察员工在"戴罪立功"期间的表现：后期的工作是否做到位了？在一定工作时间内有没有进步或比较突出的表现？工作态度、个人素质和工作水平有没有提高？等等，通过综合其种种表现再做出进一步的研究和决定。

"功"不能抵"过"

"戴罪立功"并不等于"将功补过"。失败的局面已经造成，这是不争的事实，立功是一种进步和成长，值得肯定和支持，但失败的教训仍需铭记，让其成为警诫员工的一个标志。因此，对管理者而言，一方面要对"戴罪立功"的员工予以鼓励和支持，另一方面也不能因其"立了功"而掩盖其曾经犯下的失误或过错，致使员工掉以轻心，只有这样的鼓励才能成为鞭策员工用心工作、不断前进的力量。

信任是激励的最高境界

管理大师史蒂夫·柯维说："信任是激励的最高境界，它能使人表现出最优秀的一面。"只有建立在充分信任基础上的激励，才是最有效的激励，否则激励就是一张无用的空头支票，是无法购买到员工发自内心的工作热情的。

管理者要想取得员工的信任，首先必须信任员工。信任体现了管理者对员工的尊重和关心，管理者只有充分信任员工，才能赢得员工的心，使员工感受到归属感和被认同感，感受到自己对企业的巨大价值，从而焕发出"熊熊燃烧"的工作热情。

英国 21 世纪领导者咨询公司的首席咨询师拉里·雷诺兹在《大雁的力量——信任创造绩效》一书中说："高信任的组织就像一群迁徙的大雁，即使改变阵行和方向，每只大雁也能相互默契地调整自己，从而始终使阵行保持优美、协调，目标一致。"

拉里·雷诺兹为什么会这样说呢？我们不妨来看一个著名的心理学实验：

1963 年，西方著名心理学家奥格登进行了一项警觉实验，通过记录测试者对光强度变化的辨别能力来测定他们的警觉性。测试者共分为 4 个组：

A 组：控制组，不施加任何激励，只是一般地告知实验的要求和操作方法；

B 组：挑选组，该组的测试者被告知，他们是经过挑选的，觉察能力最强，错误率应该最少；

C 组：竞赛组，他们被告知要以误差数量评定小组优劣和名次；

D 组：奖惩组，每出现一次错误就罚款一次，每次反应正确就发少量奖金。

那么，哪一组的警觉性最高，将在四组中胜出呢？

实验结果显示：B 组的警觉性最高，因为 B 组的测试者受到了高度的信任，受到了积极正面的心理暗示。由此可见，单凭奖优罚劣和业绩竞争，并不能很好地激励员工的积极性和潜力，而给予员工必要的信任和鼓励，却可以收到事半功倍的效果。因此，管理者要学会给予员工信任，使员工充满自信，从而能够轻松愉悦地接受挑战性的工作。

管理学认为，任何一种管理实践都是以一定的人性假设为前提的。也就是说，管理者的管理方式体现了他对员工的人性假设：他认为自己的员工是什么样的人，就会采取与此相对应的管理方式。所以，管理者采取信任员工的管理方式，首先就得认为自己的员工是值得信赖的。而员工从管理者的管理行为中也可以感觉到管理者对他们的人性假设。也就是说，只有管理者采取了信任员工的管理方式，才能让员工感受到自己被信任。

绝对信任员工是惠普管理员工的最基本原则。惠普的开放式管理和不上锁的实验室备品库都是这一原则的典型体现。惠普创始人比尔说："惠普之道的政策和措施都是来自于一种信念，那就是相信员工都想把工作做好，有所创造。只要为他们提供适当的环境，他们就能做到这一点。正是因为我们记住了这一条，所以我们废除了考勤制，搞了弹性工作时间制。这不仅是为了让员工能按自己的个人生活需要来调整时间，也表示了我们对员工的高度信任。"

信任是一种双向的关系，也就是我们所说的"将心比心"，管理者对员工的信任不但能够调动起员工的工作积极性，还会赢得员工的信任，建立起双方的和谐关系。

每次观察员工时，松下幸之助都会对员工说："我对这件事没有自信，但我相信你一定能做得非常好，所以就交给你去办吧！"每当这时候，员工就会觉得受到了高度信任和重视，不但乐于接受工作，还会下决心竭尽全力把工作做好。

1926 年，松下电器打算在金泽市设立营业所。松下幸之助从来没有去过金泽，所以问题就出现了：派谁去主持这个营业所呢？谁最合适呢？当然，能胜任这项工作的高级主管有很多，但是，那些老资格的管理人员肯定不能离开总公司，否则就会对总公司的业务造成不利影响。这时，松下幸之助想起了一位年轻的业务员。

松下不认为年轻就办不好事。于是，他把那个年轻的业务员找来，对他说："公司决定在金泽设立一个营业所，决定派你去主持这项工作。我已经准备好一笔资金，让你去进行这项工作了。现在你就立刻动身去金泽，找适当的地点，租一个房子，设立营业所。"

听了这番话，年轻的业务员大吃一惊，他不解地问道："我刚进入公司两年，而且又年轻没有经验，这么重要的工作恐怕做不来吧……"

　　但是，松下幸之助对这位年轻的业务员非常信任，他几乎用命令的口吻说："我相信你没有做不到的事情，你一定能做得非常棒。你想想，战国时代的零藤清正、福岛正泽这些武将，都是在十几岁时就很活跃了。他们年纪轻轻，就已经拥有了自己的城堡，统率部下，治理领地百姓。还有明治维新时期的志士们，不都是年轻人吗？他们在国家艰难的时期都能适时地站出来，建立了新时代的日本。你已经超过20岁了，所以我非常相信你，你一定行的！"

　　这位年轻的业务员终于下定决心说："我明白了，您就放心让我去做吧。非常感谢您能给我这个机会，我一定会好好干的。"后来，这位年轻的业务员果然在全泽成功地开设了营业所。

　　松下幸之助认为，激励员工的方法有很多，但最有效的是能够信赖他人。人是有感情的动物，信任是人与人之间建立良好关系的基础，管理者只有将信任传递给员工，才能赢得员工的真心，激发起员工的工作热情和积极性，从而提高员工的工作效率和整个企业的竞争力。

　　具体而言，管理者要想运用信任有效地激励员工，需要做到以下几点：

敢于授权

　　作为企业管理者，必须敢于相信员工，敢于授权给员工，如果事无巨细，皆由自己亲力亲为，不仅自己劳神伤力，还会极大地挫伤员工的积极性：既然老板无所不能，什么事都要插一手，那我还乐得清闲呢！如此一来，忙者越忙，闲者更闲，在企业内部就会形成一个"人不能尽其事"的怪圈。唯有高度信任的氛围和敢于充分授权，才能使员工工作起来有干劲，极大地提高员工的满意度和敬业度，并激发起员工的工作热情和积极性。

要有包容他人的胸怀

　　经常听到一些管理者抱怨："不是我不信任员工，只是……"言外之意，大概都是说员工不称心、不争气。但管理者扪心自问，自己对员工的要求是不是有些苛刻？管理者的责任不是发现员工的缺点，而是发现他们的优点，并尽量帮助他们扬长避短。所以管理者的包容至少体现在两个方面，一是包容员工的缺点，二是允许员工在尝试的过程中犯错。

给员工一个证明自己的机会

企业中总有一些员工看上去很"不中用"，而且恃才傲物，眼高手低。对于这样的员工，管理者绝不能弃而不用，而应该给他们提供一个合适的位置。因为很多员工并不是真的不中用，而是没有找到"用武之地"。管理者只有充分相信员工的才华和能力，才能让他们的优点和长处得以发挥。相反，如果管理者先入为主、主观臆断地给员工贴上"不行"的标签，那就很有可能失去一个可用之才。而被别人认为"不行"的员工，一旦得到管理者的肯定和信任，必然能发挥出自身的潜力，创造出不凡的工作成绩。而且，他们还会对管理者的"知遇之恩"心怀感激，从而对管理者无比拥戴，对企业无比忠诚。

"期望效应"让员工做得更好

当管理者不断对员工表达期望时，管理就有可能收到意想不到的效果。因为，当管理者表达对员工的期望时，员工的潜能就可能被激发出来，释放出巨大的能量。

期望效应，又称"皮格马利翁效应"，也叫"罗森塔尔效应"。人们通常这样形象地描述期望效应："说你行，你就行；说你不行，你就不行。"意思是说，要想使一个人发展更好，就应该向他传递积极的期望。期望对人的影响是巨大的，积极的期望可以促使人向好的方向发展，而消极的期望则会使人向坏的方向发展。

期望效应源于古希腊一个美丽的传说：

相传古希腊雕刻家皮格马利翁深深地爱上了自己用象牙雕刻成的美丽少女，并期望少女能变成活生生的真人。他的真诚感动了爱神阿劳芙罗狄特，爱神赋予了象牙少女以生命，从而使皮格马利翁美梦成真，与自己钟爱的少女"有情人终成眷属"。

美国著名心理学家罗森塔尔曾经做过一个有关期望效应的实验：他把一群小老鼠分为 A、B 两组，把 A 组交给一个实验员说："这组老鼠属于特别聪明的一类，请你来训练。"然后把另一组老鼠交给另外一名实验员，告诉他这是一群智力很一般的老鼠。两个实验员分别对这两组老鼠进行训练。一段时间以后，罗森塔尔对这两组老鼠进行了穿越迷宫的测试，结果发现，A 组老鼠比 B 组老鼠聪明得多，都提前穿越了迷宫。其实，罗森塔尔对这群老鼠的分组是随机的，他自己根本不知道哪只老鼠更聪明。当实验员认为这群老鼠特别聪明时，就用对待聪明老鼠的方法进行训练，结果，这些老鼠真的成了聪明的老鼠；反之，另外那个实验员用对待笨老鼠的办法训练另一群老鼠，结果就把那群老鼠训练成了真正的笨老鼠。

后来，罗森塔尔又把这个实验扩展到人的身上。他与助手们来到一所小学，声称要进行一次"未来发展趋势测验"，并以赞赏的口吻把一份"最有发展前途"的学生名单交给了相关老师，且告诉他们一定要保密，以免影响实验的正确性。

其实，这些"最有前途"的学生都是随机挑选出来的。但是几个月后，奇迹发生了，凡是被选上的学生在各方面都表现得非常优秀。人们把这种现象称为"罗森塔尔效应"。这种现象表明：一个孩子能否成为天才，在很大程度上取决于老师和家长是否能像对待天才一样热爱他，赞美他，为他戴一顶天才的高帽子。

这一效应同样适用于企业管理。在一个企业中，如果管理者善于对员工寄予厚望，善于给员工戴高帽子，善于赞美员工，就会使员工很开心、很快乐，从而提升他们的主人翁意识并具备更加强烈的进取精神，这样一来，员工在各方面的表现就可能是优秀的；反之，员工的表现则可能很难令人满意，甚至是糟糕的。因此，企业的管理者要善于运用期望效应为员工戴高帽子，从而起到有效的激励作用。

在摩托罗拉的生产厂房里，副总经理正在视察工人们的生产情况。当他走过一个男工人身边时，看到男工人正在拧焊作业管线。副总经理挑起大拇指对他说："Good boy！"男工人抬起头对副总经理笑了一下，干得更卖力了。当副总经理走到检验车间时，一个女检验员正在用放大镜检验产品，副总经理善意地对她说："Nice girl！"女检验员也微笑了一下，检验得更仔细了。

对员工来说，听到副总经理对自己很亲切地讲"Good boy"，"Nice girl"，这的确是一个莫大的激励。这就是期望效应的力量。

每个员工都有自己独特的个性，但他们都有一个共同点：希望得到管理者的认可和肯定。只有得到了管理者的认可，员工才能感觉到自我价值的实现，才能激发起更大的工作热情。因此，作为管理者，千万不要吝惜自己的赞美之词，而要善于运用赞美之词为员工戴高帽子："你很棒，好好干！"

1921 年，查尔斯·史考伯担任美国钢铁公司第一任总裁时，钢铁大王安德鲁·卡内基给了他 100 万美元的年薪。为什么史考伯的薪水如此丰厚呢？用他自己的话说，他之所以能得到这么多的薪水，主要是因为他跟别人相处的本领。"我认为，我那能把员工鼓舞起来的能力，是我拥有的最大资产，而使一个人发挥最大能力的方法，就是赞赏和鼓励。再没有比上司的批评更能抹杀一个人的雄心的东西了。我从来不批评任何人。我喜欢赞美别人，讨厌挑错。"

在管理工作中，管理者如果善于运用期望效应对员工进行赞美，员工们必定会把你的话铭记在心，从而时刻提醒自己朝着你期望的方向努力。

喜欢赞美和恭维是人的天性，管理者对员工的赞美正是顺应了人性的需求，所以成了现代企业管理中重要的激励法则之一。但是，赞美必须出自真心，必须合理适度，虚伪或过度的赞美不仅起不到激励作用，还有可能适得其反。那么，管理者应该如何把握好赞美的"度",从而使期望效应有效发挥其激励作用呢?

赞美要能激励人心

管理者的赞美能激起员工的荣誉感和成就感。在管理者看来无足轻重的一句赞美,在员工听来,却很有可能感觉顺畅舒服,并能产生一种对管理者的亲近感、对工作的责任感和上进心,从而有利于员工把工作做到最好,让管理者更加满意。赞美同时也能让不够自信的员工获得自信,并将这种自信转化为对工作的热忱,从而表现得更出色。相反,如果管理者对员工总是不冷不热,只会挑员工的毛病,而不懂得适时地予以称赞,员工就会产生对管理者的距离感和对工作的挫折感,既不利于协调企业上下级的关系、创造和谐融洽的工作环境,也不利于鼓舞士气、提高工作热情。

"高帽子"重在"合适"

如果员工对某一技能只是一知半解,管理者却夸他在这方面颇有建树,这很可能会使该员工产生骄傲自满、不求上进的心理,也可能让他因深受领导"赏识"而养成浮夸的习气;或者员工因为受到管理者期望效应的激励,自信满怀地去做某项工作,结果却因为自身水平远远不够而导致工作失败,这不仅会给企业发展带来不利影响,还会使员工因为受挫而降低工作积极性,同时也会对当初管理者的赞美产生怀疑,从而影响管理者在他心目中的形象。

"高帽子"不能"张冠李戴"

英格兰文艺复兴剧作家本·琼森说:"对一个高尚的人来说,在不恰当的地方,受到不恰当的人的赞美是一件最大的坏事。"管理者的期望效应如果用在不恰当的地方,或者用在不恰当的人身上,其结果往往非常糟糕。如果"门外汉"被称赞为"行家里手",这对有自知之明的员工来说,会引起他们对管理者的反感,认为管理者"才疏学浅",不值得信赖;而对那些爱慕虚荣的员工而言,可能会把这种毫无事实根据的恭维当做一种资本向外宣扬,这不仅不能起到激励的作用,还有可能引起周围人对他们的轻视和厌恶,使他们成为别人茶余饭后议论的笑柄。

表扬和发薪水一样重要

薪水是每个月都要发的，如果你是一个好的管理者，表扬也要经常挂在嘴边，这和发薪水一样重要，能给员工很大的工作动力。

表扬不仅是最常见的激励手段，也是最重要的激励方法。在管理工作中，表扬是一种积极的激励，而批评、处罚等措施则是一种消极的激励。心理学家指出，在积极鼓励和消极鼓励之间具有极大的不对称性。受到批评或处罚的人不会简单地减少做坏事的心思，充其量不过是学会了如何规避批评或处罚而已。现在很流行一种说法是："干工作越多错误越多。"其潜台词就是：为了避免出现错误，最好的方法就是"避免"工作，这就是批评、处罚等"消极鼓励"带来的后果。

表扬作为一种积极激励，其效果是和批评或处罚恰恰相反的，它能让员工把现有的工作做得更好，因为人都有渴望被表扬的心理。随着时间的推移，一方面，员工身上的闪光点会逐渐放大，同时还会把不良行为"挤得"无处容身，这是表扬的纵向影响；另一方面，一个员工的优秀表现受到表扬后，还会带动其他员工效仿，这样就会形成一种良性的企业风气或文化，这是表扬的横向影响。

对于表扬，每个人都愿意爽快地接受，但是对于指责和批评，人们往往会千方百计地推诿。管理者千万不要轻易指责和批评员工，对于员工来说，他们更希望得到管理者的肯定和表扬。如果员工做出了成绩或工作有了进步，而管理者连一句表扬或鼓励的话都没有，员工就会觉得管理者只顾挑错，而不重视员工的成长和进步，这不仅会严重打击员工的热情和积极性，还有可能使他们退回到原来不理想的工作水平或不良的工作状态上去。

如果管理者想让员工永远保持良好的精神状态，积极努力地去工作，就要学会多肯定和表扬员工的成绩，哪怕是员工取得了一些微小的进步，管理者也要表示出自己的赞许。这会让员工更加努力。

玫琳凯化妆品公司创始人玫琳凯·艾施认为："表扬是激励下属最有效的方式，因为每位员工都渴望得到表扬，只要你认真寻找，就会发现，很多运用表扬的机会就在你的面前。"

玫琳凯对员工的表扬并不是局限于口头上，她更注重用实际行动来表达对员工的肯定、对他们才华的赏识。

凡是在玫琳凯工作的员工，过生日时都会收到一份生日卡和一张祝福卡；每个新到公司的员工，第一个月内便会受到玫琳凯·艾施的亲自接见；每一位成绩突出的员工，都会受到玫琳凯·艾施格外的礼遇。

当公司的每一位员工取得比上次更优异的成绩时，玫琳凯·艾施都会送给他们一条缎带作为纪念。公司总部每年都要举行一次"年度讨论会"，参加的员工都是从公司中选拔出来的优秀员工代表，他们被要求身着象征荣誉的红色礼服上台发表演说。

玫琳凯·艾施从不吝惜自己对员工的表扬，这些表扬极大地提升了员工的工作热情和积极性，也让玫琳凯的事业获得了极大成功。

企业的成功离不开员工的支持和配合，因此，对于员工的努力和成绩，管理者绝不能视而不见、充耳不闻。大凡聪明的管理者，都懂得真诚地欣赏和表扬员工的每一点成绩、每一次努力、每一次进步。

当然，肯定员工的成绩也应该讲究技巧，其中一个最重要的技巧就是不仅根据成绩的大小，还要根据成绩的性质确定表扬的规格。所谓成绩的性质，是指成绩是否具有普遍的激励意义，是否带有一种质的变化。具有普遍意义的成绩可以激励所有员工的成绩，对这类成绩，即使很小也要大加表扬。

此外，管理者还要注意表扬的分寸问题。管理者表扬员工往往有很多种方式，可以公开地表扬，也可以在私底下表示鼓励。需要注意的是，在公开场合表扬一个员工，就相当于把这个员工当做模范来对待，因此表扬时一定要注意分寸。

很多管理者认为，在公开场合表扬员工，能激起员工的虚荣心和荣誉感，不仅能使员工更加积极努力，还能使员工心存感激。其实这种想法有失偏颇，如果在公开场合过分地表扬一个员工，往往会产生两种不良后果：

一是受表扬的员工会觉得很不好意思，虽然他可能会理解甚至感激你的好意，但也可能会认为你的这种表扬别有用心。

二是不恰当的公开表扬会伤害在场的其他员工，他们可能会认为你处理问题不公正，从而会导致员工对你的权威产生质疑。

因此，管理者在公开场合表扬员工时要注意：第一，不要使被表扬的员工产生不必要的困扰；第二，表扬要恰到好处，要符合实际，不要夸大其词。

如果管理者把握不好在公开场合表扬的尺度，那么最好的办法就是先在私底下进行鼓励，然后再选择合适的场合公开表扬。

让员工在批评中进步

美国思想家爱默生说："批评不应该是一味地抱怨，全盘贬斥，或者全是无情攻击和彻底否定，而应该具有指导性、建设性和鼓舞性，要吹南风，不要吹东风。"管理者批评员工要始终把握一个核心，就是不损伤员工的面子和自尊。唯有如此，批评才能起到激励的作用。

在管理工作中，并不是只有表扬才能起到激励员工的作用，有时候适度而巧妙的批评同样能达到激励员工的效果。有一些管理者认为，批评只能伤害员工的自尊心，挫伤员工的积极性，其实不然，只要批评方法得当，并且把握好时机和火候，批评也能使员工心悦诚服，从而起到很好的激励作用。因为批评本身就是一种心理激励，可以让员工在认识到自己错误的同时积极地改正错误，提高工作能力。

相反，如果管理者只是一味地用宽容的方式对待员工的错误，就很难体现管理者的魄力和威严，更达不到让员工改正错误、提高能力的目的。而恩威并施、双管齐下往往能达到企业的"大治"。但是，批评本身并不是一件令人愉快的事情，倘若运用不当，就会适得其反。管理者唯有耐心琢磨、细心领会，把握好批评的"度"，才能让批评成为一种有效的激励，让员工在"批评"中反思，在"批评"中进步。

那么，管理者怎样才能运用好批评激励术呢？主要应该注意以下几点：

运用"三明治"批评法

所谓"三明治"批评法，就是"赞扬——批评——赞扬"，即在批评别人之前，先找出对方的长处赞扬一番，然后再提出批评，并且力图使批评在友好的气氛中进行，最后再说一些赞扬的话，肯定对方的成绩。这种批评方法就像三明治一样，第一层是认同、赏识、肯定或赞美；中间一层夹着建议、批评或不同观点；第三层则是鼓励、支持和希望，故称为"三明治"批评法。比如，你的公司要求员工上班穿职业装，可是员工小王没有穿，你又不能不管。你应该这样说："小王，你今天的发型真漂亮啊（第一层——赞美），如果配上咱们公司的职业装（第二层——其实是批评），你会显得更精神、更漂亮的（第三层——赞美）！"

"三明治"批评法，不仅不会挫伤员工的自尊心和积极性，而且还能让员工愉快地接受批评，并且积极地改正自己的错误和不足，从而起到激励的作用。

美国著名女企业家、玫琳凯创始人玫琳凯·艾施就很善于运用"三明治"批评法，从而收到了很好的激励效果。

在管理过程中，玫琳凯·艾施一直严格遵循着一个基本原则：无论因为什么事情批评员工，都必须找出一点值得表扬的事情留在批评之前和批评之后说，绝不可以只批评不表扬。玫琳凯·艾施说："批评应该对事不对人。在批评员工之前，要先设法表扬一番；在批评之后，再设法表扬一番。总之，应该力争用一种友好的气氛开始和结束谈话。"

有一次，玫琳凯·艾施的一名女秘书被调到其他部门，接任秘书之职的是一位刚刚毕业的女大学生。这位女大学生打字总是不注意标点符号，这让玫琳凯·艾施很苦恼。有一天，玫琳凯·艾施对她说："你今天穿了这样一套漂亮的衣服，显得你非常美丽大方。"

女大学生听到老板对她的赞美，顿时觉得受宠若惊。于是玫琳凯·艾施接着说："尤其是你这排纽扣，点缀得恰到好处。所以我要告诉你，文章中的标点符号，就像这些衣服上的纽扣一样，注意了它的作用，文章才会显得条理清楚。你很聪明，相信你以后一定会做得非常好的！"

从那以后，那位女大学生做事明显变得有条理了，一个月以后，她的工作基本上能令玫琳凯·艾施满意了。

批评要对事不对人

通常情况下，批评是一件比较伤人的事情，所以管理者在批评员工的时候，一定要尊重客观事实，应该就事论事。管理者要记住，批评员工并不是批评他本人，而是批评他的错误行为，切忌把对员工错误行为的批评扩大到对员工本人的批评上。比如，你让秘书校对一份文件并打印出来，结果文件上还有一个错误没有被改正，这时候你应该对他说："这个字你没有校出来。"而不能说："你这个人工作怎么这么马虎，这么不负责任！这么大的错误都没有校出来！"很显然，后一种批评方式很难让员工接受，因为这样的批评会让员工很难堪，也许他只是一次无意的过失，你却上升到了责任心的高度去批评，这就很难起到激励的作用，甚至会起到反作用，很可能导致员工在今后的工作中出现更多的错误或纰漏。

不要伤害员工的自尊

管理者批评员工要把握一个核心，就是不能损伤员工的面子和自尊。为了做到这一点，管理者在批评员工时要尽量委婉含蓄，比如可以这样说："我以前也犯过这种错误……""每个人都有犯错的时候，重要的是如何正视错误和改正错误。""你的表现一直优于一般人，希望你不要再犯同样的错误。"

掌握好批评的力度和方式

管理者在批评员工时，一定要掌握好批评的"度"。管理者首先要揣摩犯错员工的心理和个性特征，考虑员工的接受和领会能力，同时还要分析事态的严重程度，经过多方衡量之后，再确定一个更有效的批评方案。比如，对个性顽固的员工要单刀直入击其要害，对轻微的错误点到即可，对严重的错误要迎头痛击等。此外，管理者还要注意，不论犯错员工是什么个性的人，作为管理者，都要充分认识员工对批评的领悟程度，如果员工拒不接受批评，甚至反唇相讥，对所犯错误不以为然，则应该加大批评的力度。否则，不但达不到批评激励的效果，反而会让员工对错误采取无所谓的态度，从而让小错误演变成大祸。当然，如果员工认错态度良好，则应该适可而止。对某些比较严重的错误，管理者一定要"重拳出击"，但也要避免无限地扩大，以免牵连过，引出一些不必要的纷争和后果。

选择适当的场所

许多管理者认为，自己身为领导，就要树立和显示权威，所以在批评员工时常常大张旗鼓，弄得公司上下尽人皆知，以起到杀一儆百、以儆效尤的效果。事实上，这样的批评很难起到激励员工的作用，甚至会严重伤害犯错员工的自尊心，激起员工的逆反心理。因此，管理者在批评员工时，切忌当着众人的面指责，最好选择单独的场合，比如独立的办公室、安静的会议室或休息室等。

批评要把握"关键"

批评是为了激励员工进步，帮助员工纠正错误，所以一定要批评到点子上。作为管理者，要善于捕捉和分析员工的心理，找出问题的症结所在，同时要运用自己的智慧，思考规避再次犯同类错误的方法，警诫员工不可重蹈覆辙。要达到这种效果，就要求管理者要透过现象看本质，抓住问题的关键点，而不是蜻蜓点水，训斥几句了事。

从批评中进步

管理者批评员工，目的在于扭转员工的偏差，改正员工的错误，促使员工提高和进步。因此，在批评完以后，管理者一定要及时检验批评的激励效果。员工接受完批评以后，从他转身离开时表现出的态度，就能看出批评的效果。如果他是垂头丧气的，就说明你的批评没有起到激励的效果；如果他很开心地离开，则说明你的批评激励效果不错。此外，管理者还要注意，批评员工不能只停留在对某一具体错误的纠正层面上，还需要以小见大，着力于提高员工的思想认识高度，这样才有助于员工在错误中提高和进步。

用奖励上紧员工的"发条"

企业的奖励机制是一个强有力的工具。据一项调研结果表明，当各种正式的、非正式的或日常的奖励策略与企业的价值和目标连接时，企业内部就会形成一种奖励的氛围，从而使员工的积极性、敬业度、绩效都得到大幅度提升。

美国管理专家米歇尔·拉伯福提出了这样一个问题：当今的企

业不知出了什么毛病，无论管理者如何使出浑身解数，企业的效率就是无法提高，员工无精打采，庸庸碌碌，整个企业就像一台生锈的机器，运转起来极为费劲。

米歇尔·拉伯福通过反复思索，最后终于悟出了原因所在：当今许多企业之所以缺乏效率、缺乏生气，主要是因为奖励制度出了问题——"对今天的企业而言，其成功的最大障碍，就是我们所要的行为和我们所奖励的行为之间有一大段距离。"因此，对管理者而言，建立一套科学、有效的奖励机制是企业管理的头等大事。

那么，怎样的奖励机制才算科学、有效呢？奖励什么？如何奖励？奖励的标准是什么？奖励中需要注意哪些问题？这些都是管理者应该关注的问题。

物质奖励必须结合精神奖励

目前，物质奖励是企业管理者普遍采用的一种激励方式，但它的效果如何呢？要知道，金钱不是万能的，物质奖励同样不是万能的，它是一把"双刃剑"，既能成为企业发展的"发动机"，也能成为企业发展的"破坏者"。

传统理论认为，企业管理者的目的是获得最大的利润，而员工的目的是获得最大限度的工资，因此，管理者如果能给予员工一定的工资激励，往往能引导员工努力工作，服从指挥，接受管理。但是，如果进一步分析，工资激励的方式有其致命的弱点：人的欲望是无止境的，从长远来看，员工总是期待着工资的不断上涨，只有不断上涨的工资水平才能维持员工的积极性。

也就是说，当员工第一次增加工资时，的确会使他获得极大的满足，从而使工作效率大大提高，但同时也会使员工产生对下一次增加工资的期望，如果管理者不能再次增加工资，就会导致员工产生被剥夺感，从而降低工作效率。这样，企业就会陷入一个循环的怪圈：工资增加——员工积极性提高——员工的欲望也随之提高——企业成本增加；工资不增加——员工的积极性降低——企业效益降低。此时，物质奖励就会变成一颗"定时炸弹"，随时都有可能引爆员工的不满情绪。

所以，物质并不是唯一的奖励手段，物质奖励必须结合精神奖励。与物质奖励相比，精神奖励的优势主要体现在心理上面，人是思想动物，不能像驯兽一样用物质方法持续性地提高人的水平。相反，精神上的奖励却能起到持久性的激励作用。这主要是心理暗示的结果。

比如，目前学校教育中的奖励就是一种精神奖励，主要以荣誉、夸奖等为主要激励手段，以物质奖励为辅助激励手段，以激发学生的学习热情和积极性。管理者完全可以把这种激励方式引入企业管理。

最有效的奖励方法，有时候是不需要花一分钱的。管理者要想有效调动员工的积极性，一定要掌握精神奖励这种激励手段。

具体而言，精神奖励有如下几种形式：

（1）头衔，名号。管理者千万不要吝啬给予员工一些头衔、名号，因为头衔、名号可以换来员工的认可感，从而激励起员工的热情和干劲。比如：日本电气公司在一部分管理职务中实行"自由职衔制"，取消"代部长、代理""准"等一般管理职务中的辅助头衔，代之以"项目专任部长""产品经理"等与业务内容有关的、可以自由加予的头衔。这样一来，大大提高了员工的工作热情。

（2）名片。名片也是有效的激励工具之一。作为企业管理者，平时可以携带一盒名片，当见到员工把工作做得很好时，可以立即在名片上写上"谢谢""你做得很好""再接再厉"等字样，并签下自己的名字，把名片送给员工。

（3）道谢。公开对员工说声"谢谢"，不但能发挥激励的作用，同时还能发挥管理上的多重功能。员工在工作上积极努力、全力以赴，期待的就是得到管理者的关注和重视，管理者的"谢谢"不仅能让员工明白企业重视他、关心他，同时还能为其他员工塑造值得学习的榜样，让员工们明白，企业对员工有着什么样的期待，什么样的表现能获得企业领导的赞赏。

奖励要"投其所好"

美国畅销书作家艾德里安·高斯蒂克和切斯特·埃尔顿在《24只胡萝卜的管理》中写了这样一个故事：

回到办公室以后，万克斯有些犯难，不知道该怎样奖励下属藤特所作的努力。他可以用加薪和奖金的方式奖励他，但似乎有些老套，没什么新鲜感，而且显得俗气；他也可以奖励给他一些假期，但手续有些麻烦，不是他个人所能控制和决定的；他还可以等到年终综合评估时再奖励他，但那还需要等上好几个月……

万克斯从早到晚，一整天都在思考，但始终没有想到好办法，于是他决定去和他的下属聊一聊。他需要了解他的心理需求。

第二天，万克斯去维修间找藤特聊天。一进门，万克斯就看到藤特正在车下面仰面躺着。

"我来看看你是否需要一些东西。"万克斯有点不自在地说。

藤特从车底下爬出来，有些惊讶地看着万克斯："你问我需要什么？"

"是的。"

"哦，我最想要一些食品。我们食堂需要一些新的食品。我一想到那些人工合成的食物就恶心。"

"好的。就这些吗？"

"是的。"

第二天早晨，万克斯修整了一下从土里冒出的胡萝卜的嫩芽。当他站在这块新田地上时，突然想到了答案——答案就在他脚下，用来奖励下属的最好的东西就是胡萝卜——真正新鲜的蔬菜！

此时此刻，似乎有一个声音划过万克斯的大脑：用心挑选你的胡萝卜！

人之所以会产生行动的动力，主要是由其内心需求决定的。作为企业的管理者，要想激起员工行动的动力，就要准确把握住员工的迫切需求，并给员工提供自我实现的机会。让员工通过努力工作实现自己的需求。

某员工刚进入工作单位时，干劲很足，很快就得到了领导的器重，领导在大会小会上经常表扬他。得到领导的表扬后，他的干劲更足了。就这样认真干了两年，他的心里渐渐开始不舒服了。原因很简单：因为他除了得到表扬这种精神奖励外，奖金一分钱也没多拿，"升官"也遥遥无期。渐渐地，他心里开始有了想法，工作热情也慢慢消退了……

为什么这位员工的工作热情会消退？不是说精神奖励很管用吗？为什么现在不管用了？道理很简单，因为对于表扬这种来自精神方面的奖励他听得太多了，对于领导的赞扬他已经不再需要了，所以精神奖励对他就失去了吸引力，失去了激励的作用。他需要的是他缺少的那部分——多拿奖金或者"升官"等物质性的奖励。可惜管理者没有意识到这一点，没有注意到员工的内心需求变了，没有做到投员工之所好，所以导致员工的工作热情消退了。

因此，管理者要想成功激励员工的工作干劲，就要了解员工目前最需要的是什么，是精神方面的还是物质方面的，抑或是物质方面和精神方面二者兼有。

奖励要建立在对员工综合评定的基础上

某公司老板对他手下的两名业务员承诺，如果销售业绩达到公司规定的指标，就有 5 万元的年终奖。一年下来，甲业务员完成了指标，乙没有完成。结果是：甲、乙二人所得的年终奖金一样多，而且都没有达到老板承诺的数目。

对管理者而言，奖励并不等同于一个简单的数字指标的完成，更包括对员工工作能力、工作积极性、职业忠诚度等方面的综合评定。换句话说，奖励不仅反映了管理者对员工工作绩效的评价，更反映了管理者对员工本人的满意程度。

在上述事例中，对甲的奖励之所以打了折扣，很可能是因为老板对甲平时的工作表现不够满意，比如看到甲的工作积极性不高，没有全身心地投入工作，或者觉察到了甲对公司不够忠诚，泄露了公司的某些机密等。但是无论怎样，毕竟甲完成了工作指标，所以老板仍旧给予了他奖励，这是一个管理者信守承诺的做法。而老板之所以给了乙同样的奖励，很可能是因为老板对他平时的工作表现很满意，尽管他没有完成工作指标，但他敬业、忠诚，而且有上进心，奖励是对他品格和工作态度的肯定，更是对他的一种鞭策和期望。由此可见，奖励机制是一种对员工的综合评定。

管理者要想让奖励卓有成效，达到最佳效果，只注意上述几点是远远不够的，还应该遵循以下原则：

时效很重要

管理者不要等到发年终奖金时，才打算给予员工一些奖励。员工在日常工作中有良好表现时，管理者就应该及时给予奖励。错过奖励的最佳时机，会大大减弱奖励的激励作用。

明确奖励的理由

管理者在奖励员工时应该明确指出，员工哪些工作做得好，好在哪里，即管理者要把奖励的理由和奖励的标准告诉员工，这样可以让员工知道，公司希望他们能重复哪些良好的表现。

为员工的需求量身定做

管理者在奖励员工时，要根据员工的不同需求，来调整奖励的具体方法，这样才能达到最好的激励效果。管理者应该模仿自助餐的做法，为员工提供多元奖励，以满足员工的不同需求。

与公司平常的做法相符

一个平时对妻子不好的丈夫，即使在情人节时送给妻子一束玫瑰，也不会有多大效果，甚至会被妻子视为对罪恶感的补偿。同样的道理，一个平时对员工不好的公司，即使年底给予员工一些红利的奖励，也不会对员工起到多大的激励作用。因此，管理者要想有效发挥奖励的激励作用，还要注意平时对员工好一点，把奖励激励与"日常呵护"有机结合起来。

惩罚是一种反向激励

> 惩罚的最高境界在于能让受罚者心存感激，并找到前进之路；处罚绝不是冷酷无情，只要运用得当，处罚完全可以和正面奖励一样激励人，甚至比正面奖励还要积极有效。

管理者在管理员工时常常会遇到这样一个难题：是以奖励为主，还是以惩罚为主。这主要涉及管理学中的 X－Y 理论。该理论是由美国著名行为科学家，人性假设理论创始人道格拉斯·麦格雷戈提出的，X 理论即性本恶理论，该理论认为：人天生不喜欢工作，只要可能，他们就会逃避工作；由于人不喜欢工作，所以必须采取强制性措施或惩罚办法，迫使他们工作，以顺利实现组织目标；人只要有可能就会逃避责任，安于现状；大多数人都喜欢安逸，没有雄心壮志。Y 理论即性本善理论，该理论认为：要求工作是人的本性；在适当条件下，人们不仅愿意，而且能够主动承担责任；个人追求满足欲望的需要与组织需要之间没有矛盾；人对于自己新参与的工作目标，能实行自我指挥与自我控制。

如果管理者认同 X 理论，激励员工时就会以奖励为主，通过奖励来激发员工的工作热情，提高员工的工作积极性；如果管理者认同 Y 理论，激励员工时就会以惩罚为主，通过严惩来规范员工的行为，使员工在制度规范的约束下专心致志地工作。事实上，在具体操作过程中，管理者往往需要奖惩并用，赏罚分明，才能起到有效的激励作用。但是当具体到一件事情当中，尤其是员工犯错误时，管理者则应该以惩罚为主要激励手段，因为不惩罚就不能起到杀一儆百的作用，不惩罚就不能体现企业规章制度的严肃性，不惩罚就不能显示管理者的威严。

但是，我们所说的惩罚并不是单纯的惩罚，而是变惩罚为激励，变惩罚为鼓舞，让员工在接受惩罚时心怀感激之情，进而达到有效激励的目的。这就是惩罚的艺术性。

某企业发生过这样一件事情：一名员工工作非常积极努力，但就是有些自以为是，他认为自己负责的一项工作流程是应该改进的，但是他的主管和部门经理坚决反对他这样做，并且命令他严格遵守原来的工作流程。一天，这名员工私自改变了工作流程，主管发现后严厉批评了他，他不但没有接受，而且认为主管有私心，就和主管吵了起来。主管把问题反映到部门经理那里，部门经理也声色俱厉地批评了他，他还是不服。于是部门经理又把问题报告给了总经理。结果，总经理不但没有批评他，而且和他亲切交谈起来。在交谈过程中，总经理发现他很有想法，他说的那项工作流程的确应该改进，而且他们还聊出了很多现行工作流程和管理制度中存在的不足之处。就这样，总经理用朋友式的平等交流，让这名员工感受到了被重视和被尊重。结果自然皆大欢喜，这名员工不但主动承认了错误，心悦诚服地接受了处罚，而且一改往日自以为是的傲气，积极配合上级领导的工作，工作热情也大大提高了。

员工犯了错，给予处罚是理所当然的事。但怎么罚才更有效呢？并不能简单地一罚了之，还需要讲究点艺术性。故事中这位总经理的高明之处就在于：巧妙地变"罚"为"奖"。不仅让员工心悦诚服地接受了处罚，还纠正了员工的不良习气，大大提高了员工的工作热情。

在上述案例中，还隐含着一个管理者如何赢得人心的问题，也就是说，在必须处罚的前提下，管理者的惩罚方式一定要深得人心。故事中那位员工之所以心服口服地接受了处罚，最关键之处就在于他的意见被总经理采纳了，他的才能得到了总经理的肯定。这样一来，对他的处罚就比他心理预期的要轻得多了。这就相当于他准备拿100元买这次错误，结果却只掏了50元，他岂能不高兴、不感激呢？而且，在与总经理朋友式的交谈中，他认识到自己做错了，这是主动、积极地，而不是在领导的强权压力下消极、被动地改正错误，这不仅有利于他改正错误，而且不会留下"后遗症"，杜绝了错误反弹的可能性。

此外，朋友式的平等交流还会使员工有被尊重感，有某种意义上的心理满足感，员工会感觉到这样的管理者可信赖，能解决实际问题，因此就会把自己内心的想法毫不保留地说出来，这就等于让员工积压已久的意见得到了倾诉，心理压抑感得到了解除，这样一来，员工岂有不高兴、不感谢之理呢？所以说，这种惩罚方式可谓一箭三雕：既达到了惩罚激励的目的，又赢得了员工的心，而且还有利于从根本上解决问题。

由此可见，要想让员工心悦诚服地接受处罚，一定要在处罚的外面包上一层柔软的、富有人情味的外衣。

某公司的处罚措施一直让员工们口服心不服，所以执行起来很有难度。于是，该公司决定重新制作处罚单。经过一番斟酌，公司总经理在原有的基础上把有关项目及形式做了合理改进后，又在处罚单上加上了一句话："纠错是为了更好地正确前行。"而且还把标题"处罚单"三个字改成了"改进单"，以减弱处罚在员工心理上造成的负面影响。处罚单印出来之后，大家都说这样的处罚单一定会比以前的效果好，因为以前的处罚单都是清一色的严肃面孔，一句多余的话都没有，如今在上面加上了一句富有人情味、教育性和启迪性的话，处罚单的面孔立即由严肃、冷酷，变得慈祥、柔和了。而且，当员工接到处罚单时，看到了这句话，心理上会产生一系列变化，由本能的反感、抵触、反抗到理解、认知、接受，再到改正错误，所以，把标题改为"改进单"再合适不过了。

实践证明，这种小小的改进意义重大，员工不但对处罚没有抵触心态，而且工作错误率大大降低了。

这就是处罚的艺术。处罚原本是反面教育，这样一改，就变成了正面教育：鼓励员工改正错误，激励员工向正确的方向前进。

惩罚需要讲究技巧和方法，它不仅是管理者的工具，更是管理者需要熟练掌握的一门"艺术"。这门艺术的关键就在于化一切被动因素为积极因素，把惩罚转化为激励。此外，管理者还应该认识到，惩罚并不是万能的灵药，它虽然可以消除一些不良行为和抑制不良行为的重复再现，但它毕竟只是众多调控员工行为的激励手段中的一种。因此，惩罚激励切不可滥用，只有结合各种奖励措施，才能有效发挥其预期的效果。

左手奖赏，右手惩罚

在企业管理中，赏罚并用是管理者激励员工时最常用的方法。但是管理者必须要明确：赏罚一定要分明，只有这样才能提升整个团队的士气，向预期的目标迈进。

奖罚激励也叫正负激励，是奖励激励和惩罚激励的合称。奖励是对人的某种行为给予肯定或表扬，使人继续保持这种行为，奖赏得当，能进一步调动人的积极性。惩罚是对人的某种行为予以否定或批评，使人消除这种行为。惩罚得当，不仅能消除人的不良行为，而且还能变消极因素为积极因素。

奖励是对人行为的肯定，属于直接激励，能使人产生荣誉感和进取心理。惩罚是对人行为的否定，属于间接激励，能使人产生羞怯感和过失心理。从作用上来看，奖励能起到激励、鼓舞、褒奖的作用；惩罚能起到禁止、威慑，惩戒的作用。唯有赏罚兼施、德威并用，并且做到赏罚分明，才能既引导人做好事，又制止人做坏事，使人进有所得、退有所失。如果硬将二者割裂，"赏善而不罚恶"或"罚恶而不赏善"，是很难起到良好的激励效果的。

古人在论述理政之道时，常常是奖赏与惩罚并提，认为这两者是一个问题的两个方面，相辅相成，不可分割。在中国的历史长河中，大凡成功的思想家、政治家，如曹操、诸葛亮，都是深谙赏罚之道的高手。尤其是诸葛亮挥泪斩马谡的典故，更是赏罚分明的典范。尽管后人对诸葛亮斩马谡褒贬不一，但诸葛亮之所以被公认为杰出的军事家，最主要的原因就在于他能够真正贯彻赏罚分明的激励原则。

作为企业管理者，很有必要将赏罚分明的原则引入企业管理中来。在这方面，广州白云山企业集团前董事长兼总经理贝兆汉创造了一段佳话。

在贝兆汉担任白云山制药厂厂长期间，使白云山制药厂产值增长了 5 倍，震动了整个制药行业。当有人问他成功的秘诀时，他郑重其事地说："光团结人，理解人，还不足以治厂；还必须严肃纪律，奖罚分明。所以到了该严肃的时候，我是非常认真的。"正是这支"赏罚分明"的利剑，割除了平均主义和大锅饭的弊病，既严格执行了纪律，又使员工们心服口服，从而起到了很好的激励效果，给白云山制药厂带来了生机和活力。

由此可见，管理者要想成功治理企业，必须做到功必赏、过必罚，这样管理者在员工心中才能有号召力，企业的发展才能有动力。反之，如果有功不赏，有过不罚，就难以取信于下属，难以管理好企业。

此外，作为企业管理者，要做到赏罚分明，并为员工所信服，只依靠讲原则是远远不够的，赏罚还必须有一定的艺术性，只有这样，才能起到有效的激励作用。海尔集团在这方面就做得非常好。

海尔对员工的激励通过满足员工的需求来达到。海尔总裁张瑞敏认为，只有在完成组织目标的前提下，尽可能满足员工的个人需求，才能充分调动员工的积极性。

海尔允许员工竞争领导和管理岗位，甚至在员工这一层面，海尔也制定了"三工并存，动态转换"等奖罚措施，既通过设置切实可行的目标给员工以希望，又通过制度办法刺激员工积极进取的动机，比如成为"优秀员工"的升级属于正刺激，而成为"不合格员工"的降级则属于负刺激。通过这样反复不断的刺激，就可以促使每个员工都对新的更高的目标产生认同感。张瑞敏说："我们靠的是建立一个让每个人在实现集体大目标的过程中充分实现个人价值的机制。这种机制使每位员工都能够找到一个发挥自己才能的位置。我们创造的是这样一种文化氛围，你干好了，就会得到正激励与尊重；反之，干得不好，就会受到负激励。"同时张瑞敏解释说，之所以不叫惩罚而叫负激励，是因为其目的在于教育员工不再犯同样的错误，而不仅仅是简单地让员工付出点代价。

好的公司内部都有一种奖励文化，海尔也不例外。海尔公司对员工的奖励很讲究艺术性。《海尔企业文化手册》中明确规定了海尔的奖励制度：

海尔奖：用于奖励本集团内各个岗位上的员工对企业所作的突出贡献。

海尔希望奖：用于奖励企业员工的小发明、小改革及合理化建议。

命名工具：凡本集团内员工发明、改革的工具，如果明显地提高了劳动生产率，可由所在工厂逐级上报厂职代会研究通过，以发明者或改革者的名字命名，公开表彰宣传。

这些奖励无疑是一种激励的源泉。当获奖员工的新闻通过分发到每位员工手中的《海尔人》、领导讲话或闲聊传开之后，就会成为激励成千上万员工的强大力量。

海尔的案例是成功实现员工激励的典型，很值得现代企业管理者研究和借鉴。由此可见，管理者要想调动员工的积极性和主动性，就一定要做到"赏罚分明"。只有赏罚分明了，才能使员工口服心服，让员工产生更强的进取心，从而顺利完成企业的组织目标。

为了更好地贯彻赏罚分明的激励原则，管理者还要把赏罚制度化，使之成为一项完善的制度。现在有些企业赏罚分明还算做得到位，但赏罚制度却形同虚设。更有甚者，有些企业的赏罚制度朝令夕改，一天一个样。

据某报刊报道，某生产企业的员工工资是基本工资加计件提成。第一年生产效益良好，计件提成照章兑现。员工的工作积极性大增。第二年生产效益依然很好，但提成减半。员工的工作积极性大大受挫，致使企业效益严重下滑。该企业的管理者经过分析研究，在得知效益下滑是员工提成减半所致以后，立即补上了提成，并承诺以后计件提成会继续增加。员工的工作积极性立即有所提高。

由此不难看出，企业不仅要实施赏罚分明的原则，更要在实施过程中坚持始终如一的赏罚制度，绝不能朝令夕改。只有让员工相信你的赏罚政策是真实的、有保障的、牢靠的、长久的，才能解除他们的后顾之忧，使他们放心大胆地去积极工作，发挥他们的积极性和主动性，从而不断推动企业发展，使企业实现最大的效益。

用激将法"刺激"下属的斗志

明代哲学家王守仁说："天下事或激或逼而成者，居其半。"意思是说，天底下的大事业，有一半是被激或被逼出来的，即俗语所说的"请将不如激将"。在管理工作中，管理者若想激起员工的斗志，激发员工的潜能，与其苦口婆心地正面劝说，不如运用激将法，故意给员工一些刺激和贬低，从而激发员工的自尊心、自信心，以达到鼓舞和激励的目的。

激将法，原本是一种用刺激性的话使将领出战的方法，后来泛指用刺激性的话或反话鼓动人去做某事的一种手段，即利用对方的自尊心和逆反心理积极的一面，以"刺激"的方式，激起对方不服输的情绪，将其潜能发挥出来，从而起到激励的效果。

激将法属于一种负向激励方式，所以多适用于一些能力强，但心高气傲、自以为是的人。正确运用激将法可以激起他们不服输的斗志和不达目的誓不罢休的决心，从而起到有效的激励作用。

三国时期，曹操大兵压境，刘备手下别无良将，只有老将黄忠一人。虽然黄忠已经答应领兵抗敌，但诸葛亮对他此行能否成功并没有把握，所以诸葛亮适时使出了激将法，故意阻止黄忠出战。

诸葛亮说："老将军虽然英勇，但是夏侯渊绝非张郃之辈，他深通韬略，善晓兵机，是曹操手下的得力干将。曹操此次出兵不派别人，而单单派夏侯渊前来，可见夏侯渊是相当难对付的。黄将军虽然胜了张郃，却未必能胜夏侯渊。所以我打算派人到荆州去，把关将军（关羽）请回来，方可敌得过夏侯渊。"

诸葛亮这番话激起了老将黄忠的自尊心，他愤然回答道："当年廉颇八十高龄，还可以吃一斗米，十斤肉，诸侯因为害怕他的勇猛，所以不敢侵犯赵国边界，如今我黄忠还不满七十岁，军师怎么说我老呢？我请求不用副将，只消带兵三千去，一定能将夏侯渊的首级拿回来。"

事后，诸葛亮对刘备说："黄老将军不用激将法激他，即使出战也不能成功。"老将黄忠挥刀上阵之后，果然所向披靡，他先斩两员魏将，后又挥军掩杀数十里，大获全胜。

很多时候，有一些人就是喜欢"敬酒不吃吃罚酒"，不愿吃甜的，愿意吃辣的，认定一条死理，硬往牛角尖里钻。你磨破嘴皮子，他却一个字也听不进去。这时候，你不妨使用激将法，给他一个强烈的反刺激，这样往往能使你"柳暗花明又一村"，顺利地实现激励的效果。

某厂学徒工小赵提前定级出徒，比小赵先进厂的学徒工小蔡自以为进厂较早，而且学技术快，干活麻利，心里很不服气，于是冲着厂长发起了牢骚。厂长很了解小蔡，知道他虽然有思想疙瘩，但好胜心强，于是决定将计就计，他对小蔡说："你的技术的确不在小赵之下，不过在全年的生产竞赛中，人家五次夺魁，三次当亚军，两次居第三，一年干了一年半的活，而且总是脏活累活抢着干，再想想你自己，总是拨一拨，动一动，缺乏主动。"小蔡不吭声了。

厂长见激将法起了作用，于是接着说："你如果不服气，就干出个样子来给大家看看！""好！冲您这句话，我非干出个样子来不可！"小蔡坚定地表示。厂长的激将法果然灵验，小蔡的积极性和斗志全被激了出来，一年后他不仅跃入厂级先进行列，而且被评为全公司的先进工作者。

由此可见，在企业管理中，激将法是激励员工发挥潜能的最有效方法之一。但是，激将法不能随便乱用，否则很可能弄巧成拙。管理者在使用激将法时需要注意以下几点：

要把握好分寸和尺度

管理者要想在管理过程中成功运用激将法，一定要掌握好分寸和尺度，不能过急，也不能过缓。过急，欲速则不达；过缓，员工可能无动于衷，难以激起员工的自尊心，也就达不到激励的效果。此外，在使用时还要注意对象、环境及条件，绝不能滥用。

要因人而异

管理者在运用激将法之前，首先要掌握员工的心理和行为特征，比如，管理者要分析员工的心理承受能力有多大，思想觉悟有多高，心理偏差有多远，个性潜能将发挥到哪一层次等。即使不能做到全盘把握，也要有个大概的评估，这是决定激将法能否成功的关键。

对于那些明白事理，因为偶尔犯错或突然受挫以致暂时迷失方向、产生自卑感或自暴自弃的员工，激将法很容易达到激励的效果；对于那些心理承受能力比较弱，已经在挫折中"风雨飘摇"，甚至不堪一击的员工，如果再用激将法对他进行刺激，就很可能使他彻底崩溃；对于那些觉悟不高，自由散漫的员工，任凭你如何激他，他也很难被"激活"；对于那些自卑感根源于自身能力的缺失，而且自身潜能也确实有限的员工，激将法有可能产生一时的感染力，但这种被激起的自信就像昙花一样，很快会被他自己的实力不足击垮。所以说，管理者在运用激将法时，一定要因人而异。

从道义的角度去激员工

管理者在运用激将法时，常常可以从道义的角度去激员工，让员工感到不再是愿不愿意去干，而是应该、必须去干。这种方法在我国很有效，因为中国自古就有讲道义、重气节的传统道德文化，每个人的心中都有一面道义的旗帜。以道义激员工，恰恰触及了员工内心深处道义的"软肋"，从而有利于激励员工朝着正确的方向迈进。

让员工在竞争中成长

激励的目的在于奖励出类拔萃者，鞭策业绩平平者，以达到团队合力的最大汇聚。因此，管理者要想实现对员工的有效激励，必须把员工置于一个竞争的环境中，这样才能最大限度地激发员工的智慧和潜能。

我们通常理解的竞争是不同团队之间的竞争，其实团队内部同样存在着竞争，而且这种竞争十分必要，如果运用得当，这种内部竞争就会成为一种有效的激励，使团队成员为了实现团队目标而相互促进。

熟悉赛车的人都知道，法拉利车队之所以在 F1 车坛拥有霸主地位，是因为他们拥有两位优秀的车手：舒马赫和巴里切罗。作为车队的车手，他们的职责是共同合作，为车队赢得年度总冠军协同作战。但是，他们之间同样存在着竞争，这种内部竞争是鞭策他们不断超越对手、超越自我的一种激励，在 2002 年度世界一级方程式汽车锦标赛意大利蒙扎大奖赛上，巴里切罗就超越了舒马赫，一举夺得了冠军。

在一个组织内部，竞争是一种客观存在，在正确思想的指导下，这种内部竞争对调动组织成员的积极性有重大意义：它能增强组织成员的心理内聚力，激发组织成员的积极性，从而提高工作效率；它还能增强组织成员的智力效应，使组织成员的注意力集中、记忆状态良好、想象力丰富、思维敏捷、操作能力提高。此外，它还能缓和组织内部的矛盾，增强组织成员的集体荣誉感。因此，作为企业管理者，很有必要将这种竞争引入企业内部，使之成为激励员工的一种手段。

美国通用公司是率先提出内部竞争的企业，其董事长兼 CEO 杰克·韦尔奇说："我鼓励员工在工作上相互竞争，但不要有个人恩怨。我们的做法是将奖赏分成两个部分，一部分用于奖励员工在自己的业务部门的表现，另一部分用于奖励员工对整个公司发展的贡献。"当斯隆成为通用汽车的 CEO 时，竞争对手福特公司拥有美国汽车市场 60% 的份额，而通用则面临破产的危险。斯隆立即着手进行汽车的市场细分，例如将雪佛兰定位为大众车，而将凯迪拉克定位为豪华车，激励内部竞争，从而使通用汽车成功脱离了险境，并且获得了极大发展。

管理者要想成功实施竞争激励法，必须为员工提供公正、公平的竞争机会，力求让每个员工都能尽情展现自我才能。对于在竞争中脱颖而出的员工，管理者要及时给予他们"胜利的果实"，例如晋级、加薪等；对于在竞争中暂时落后的员工，也要及时给他们打气，并给予他们合理的指导或沟通，这样才能激起他们继续前进的勇气和"这次不行，下次再来"的进取心态，从而实现企业内部所有员工的全面进步，这就是竞争激励的终极目标，也是竞争激励的核心所在。

美国一家大型企业集团为了提高员工的积极性，采取了一种很有特色的激励方法：在员工内部进行评比，给评比优异者发一块"好家伙"的奖章，上面有公司老总的亲笔签名。员工每获得5块"好家伙"的奖章，就可以得到一个更高的奖励——晋升和加薪。颁发"好家伙"奖章时，公司不刻意安排专门的场合。授奖仪式也很简单：当颁奖的经理走进公司大厅并按响门铃时，所有员工会立即停下手头的工作，从各自的办公室走出来，然后由这位经理宣布"好家伙"的获得者："本人谨代表公司宣布，向××颁发'好家伙'奖章一枚，以表彰他在工作中做出的突出成绩。"大家热烈鼓掌，受奖人在掌声中接过奖章，仪式就此结束。

"好家伙"这个奖章名称不仅显得亲切，而且略带幽默感，加上整个颁奖过程比较简单，所以员工们不会很看重这个仪式，但却异常在乎这枚奖章，因为它代表着公司对自己工作的认可和肯定。事实上，这家公司不仅普通员工渴望获得"好家伙"的奖章，就是高级管理层也同样热衷于获得"好家伙"的奖章。因此，每位员工都努力工作，奋力争先，以求得到该奖章。一位新晋升的公司副总裁在布置他的办公室时，郑重其事地将他的第5枚"好家伙"奖章钉在墙上，望着下属，他有点不好意思地说："看惯了'好家伙'，不挂起来就感觉挺不自在！"

著名管理学家利昂·弗斯廷格认为，追求成功和满足是人的一种本能，但是人们通常不是用绝对标准来衡量自己的成绩，而是想方设法、竭尽全力去和别人进行比较。所以说，鼓励内部竞争会给员工带来压力，进而产生激励作用，使员工更加积极努力。

有竞争才有压力，有压力才会有动力，有动力才会有活力。管理者把竞争引进企业内部，培养员工的竞争意识，能有效地激励员工，激发他们的工作积极性，让企业上下呈现一片你追我赶、奋勇争先、生机勃勃的"繁荣"景象。这是管理的艺术，也是企业取得成功的关键。

没有危机就没有动力

> 美国旅行者公司首席执行官罗伯特·薄豪蒙说："我总是相信，如果你的企业没有危机，你要想办法制造一个危机，因为你需要一个激励点来集中每一个员工的注意力。"作为管理者，可以运用危机激励法，适当创造一点儿危机感，给员工提供一些动力。

所谓危机激励法，就是企业管理者要不断地向员工灌输危机观念和危机意识，让他们清楚地了解企业生存环境的艰难，以及由此对他们的工作、生活带来的不利影响，这样往往能激励他们自动自发地努力工作、积极进取。

古语云："安而不忘危，治而不忘乱，存而不忘亡。"尽管这是治国安邦之策，但对于企业的管理同样适用。日本著名企业家松下幸之助在总结其企业成功的经验时，特别强调：长久不懈的危机意识是使企业立于不败之地的基础。在这方面很多成功企业是极为相似的：比尔·盖茨曾经告诉他的员工："公司离破产永远只有 18 个月。"华为创办人、首席执行官任正非时刻不忘提醒员工："华为的冬天很快就要来临！"惠普公司原董事长兼首席执行官普拉特不断强调说："过去的辉煌只属于过去而非将来。"可口可乐公司实行"末日管理"，三星电子的经营秘诀是"永远抱有危机意识"等。其核心内容都是通过"人为"地制造"危机"，使员工树立忧患意识，产生危机感和责任感，居安思危，不断进取。

从企业管理的角度上来说，培养员工的危机意识是一种有效的激励手段。作为企业的管理者，对危机的感受往往是直接而深刻的，但作为企业的普通员工，并不一定就能感受到这些危机的存在，特别是那些不在市场一线工作的员工。在稳定、安逸的工作环境中，很多员工都会像温水中的青蛙一样，容易滋生安乐思想，他们认为自己工作稳定，收入稳定，高枕无忧，工作热情日渐衰退，缺乏积极性和进取心，从而导致工作效率低下，企业竞争力也随之降低。因此，企业管理者很有必要向员工灌输危机观念，树立危机意识，让员工感到如果今天工作不努力，明天就有努力找工作的压力，从而使员工重新燃起工作的激情。同时，危机意识也有助于员工树立良好的团队精神，从而与企业休戚与共。

麦卡米克是美国一家著名企业，在该企业的发展历史上曾经历过濒临倒闭的经济危机。它的创始人 W. 麦卡米克是个性格豪放、江湖气十足的管理者，但他的思想观念和工作方法却与时代严重脱节，在他的管理下，企业被搞得一塌糊涂，很不景气。面对困境，W. 麦卡米克不得不宣布裁员，并对所有员工减薪一倍。几天后，W. 麦卡米克因病去世，他的外甥 C. 麦卡米克继任了他的职位。

C. 麦卡米克一上任，就立即向全体员工宣布了一项同 W. 麦卡米克截然相反的措施："从本月开始，所有员工的薪水增加一成，工作时间适当缩短。大家应该清楚，我们企业生死存亡的重任就落在诸位的肩上，希望大家同舟共济，共渡难关！"

员工们顿时惊呆了，他们几乎不敢相信自己的耳朵：几天前还说要减薪一倍，如今反而加薪一成，工作时间还要缩短！当员工们确定这项决策千真万确以后，立刻对 C. 麦卡米克的新政表示由衷的感谢。

就这样，全体员工士气大振，上下一心，和衷共济，在短短一年时间内就扭亏为盈，渡过了难关。

由此可见，让那些充满恐惧的员工获取安全感的最佳途径和最好方法，就是帮助企业实现最关键的目标。管理者应该时刻惕厉员工，如果他们不努力工作，就不会有企业的繁荣，也就不会有稳定的工作和收入。只有在这种危机观念中，员工才能摒弃懈怠心理和安乐思想，时刻提醒自己奋发图强，努力工作，积极进取。

一个缺乏危机意识的民族，注定是一个没有希望的民族。一个缺乏危机意识的企业，注定是一个没有希望的企业。对企业来说，最大的危险就是没有危机意识。实践证明，但凡成功的企业，都是注重危机意识的企业，比如海尔集团以"永远战战兢兢，永远如履薄冰"为生存理念，从而使海尔保持了蓬勃向上的发展势头；小天鹅实行"末日管理"战略，坚守"企业最好的时候，也就是最危险的时候"的理念，从而做到了居安思危，防患于未然。

那么，企业管理者如何运用危机激励法有效激励员工呢?

向员工灌输企业前途危机意识

企业管理者要告诉员工，企业已经取得的成绩都只是暂时的，而且已经成为历史，在竞争激烈的市场大潮中，企业随时都有被淘汰出局的危险，要想避免这种命运，方法只有一个，那就是全体员工齐心协力，努力工作。唯有如此，才能使企业更加强大，永远立于不败之地。

向员工灌输他们的个人前途危机

企业的危机和员工的个人危机紧紧连在一起，因此，所有员工都要树立"人人自危"的危机意识，无论是企业管理者还是普通员工，都应该时刻具有危机感。管理者要让员工明白"今天工作不努力，明天就得努力找工作"的道理。员工一旦在这方面达成了共识，自然就会主动营造出一种积极向上的工作氛围。

向员工灌输企业的产品危机

企业管理者要让员工明白这样一个道理：能够生产同样产品的企业比比皆是，要想让消费者对本企业的产品"一见钟情""情有独钟"，就必须使产品有自己的特色。所谓特色，就是可以提供给消费者别人无法提供的特殊价值，即"人无我有，人有我优，人优我特"。

危机激励不可随便乱用

对企业来说，危机激励就像一颗炸弹一样，虽然威力无比，却不可以盲目地投掷，对员工狂轰滥炸。否则，不但不能开发员工的潜能，还有可能将他们"逼入死角"。也就是说，虽然危机可以激发员工工作的积极性，但并不是所有员工都愿意面对这种危机。尤其是对能力较差的员工而言，危机就像一朵"带刺的玫瑰"一样，诱人却不可触及。危机会使员工感到自己的无助和无能。可想而知，当危机到来时，他们一定是企业里心情最糟糕的人。因此，作为管理者，不能随便使用危机激励法，而应该因人而异，区别对待。

危机作为一种压力，能促使员工利用他们全部的积极性和创造性解决管理者交代的问题，给他们更多的自信，鞭策他们不断运用自己的积极性把工作做好。因此，管理者要想有效地鞭策和激励员工，开发员工的积极性和创造性，最好的方式之一就是适当地给予他们危机。

第5章

提高执行力，

操控要"令出必行"

当管理者向下属发出某项指令或推行某项任务时，如何才能让下属不产生逆反心理，不会拿管理者的话不当回事或者敷衍了事，而是严格按照自己的意愿有条不紊地去执行、去实施，这是一门大学问。这门学问的关键是管理者必须洞悉下属的心理，知道下属对于管理者命令的心理反应，从而有针对性地避开他们的逆反心理，迎合他们的情趣，以确保令出必行。

管理者树立威信的六大法宝

  "兵熊熊一个，将熊熊一窝"，管理者能否树立威信，对于企业的影响是直接而深远的，是决定成败大局的关键所在。威信可以说是管理者身上的光环，失去了它，再有能力的管理者在员工眼中也显得一无是处、暗淡无光。

  管理者要保证自己的命令能够得到贯彻和执行，首先必须在下属中树立威信，在下属心中产生一种强有力的震慑力，让他们对自己的命令不敢漠视、违抗甚至随意篡改，即管理者必须能镇得住下属。

  管理者在下属中如果缺乏威信，将是一件非常糟糕的事。因为管理者与员工不同，员工只要干好自己的本职工作就行了，不需要借助威信去带领别人做什么。而管理者就不一样了，管理者如果不树立威信，就无法起到"领头羊"的作用，从而无法依靠员工取得成功。

  那么，威信究竟是什么呢？威信包含着威望和信誉，是管理者身上无形的威力，是每一位管理者必须具备的素质和资本。管理者拥有威信，就会像老虎一样威风八面，人见人畏，它不仅关系到管理者个人的成败，更影响着企业团队的士气、凝聚力、战斗力和前程。

《辞海》上说："有威则可畏，有信则乐从，凡欲服人者，必兼具威信。"

威信是一种大品格、大诚信、大能力、大智慧、大勇气，是一种人格魅力。

真正成功的管理者，从来不是靠权力去管理下属，而是靠人格魅力的影响来构筑自己的威信。因为对真正有威信的管理者来说，权力只是摆设，一般都是放在一边，很少使用。如果管理者只懂得用手中的强权发号施令，而不注重威信的培养和树立，那么结果是非常可怕的。

某公司老板徐先生每逢周一必开员工全体会议，但多为"一言堂"。短则十几分钟，长则一两个小时，末了他还会象征性地问一句："谁还有话要说吗？"

刚开始，偶尔有人会说上几句。但是说完之后，徐先生肯定会抓住语机，又来一通训示。久而久之，就没有人敢再发言了，于是，周一例会便成了真正的"一言堂"。

次数多了，徐先生决定换一种开会方式，他说："今后每周一开例会，我们要实行民主制，由各位同事主讲，我少说话或不说话。下周一先由××主讲，下周一会后再安排下下周一例会时的主讲人，这样循环往复，形成制度。"

但是这种所谓的民主开会制度仅仅坚持了两周，第三周的例会又恢复了常态，因为在这两周的例会上，徐先生总是有感而发，一说起来就没完没了，于是"民主例会"又变成了"一言堂"。

徐先生不满于会场现状，常常生气发怒，声色俱厉，有些自觉是关键性的指示，一而再、再而三地强调，但就是无法引起员工们的共鸣，会后员工们依然我行我素。于是，徐先生在下次例会上又生气又发怒，但始终不见效果，如此慢慢形成了恶性循环……

弘一法师说："威不足而多怒，信不足而多言。"这两句话正好言中了故事中徐先生的要害。古人云："声色之于化民也，末也。"意思是说，用厉声厉色去教化百姓，是最拙劣的行为。一个管理者如果只知道对下属疾言厉色，这是管理的下下之策。

如果管理者懂得用明德教化员工，根本就用不着大声呵责员工。因此，像徐先生这样的管理者，应该多用心体会一下"威信"二字。

作为管理者，如果在下属中树立了威信，只要你一开口，下属们就会立即噤声，洗耳恭听，你根本无需过多重复，更用不着动怒。

那么，管理者应该如何认识并建立自己的威信呢？

以"德"树威

以"德"树威，即管理者要注重修心立德，注重非权力影响，注意修炼自己的高尚品德。良好的品德是职场中永不过时的通行证，它能散发出一种自然魅力，是一种让员工在不知不觉中被影响的力量。管理者如果能做到言正、行正、身正、心正，一身正气，一定能赢得员工的敬重和爱戴，成为员工的贴心人，从而在无形中提高管理的执行力。

以"公"立威

一个管理者是为"公"，还是为"私"，是为员工、为企业，还是为"个人"，是决定人心向背的最关键因素，也是检验一个管理者作风是否正派的试金石。管理者在企业管理工作中，比如在对中基层领导的选用、员工的福利待遇及对人事处理等方面，一定要切实做到公开、公正、公平、公道，做到对事不对人，"一碗水端平"，不徇私情。此外，管理者还要注意在用人上做到任人唯贤，不搞任人唯亲，坚决杜绝裙带关系，抵制和纠正用人上的不正之风。唯有如此，才能赢得员工的认可和尊重，继而树立自己的威信。

以"诚"取威

诚，即诚实、守信，这是对管理者最基本的要求，也是中华民族最引以为傲的传统美德。无数的历史事实证明：人无诚信不立，家无诚信不和，业无诚信不兴，国无诚信不宁。一个民族诚实守信，才能跻身于世界民族之林；一个国家诚实守信，才能为国际信服；一个管理者诚实守信，才能为下属拥护。

诚信第一个方面的内涵是践诺，即践行承诺，说到做到，绝不能说一套做一套，对企业的管理者而言尤其如此。

诚信第二个方面的内涵是不欺。不欺是指不自欺，更不要欺人。那么，什么叫欺人呢？马云说："对于下属，不能说的可以不讲，但绝不能说谎！"说的正是此意。

诚信第三个方面的内涵是信任。管理者尤其是"一把手"，一定要对下属予以充分的信任，这样下属才能放开手去工作，并且对管理者充满敬佩之情。

管理者绝不能对下属不讲诚信，更不能对下属在提拔上压着、相处上挑着、交往上冷着、关系上僵着，否则必将失去民心、失去威信。

以"能"添威

所谓"能"，是指管理者的领导能力，包括管理能力、沟通交际能力、思想教育能力、宣传鼓动能力、用人处事能力、观察分析能力、创新开拓能力等诸多方面。

管理者能力的强弱，往往决定着威信的高低，能力强的管理者往往能维护好下属的团结，发挥出团队的战斗力，调动起团队成员的积极性，并且能使团队中的每个人都佩服他、信任他、服从他。所以说，管理者有能力才能服众。

以"绩"固威

管理者在工作上凭借自己的努力和聪明才智，创造出骄人的业绩，必定能树立自己在员工面前的威信，因为业绩是实力的标志和象征，唯有创造出出色的业绩，才能赢得下属的信任和支持。在美国 NBA 闯天下的姚明，刚进入球队时，队友根本不把球传给他。为什么？因为他球技不行，队友不信任他。但是随着球技的不断提升，姚明在比赛中不断创造出优秀的业绩，最终赢得了队友的信任，从而成了火箭队的卓越领导者。

以"和"凝威

所谓"和"，是指管理者要与下属"打成一片"，以情带"兵"。"和"有以下三种内涵：第一是"宽"，即要求管理者对下属要"动之以情，晓之以理，导之以行"，进行"软"处理；第二是"狠"，即要求管理者对一切违反原则的人要绳之以"法"，管理者自己也不能例外，这样才能在下属中树立威信；第三是"爱"，作为一个现代企业的管理者，必须要有爱心，有一点人情味。例如，管理者在批评员工时，一定要讲究方式方法，这样才能让员工愉快地接受批评，把事情办得合情合理。

因此，管理者要善于"和"人，这样才能增强员工的凝聚力和战斗力。

作为企业的管理者，一定要在日常的管理工作中不断以上面的 6 个标准衡量自己、要求自己、提高自己，这样，你说的话员工才会听、才会信、才会服，你才能在工作中虎虎生威！

管理者修炼"软权力"的六大绝招

管理者是企业的"舵手"和"领头羊"，肩负着重要而艰巨的职责，所以必须拥有硬权力，同时行使好自己的软权力。只有有了硬权力，才能大胆地做出决策，才能向员工发号施令；同时只有有了软权力，才能带好队伍，激励大家同舟共济，在波涛汹涌的市场大潮中驶向胜利的彼岸。

管理者的权力可以分为两种，一种是法定的或组织章程中赋予的权力，是有形的权力，也是管理者拥有的一种强制性手段，这种权力叫作硬权力。

另一种是无形的权力，与管理者个人的品格、才能、知识、资历、风格等因素有关，这种权力叫作软权力。

通常情况下，行使软权力对管理者要求更高一些，而行使硬权力相对容易一些。所以，很多管理者更倾向于选择使用硬权力，而较少使用软权力。

但是，硬权力却有很多难以避免的缺陷和弊端，比如，下命令是最常见的硬权力使用方式，基于人天生就不喜欢被命令的天性，使用硬权力难免会触犯员工的逆反心理：如果员工认为你的命令合情合理，或许会按照你的命令去执行；但如果员工认为你的命令不合理，他很可能会选择不听你的，这样你的命令就无法得到贯彻执行，从而影响你的威信，就算在你的强权高压下，员工不得不遵从你的命令，你也会因此失去人心。

因此，要想成为一名优秀的管理者，应该多使用一些软权力，少使用一点硬权力。

对任何一个管理者而言，掌握软权力都不是一蹴而就的，而是一个逐渐培养的过程，也是一个不断学习、不断提高、不断培养自己人格魅力的过程。因此，只有善于学习、善于沟通、注重道德品行的管理者才能真正拥有软权力。

具体而言，管理者要想拥有软权力，应该从以下几个方面入手：

去影响具有 "影响力" 的人

管理者首先需要掌控住企业中的业务骨干。因为在企业中，业务骨干是最让大家信服的。管理者如果把业务骨干牢牢掌控住了，其他员工就会 "不战而降"。管理者要想收服业务骨干，通常需要拿出一些真本事来。因为业务骨干自恃业务能力强，往往对夸夸其谈的上司 "不感冒"，管理者只有秀出自己的真本事，才能让他们低下高贵的头。

敲山震虎树"官威"

管理者要想树立自己的"官威",最好不要大张旗鼓地为自己宣传,那样很可能招致员工的反感。管理者应该学会用委婉的方法树立"官威",比如"敲山震虎"。

在某企业,老板赵总就习惯用这种方法。在每次的部门例会上,针对有可能出现的问题,赵总都会列举其他一些成功企业的做法,以起到警示的作用,预防员工们犯类似的错误。例如,当发现一个员工的销售业绩直线下降,迟到早退现象增多时,他通常不会立即找这名员工谈话,而是在例会上说出其他一些企业对迟到、早退的惩罚措施,并声明自己要借鉴这些措施。自此以后,那名员工不仅没有再迟到、早退,而且因为赵总没有直接批评他,一直对赵总心存感激。

给员工一个清晰的目标

员工只有清晰地知道目标,管理者的命令才能有效地被执行。那么,管理者如何让自己的命令有清晰的目标呢?不妨看看下面两种命令方式。

第一种命令方式:"小赵,告诉你的团队,如果本季度能出色地完成销售任务,公司会给大家提供丰厚的奖励!"这种命令方式属于暧昧不明型,公司希望员工加油到什么程度?公司到底希望员工取得怎样的工作成绩?员工心里根本没底,不知道该从何下手,而且,在这种命令方式下,员工对奖励不会有直接的感受,根本起不到激励作用,员工很可能会把奖励承诺当成一句上司的客套话来听,不会认真考虑。因此,这种命令不可能得到管理者想要的结果。

第二种命令方式:"小赵,本季度实现100万的销售利润是公司额定的目标,如果你能带领你的团队超额完成这个目标,公司将从超额部分抽取20%,对你和你的团队进行奖励。"在这种命令方式中,管理者对销售目标进行了数字量化,使目标更加清晰化,而且对奖励的具体数额做了规定。这样一来，员工就会认识到，这个命令是上司经过深思熟虑下达的，一定要认真对待，而且奖励如此丰厚，一定得加油干！

因此，管理者必须抛弃暧昧不明的目标命令，因为清晰、可量化的命令才更有效。

定期检查，让命令有理有据

有句话说得好，即使风筝已经飞起来了，也要随时根据风向收线和放线。

管理者下命令也是如此。命令下达以后，管理者还需要在执行过程中进行定期检查，这就是时下流行的"过程管理"。因为员工一般都有"不需要检查的工作不做"的陋习，管理者布置的任务，只要没说哪天检查，一般完成率不会很高。

张先生在一家民营企业做销售经理。刚进公司时他发现，公司只对员工们有每月销售额的规定，员工们每天的工作没有计划性，想起哪家客户就联系哪家客户，员工之间的客户还经常重合，所以整体销售业绩很差。于是，张先生果断采取措施，让每个员工按照省份和行业划分责任区，杜绝客户撞车情况的发生。并且规定：每个员工每天必须找 20 家客户，当天联系，并把每家客户的联系情况填写在 excel 表格里。下班以后，张先生一个个地进行检查。第二天上午，张先生还会挨个把员工叫进办公室，对有疑问的客户，详细询问联系的情况。由于张先生问的问题异常细致，常常把员工们问得哑口无言。这样一来，员工们就不敢再为了交差而敷衍了事。

一个月下来，不仅每个员工都积累了上百家潜在客户，销售业绩也得到大幅度提升，而且，员工们对张先生这个上司更加敬佩了。

以身作则——主动承担该承担的事情

管理者之所以是管理者，是因为管理者比下属承担的责任更重大。当下属遇到不能解决的问题时，作为管理者应该挺身而出，对下属进行有效地指导和帮助。

这样下属才会买你的账，认为你是个合格的管理者，自然会对你的命令会认真地执行。

王先生在一家公司任销售总监，手下的 20 几个业务员没有一个能凭自己的能力签单的，公司的单子基本上都是大老板自己签成的。

因此，员工们对公司的销售模式以及所销售的产品产生了怀疑，消极怠工和打退堂鼓的人有很多。为了增强员工的信心，稳定军心，王先生亲自拉单，并在半个月内签成了一笔大单，而且专门召开了会议，向下属们详细地讲述自己每一个步骤是怎样做的，为什么要这样做，做的时候应该注意什么等。王先生的以身作则，不仅增强了下属的信心，而且增强了自己命令的权威性，下属们对他的命令言听计从，全力配合。不久，整个部门的销售业绩有了大幅度提高。

刚柔并用

做有震慑力的团队领导是每个管理者都希望的，但有时也难免会因为"刚性"过强而令"权杖"折断。因此，建议管理者要适当地刚柔并用。比如，管理者应该和善地对待下属的牢骚和不满。下属也是有血有肉的凡人，他们有时可能会对管理者不满，向管理者发牢骚，或对管理者产生各种想法。这时，管理者不能简单粗暴地认定下属侵犯了自己的权威，更不能对下属"一棍子打死"。下属有了不满和牢骚，管理者首先应该分析一下，他们为什么会有这样的不满和牢骚，作为领导应该对这些不满和牢骚负什么责任，自己怎么做才能把下属的不满和牢骚平息。

总之，管理者只有懂得以柔克刚、刚柔并用，而不是单纯地"以暴制暴"，才能得到下属由衷的敬重，从而使自己的命令得到有效执行。

铁的纪律——令出必行的基石

纪律是一切制度的基石，一个企业或团队要想获得长久的发展，最重要的维系力就是纪律。没有纪律，企业或团队注定只是一盘散沙，不会有任何凝聚力和战斗力。

纪律的维系力是通过严格的执行来完成的。正所谓 "慈不掌兵"，作为管理者，就应该坚持令出必行的原则，令出必行才能保证管理的成功。虽然令出必行的结果可能是得罪某些不服管教的下属，但如果你的政策、制度或指令推行不下去，那你的企业运行就会遭遇阻碍或挫折，这绝对是得不偿失的。这就是我们通常所说的机会成本（是指为了得到某种东西而要放弃另一些东西的最大价值），它运用的就是经济学中最常用的一种理论——博弈论。其实，只要管理者是真正客观公正地执行自己的政策、制度或指令，做到纪律面前人人平等，那么肯定会赢得下属的尊重，这样一来，令出必行就不再是难事。

《左传》上有一则 "孙武练兵斩姬" 的故事：春秋时期，有一次孙武去见吴王阖闾，与他谈论带兵打仗之事，说得头头是道。阖闾心想："纸上谈兵显示不出真本领，我不妨用实战演练考考他。"于是，阖闾出了个难题，让孙武替他操练姬妃和宫女。孙武挑选了100 名宫女，并让阖闾的两个宠妃担任队长。

在操练场上，孙武将列队操练的规则要领讲得清清楚楚，但正式喊口令时，这群女人嘻嘻哈哈，笑作一团，根本不听孙武的口令。孙武只好把操练要领重申了一遍，并命令阖闾的两位宠妃以身作则。但当他再次发出口令时，宫女们还是嬉笑不止，两个当队长的宠妃更是笑得前仰后合。孙武严厉地呵斥道："这里是演练场，不是王宫；你们现在是军人，不是什么王妃、宫娥；我的口令就是军令，不是玩笑！两名队长带头不听指挥，就是公然违反军纪，必须以军法处置！来人，拖出去斩了！"说完，便叫武士将阖闾的两位宠妃杀了。

场上顿时鸦雀无声，宫女们一个个吓得大气都不敢出。当孙武再一次发出口令时，她们步调整齐，动作划一，很快便成了一队训练有素的"军人"。孙武派人请吴王阖闾来检阅，阖闾正为失去两位宠妃而伤心难过，扼腕惋惜，根本没心思看宫女操练，只是派人告诉孙武："先生的带兵之道我已经心悦诚服，由你指挥的军队一定纪律严明，战无不胜。"

做人难，做个优秀的管理者更难。作为企业的管理者，常常会遇到孙武这样的难题，在推行某些政策、制度或指令时，因为某些原因而无法顺利执行。正所谓"'火炉'面前人人平等，谁摸谁挨烫"，孙武从军纪严明出发，没有因为两位队长是吴王阖闾的宠妃而网开一面，从而保证了军法的平等性，换得了令出必行的效果。治军如此，管理企业也应如此。

环顾全球，那些在事业上有卓越建树的企业家，有相当一部分并不是出自商学院，而是出身于军队。据美国商界统计，第二次世界大战以后在世界500强企业中，西点军校培养出来的董事长有1000多名，副董事长有2000多名，总经理、董事一级的有5000多名。在美国还有"蓝血十杰"的故事：美国的福特汽车在1945年由于经营管理不善出现了严重亏损，亨利·福特二世大胆起用以查尔斯·桑顿为首的10名青年退伍军官，这10名退役军人为福特汽车公司建立了科学的管理制度，为企业管理输入了新的理念——铁的纪律，从而使福特汽车再振雄风。由于这些人在管理上的建树，他们当中先后出现了两任国防部部长，两任世界银行CEO，两位著名的商学院院长，6位企业CEO，因此被誉为"蓝血十杰"，成为美国现代管理学之父。

20世纪90年代，被誉为"世界第一CEO"的杰克·韦尔奇决定：每年选拔 200 名退伍军人充实通用公司的中下层管理队伍，并且制定政策，让公司各层管理者逐批到西点军校受训。在我国，排名 500 强的企业中有军人背景的总裁、副总裁就有 200 多人，比如联想的柳传志、海尔的张瑞敏、华为的任正非、万科的王石等。为什么有军人背景的管理者容易在管理界出人头地呢？因为他们在军队里铸就了铁的纪律，并把它运用到了企业管理中。

无论在哪一个国家，军队都是最有效率的组织之一。在美国的西点军校，学员们在遇到学长或军官问话时，只能回答："报告长官，是"；"报告长官，不是"；"报告长官，我不知道"。除此之外不能多说一个字。为什么会这样呢？因为军队强调纪律，强调无条件地服从，不需要任何借口，西点军校最重要的行为准则就是"没有任何借口"。

在一些企业里，有些员工没有完成工作任务，不但不懂得从自己身上找原因，反而会找各种借口，试图推卸责任；有些员工迟到了，会寻找各种客观理由，比如堵车、闹表坏了等，试图把自己的责任推得一干二净；有些员工给企业造成了损失，也千方百计地找借口推脱责任，尽可能将自己放到无辜者的位置上……于是企业也奈何不得他们，因为他们总有理由证明自己是无辜的。然而，在汹涌澎湃的市场上，谁也不会认为你们的企业是无辜的，该淘汰你时会毫不犹豫地将你淘汰出局。因此，为了企业不被市场淘汰，管理者把"没有任何借口"引入企业管理是十分必要的。

在企业管理中，纪律是执行力最有力的保障，是令出必行的基础。对企业而言，没有纪律便没有了一切。只有做到纪律面前人人平等，才能保证各项工作正常运转，才能让各个部门有章可循，让每一个员工按部就班，进而才能提高管理效率，提高执行力。因此，制定严格的纪律，从而使企业的运行有"法"可依，是每个管理者必须重视和考虑的问题。但是，纪律如果不能得到严格执行，就会比没有纪律更差劲——令出不行是企业管理最糟糕的败笔。所以说，严格的纪律加上高效的执行力，才是管理成功的保证。

每个企业都应该有自己铁的纪律，任何人触犯了都要严惩不贷。只有这样，才能达到令出必行的管理效果。

"从众效应"让你"不令而行"

管理者只有懂得合理利用从众效应，积极引导和实现其积极影响，尽量避免和消除其消极影响，才能在无形中提高员工的自觉性和执行力，从而促进企业稳定、快速、健康发展。

从众效应，也称"乐队花车效应"，是指当个体受到群体的影响引导或施加的压力时，会不自觉地怀疑并改变自己的观点、判断和行为，继而朝着与群体中大多数人一致的方向变化。简言之，就是通常人们所说的"随大流"。

从众效应源于美国心理学家所罗门·阿希设计的一个实验：1952年，所罗门·阿希请来几个大学生做他的被试（即实验对象，接受主试发出的刺激并做出反应），并且告诉他们这个实验是研究人的视觉情况的。当其中一个来参加实验的大学生走进实验室时，他发现已经有5个人先坐在那里了，他只能坐在第6个座位上，事实上他并不知道，那5个人是已经跟阿希串通好了的假被试，即所谓的"托儿"。后来，又陆续进来了很多真被试。

阿希让所有被试做一个很简单的判断——比较线段的长度。他拿出一张画有一条竖线的卡片，然后让他们比较这条线和另一张卡片上的3条线中的哪一条线等长。判断总共进行了18次。事实上，这些线条的长短差异是很明显的，正常人看一眼就能做出正确的判断。

然而，就在两次正常判断之后，5个实验"托儿"故意异口同声地说出了一个错误的答案。于是很多真被试开始迷惑了：是应该相信自己的眼力，还是说出一个和其他人一样，但自己心里却认为不正确的答案呢？

从实验的最终结果来看，平均有33%的人的判断是从众的，有76%的人至少做了一次从众性的判断，而在正常情况下，人们做出错误判断的可能性还不到1%。当然，还有24%的人一直没有从众，他们根据自己的眼睛所视做出了正确的判断。这就是著名的"从众效应"。

如果对从众行为进行具体分析，可以得出以下三种表现形式：第一种是表面服从，内心也服从，即所谓的口服心服；第二种是出于无奈只得表面服从，违心从众，即所谓的口服心不服；第三种是完全随大流，根本谈不上服不服的问题。

就从众心理的客观影响来看，从众行为既有积极意义，也有消极意义，这主要视从众行为的具体内容而定。企业中的从众行为也是如此。研究员工的从众行为，对于优化群体结构，利用从众行为的积极影响，防止其消极作用，具有十分重要的意义。

在大多数情况下，员工的从众行为都带有不同程度的盲目性。他们的从众行为既有口服心服的"真从众"，也有口服心不服的"假从众"。"真从众"往往是由于提出的意见或建议正好符合本人的心意，或者自己原来根本没有固定意向，或者心里抱着"少数服从多数绝对不会错"的随大流思想；"假从众"则往往是由于碍于情面或者害怕受到来自于群体的指责和惩罚。这种违心的从众现象，在企业员工中很常见。

美国霍桑工厂的实验很好地说明了这一点：工人们对自己每天的工作量都有一个标准，每当完成这个标准以后，他们就会明显松懈下来。因为任何人超额完成都可能使管理人员提出更高的任务标准，所以，几乎没有人去打破这个日常的标准。因为一旦超过了这个标准，就等于冒犯了众人；但如果达不到这个标准，又会有"磨洋工"的嫌疑。因此，任何人超过标准或低于标准都会被提醒，都有被抛弃的可能。为避免遭到被抛弃的厄运，工人们便不敢去"冒天下之大不韪"，而只能采取"随大流"的做法。

由此可见，对企业中的从众行为进行正确的引导和管理非常必要。为实现从众效应的积极作用，企业管理者应该为员工制定一套严格的行为规范制度，营造一个和谐、健康的工作环境，多树立一些先进典型模范人物，加大对企业中好人好事的宣传力度，对优秀员工或部门给予积极的奖励。在这种良好工作氛围的影响下，在模范人物光辉形象的引导下，员工就会在不知不觉中受到感染和熏陶，自觉地遵守工作规章制度，维护和谐、健康的工作氛围，从勤奋努力的"众"，随严肃认真的"流"，这样一来，从众效应的积极作用就实现了。

为避免从众效应的消极影响，防止员工盲目随大流，从而压制员工的积极进取精神和创新意识，企业管理者应该鼓励员工在保证安全作业的前提下，为企业减少成本、增加经济效益积极提出改进方案和合理化建议，培养员工敢于突破、勇于创新的工作精神。这就需要企业管理者善于发现员工的优势和专长，积极发掘员工各方面的天赋和潜能，为员工提供一个充分施展自我的舞台。

杀一儆百——提高执行力的最有力手段

> "杀一儆百"是手段，"令出必行"是目的，管理者只有学会适当运用杀一儆百的管理手腕，才能起到震慑下属的作用，从而达到令出必行的效果！

杀一儆百是一种驾驭人的手段。在意见纷纭、政令不通、工作受阻的情况下，为使法令得以贯彻执行，杀一儆百的严厉手段是必不可少的。自古以来，政令的推行都是如此。在历代统治阶级及领导人的管理方法中，杀一儆百是最常使用的方法，因为它的作用远远胜过其他统治方法。

姜子牙辅佐周武王灭商建周之后，打算搜罗一批有才之士为国家效力。齐国有一个叫狂橘的人，才学出众，在地方上颇受推崇，很有名望。姜子牙慕名，打算请他出来为国效力，但拜访了三次，都吃了闭门羹。姜子牙便命人把他杀了，周公对此大惑不解，于是问姜子牙："狂橘是一位才学超卓之士，不求富贵显达，自己掘井而饮，耕田而食，正所谓隐者无累于世，为什么把他杀了？"

姜子牙说："四海之内，莫非王土，率土之滨，莫非王臣。如今正是天下大定之际，人人都应该为国家出力。只有两个立场，不是拥护就是反对，绝不容许有犹豫或中立思想存在，如果人人都像狂橘这样，那天下还有什么可用之民？我把他杀了，目的就在于杀一儆百、以儆效尤！"

果然，杀了狂橘之后，对周朝怀有异心的人都不敢再自命清高了，纷纷表示愿意为国效力。

姜子牙的做法很正确，为了树立统治者的权威，对于不肯合作、心怀鬼胎的人必须严惩不贷，这样才能起到杀一儆百、改变社会风气的作用。

在企业管理领域，杀一儆百的手段主要适用于组织纪律的执行上。一个单位要有组织纪律，这只是高效执行力的开始。有纪律还要不折不扣地贯彻执行下去，这才是真正有效用的纪律。因此，如何规范组织纪律，如何提高组织纪律的贯彻执行力度，是每一个管理者应该考虑的问题。杀一儆百就是一种贯彻执行组织纪律的有力手段。

刘先生在一家民营企业做营销经理。一次，他接手了一个极其散漫的团队。接手之前，刘先生就听说这个团队里的每个人各行其是，对组织纪律视若无物。于是，刘先生首先召开了一次全员会议，时间定为早上9点。事先刘先生一再告知，准时非常重要，因为不准时会浪费大家的时间，并且迟到者会被罚站开会，以向准时者道歉，不管他的学历和职位有多高。结果真有几位员工被罚站开会。自此以后，大家都知道刘先生说到做到，所以很少有人再违反纪律了。

组织纪律是要大家来严格遵守的，只有对违反纪律者严加惩处，才能明确组织的威信，确立组织的纪律，从而提高组织的执行力。

当然，杀一儆百也不能走极端，杀一儆百并不意味着非得用野蛮、暴力的手段对员工进行严惩，否则，不但起不到杀一儆百的作用，还有可能激起员工的抵触甚至仇恨心理，这样的管理无疑是失败的。

一家私企的三名女员工在办公室里偷偷嗑瓜子，不料却被老板抓了个正着，老板很生气，后果很严重——老板罚她们三个人吃10斤瓜子，吃不完不准下班。事后，这位老板振振有词地说："管理员工不狠一点不行。现在的员工都很难管，只有杀一儆百，才能让员工服气。"

试问：这种所谓的杀一儆百真的能让员工信服吗？其实不然，野蛮、暴力的处罚只会让管理者的形象受到更严重的损害，员工们的心里只会多一份抱怨和不满。尽管故事中的老板采取的处罚方法没有语言暴力，也不用大发雷霆，但它是以损害员工健康和尊严为代价的，这样做不但有违人性化管理，而且很容易导致劳资双方的极端对立情绪，员工一旦无法承受，就会选择辞职。如果惩罚措施真的伤害到了员工的身心健康，员工还有可能选择起诉，用法律手段维护自身的合法权益。

因此，还是请管理者们想想以什么样的文明方式来处罚不听话的员工吧！员工违反公司规定，你完全可以智取，在不损害员工健康和尊严的前提下，巧妙地予以处罚，这样才能让员工心服口服，这样的管理者才能受人尊重，让人钦佩，而且会牢牢记住！

行动比语言更有力量

> "喊破嗓子，不如做出样子。"在一个企业中，管理者是一个特殊人物，管理者的行为对员工起着表率作用。员工对管理者总是"听其言、观其行"，其行善，其言才有力。管理者只有以实际行动为员工做出表率，树立榜样，才能达到"令出必行"甚至"不令而行"的管理境界。

管理者本身的行为是整个企业的风向标，所有的员工都会拿它作为参照物。员工之所以能够心悦诚服地为一个企业努力工作、倾心服务，和他们拥有一位德高望重、勇于身先士卒、始终以身作则的管理者是分不开的。这样的管理者就像一块巨大的磁铁一样，深深吸引着每一位员工。

毋庸置疑，管理者行为的影响力远远胜于他手中的权力，管理者的榜样作用具有强大的感染力、影响力和号召力，是一种无声的命令，对下属的行动是一种极大的激励。因此，管理者要想令出必行，甚至不令而行，必须首先以自己的身体力行为员工做出表率，树立榜样。

唐太宗李世民就是一位卓越的"管理者"。在唐初统一全国的战争中，李世民冲锋陷阵、身先士卒的事例举不胜举。在与王世充的交战中，他命令秦叔宝、程咬金、尉迟敬德等人分别统率骑兵轮番向敌人发起冲击，他本人则轮番参加了每一次冲击，并且每一次都是身先士卒打头阵。

有一次，李世民与窦建德交战，李世民只带了尉迟敬德和几个士兵去诱敌，窦建德率领五六千骑兵追杀过来。李世民毫无惧色，亲手射杀了一员敌将和几个士兵，尉迟敬德也杀了十几个士兵，结果吓得几千个骑兵不敢再追。

作为全军统帅，李世民几乎每战都是身先士卒，这大大鼓舞了全军的士气，从而为战争的胜利提供了有力保障。

作为管理者，就应该像李世民一样，承担起带领部属行动的责任。一个只会躲在办公室里发号施令，而不敢带领员工在业务线或生产线上共同奋战的管理者，是无法在员工心中树立威信的，甚至还会大大降低自己在员工心中的影响力，从而导致员工离心离德，导致企业令出不行。因此，管理者要想达到令出必行的效果，自己首先要积极参与到企业的日常业务中去，身体力行，让员工时时处处能看到你的身影。这样才能给员工做出表率，树立榜样。这是提高执行力和赢得事业成功的保证。

联想总裁柳传志就是这样一个卓越的管理者。他一直把"其身正，不令而行"这句话放在办公桌上，时刻勉励自己。联想公司从20万元起家，发展成为一个拥有上百亿资产的大型集团公司，这与柳传志时时处处以身作则、身先士卒是分不开的。

联想公司有一条规则，开20人以上的会迟到要罚站一分钟。这一分钟是很严肃的一分钟，不管是谁，都必须严格执行。事有凑巧，第一个被罚的人正是柳传志原来的老领导，柳传志和他都感到很尴尬，罚站的时候他本人很紧张，全身都是汗，柳传志坐着也出了一身汗。柳传志悄悄对老领导说："您先在这儿站一分钟，今天晚上我到您家里给您站一分钟。"柳传志本人也曾被罚过三次，其中有一次是因为他被困在电梯里，他用力敲打电梯门，希望有人听到能帮他请个假，可是敲了半天也没人听到，出来以后他没作任何解释，自觉罚站了一分钟。

以身作则、身先士卒一直是柳传志坚持的信条。在联想公司里，有一条规章制度是"不能有亲有疏"，任何一个管理层的子女都不能进公司，柳传志的儿子是北京邮电学院计算机专业毕业的，但是柳传志说，没有任何考虑的余地，不会让儿子到公司来。这是他亲手定的制度，如果自己首先"破了戒"，那么员工的子女就都可以进公司了，到那时就理不清、管不了了。

这就是柳传志，要求别人做到的，自己首先做到；禁止别人做的，自己坚决不做。正是柳传志的以身作则，联想的其他领导人才都以他为榜样，自觉遵守着公司的各项规章制度，才使得联想的事业蒸蒸日上，迅速发展壮大起来。

相反，如果管理者自己都不能以身作则，却要求员工和下属们执行自己制定的规则，那将没有任何说服力，即使执行了，也是敷衍了事，起不到根本性的效果。员工都希望自己的老板能有个老板样，是个能处处以身作则，靠得住、信得过的领头人。只有这样，员工们才会为你马首是瞻，对你唯命是从，死心塌地地跟着你干事业。正如著名管理学家帕瑞克所说："除非你能管理'自我'，否则你不能管理任何人或任何东西。"

示范的力量是惊人的，身教胜于言传，说到不如做到。下属在判断一个管理者怎么样时，更多的是依据他做了什么，而不是他说了什么，所以，如果管理者想令出必行，就必须首先做出样子来。在企业发展过程中，管理者只有处处以身作则，身先士卒，爱岗敬业，严于律己，带头把企业提倡的先进理念付诸行动，才能激发员工的工作热情和积极性，使员工全身心地投入到工作中去。

管理者，让制度帮你减压

"人管人得罪人，只有用制度管人，才能真正管好人。"一个企业工作的好坏，队伍有没有战斗力、凝聚力，能否做到政令畅通，令行禁止，很大程度上取决于各项制度是否完善，制度执行得如何。因此，管理者必须抓好制度建设，做到用制度管人、管事，用制度激励、调动人的积极因素。

俗话说："国有国法，家有家规。"无论是一个家庭的日常生活，还是一个国家的正常运转，都必须依靠一定的制度来维系，企业的发展也是如此。

为什么有些小企业总是长不大？十几年了依然是十几个人、七八杆枪？为什么有些大企业总是活不长？三步两步蹿到一个平台，一不小心又栽了下来？为什么有些管理者天天忙得不可开交，发展越大越感觉力不从心？究其原因，就是因为企业内部没有规范的工作标准、制度和流程。

一位资深的企业管理培训师说："如果没有企业规范化管理和制度建设，'忙——茫——盲——莽——亡'就是企业管理者们的必经之路！忙来忙去就开始迷茫，接着是盲目，然后是鲁莽行动，最后的结果是走向灭亡。"

就像法律是统治阶级意志的体现一样，企业制度也是企业所有者、管理者意志的体现。企业如果有一套完善而规范的制度，往往能极大地提高员工的工作效率，促进企业发展目标的顺利实现。否则，很容易诱发错误的导向，形成各种副作用。所谓"制度通，一通百通"，说的就是这个道理。

以人管理，总会有漏洞，因为人都是有弱点、有感情的。而制度却能起到人所不能起到的作用。因此，对管理者而言，要想提高管理的效力，制定一套完整规范的企业制度非常必要。

有一家公司的制度很完善、很具体，几乎每一项工作都有一个严格的规章制度来规范，很多员工在刚进公司时都很不习惯，觉得这样很死板，束缚了人的积极性和创造性。但是时间久了人们才发现，在这些制度的规范下，大家工作的积极性都很高，因为大家无论做什么工作，都有一套规范的行为准绳，收入也是严格按劳分配，这样一来，部门达标率就大大提高了，公司的效益和员工的收入自然也就提高了。

企业要想获得良好的发展和进步，管理好员工是关键。而要想管理好员工，建立一套完善的管理制度是关键。这些制度不仅包括公司日常行为的规章制度、章程等，还应该进一步细化按劳分配、工薪、奖惩制度等一系列涉及员工切身利益的激励机制，这样才能让员工有法可依、有章可循。

海尔在这方面就是一个典范。很多到海尔参观访问的人都说："海尔的许多口号我们都提过，很多制度我们也有，但为什么在我们企业没有效果呢？"很多人甚至认为："海尔让人参观的都是一些'公开的、没有多大价值的东西'，还有很多管理的秘密是不对外公开的。"其实，这是很多人主观臆断的想法。海尔成功的秘密就是没有秘密。它不是依靠一两个管理秘诀搞管理，而是靠严格的管理制度。海尔管理制度的具体模式是："提出理念与价值观；推出代表理念与价值观的典型人物与事件；在理念与价值观的指导下，制定保证这种人物与事件不断涌现的制度与机制。"正是最后形成的制度和机制，保证了海尔员工对"理念与价值观"的接受和认同。有人曾把这一运行模式形象地称为"海尔管理三步曲"。现在我们以质量管理为例，对海尔的"管理三步曲"进行阐释。

第一步：提出质量理念"有缺陷的产品就是废品"。

海尔在转产电冰箱时，面临的市场形势非常严峻：自己在规模、品牌上都处于绝对劣势，那么靠什么在市场上站住脚？只能靠质量。于是，张瑞敏提出了一套严格的"质量理念"："有缺陷的产品就是废品"、对产品质量实行"零缺陷，精细化"管理，力争做到用户使用的"零抱怨、零投诉"……

提出理念是容易的，但是让员工认同、接受，最后变成海尔人内在的理念，则需要一个过程。一开始，很多员工都不能认同这种理念，更难自觉接受。所以，产品质量很不稳定，客户投诉不断。1986 年，有一次在投产的 1 000 台电冰箱里，就检查出了 76 台不合格产品。面对这些不合格品，张瑞敏意识到，企业提出的质量理念，大部分员工还没有真正树立起来，如果理念问题解决不了，单靠事后的质量检验是不可能提高质量的。于是，张瑞敏果断地迈出了第二步。

第二步：推出"砸冰箱"事件。

很多人对海尔的"砸冰箱"事件都非常熟悉，但是对"砸冰箱"之后所发生的事却知之甚少。当员工们眼含泪水看着张瑞敏亲自带头把76台不合格的电冰箱砸碎之后，内心受到了极大的震撼，开始对"有缺陷的产品就是废品"有了刻骨铭心的理解，同时也对"品牌"与"饭碗"之间的关系有了更切身的感受。但是，张瑞敏并没有就此止步，也没有把管理停留在"对责任人进行经济惩罚"这一传统手段上，他充分利用这一事件，将管理理念渗透到每一位员工的心里，再将理念外化为制度，将管理理念制度化。

在接下来的一个多月里，张瑞敏发起和主持了一次又一次会议，用以讨论产品质量问题。在讨论中，员工们相互启发，相互提醒，并且进行了深刻的内省和反思。于是，"产品质量零缺陷"的理念得到了员工们广泛的认同。那么，怎样才能使"零缺陷"得到机制的保证呢？于是张瑞敏又迈出了最关键的第三步。

第三步：构造"零缺陷"管理机制。

在海尔每一条流水线的最终端，都有一个"特殊工人"。从流水线上下来的产品，一般都有一些纸条，被称为"缺陷条"。这是在产品经过各个工序时，工人检查出来的上道工序留下的缺陷。这位"特殊工人"的任务就是负责将这些缺陷"修补"好。他把维修每一个缺陷所用的时间记录下来，作为向"缺陷"的责任人索赔的依据。他的全部工资就是索赔所得。当产品合格率超过规定标准时，这位"特殊工人"会有一份奖金，合格率越高，奖金就越高。这就是海尔集团著名的"零缺陷"机制，这位"特殊工人"的存在，使"零缺陷"有了机制和制度上的保证。

由此可见，制度建设是实现现代管理工作的一个极其重要的环节。从某种意义上说，制度就是管理工作中的"法"。每个企业都应该有这个"法"。所以，建立完善而规范的规章制度，以制度对员工加以硬约束，这是做好管理工作的关键。与此同时，规范的制度还需要严格的执行力来配合，否则制度只能沦为一纸空文。

东北某家大型企业因为经营管理不善导致破产，后来被日本一家财团收购。员工们原本期待日本人能带来什么先进的管理方法，出乎意料的是日方只派来几个人，原来的制度没变，员工没变，机器设备没变。日方只有一个要求：把先前制定的制度坚定不移地执行下去！结果不到一年，这家大型企业竟然奇迹般地扭亏为盈。日本人的绝招是什么？是执行，无条件的执行！

由此反观我国的企业，其实并不缺少制度，缺少的只是执行。这也是我国很多企业缺乏后劲的症结所在。所以，对于我国的企业管理者而言，不仅要抓好制度建设，更要加强制度的执行力。员工们如果能够坚定不移地严格执行企业制度，就用不着事事向管理者请示，这样一来，管理者就能轻松很多，既减轻了工作压力，又节约了管理成本，而且还能把省下来的时间用于企业发展壮大的谋划上，岂不是三全其美？总之，管理者应该用严格的制度帮助自己减压，提高执行力。

恩威并重——最高明的管理手段

管理者的影响力来自哪里？其实无非来自于两个字，一个是"权"，一个是"威"。在很多人看来，管理的艺术就是"恩威并施"，"如何能让员工既爱又怕，既感觉到约束力，又能充分地发挥主观能动性"，这几乎是所有管理者心底里最大的愿望。

"恩威并重"出自《三国志·吴书·周鲂传》"鲂在郡十三年卒，赏善罚恶，恩威并行"，意思是恩惠和惩罚这两手政策并行使用。它强调的是：在实施控制时，既要施之以恩、施之以德，感化影响、说服指导，从而赢得部属的信赖；又要施之以威、施之以权，查验所为，奖优罚劣，使部属有敬畏感。

古今中外的政治家、统治者，大都非常推崇恩威并重的管理艺术，对臣子、下属一方面施以恩惠，笼络人心，以使他们知恩图报、誓死效忠；另一方面，又极为严格地要求下属按照自己的意愿行事，稍有不符，就当面呵斥，甚至以武力和惩罚压制，以使自己的威严得以维护并更具威慑力。实践证明，这种管理艺术是极为奏效的。

宋太祖赵匡胤是我国古代一位杰出的皇帝，他很善于处理君臣关系。北宋建国以后，赵匡胤并没有像其他开国皇帝一样大肆屠戮功臣，而是以德服人，恩威并重，双管齐下。

一天，赵匡胤设宴款待群臣，其中有一个叫王著的翰林学士，原本是后周臣子，曾两次担任科举考试的主考官，并且写得一手好书法。那天，可能是酒喝得有点过头了，王著禁不住思念起故主周世宗柴荣，当众失声痛哭起来。

大臣们一个个噤若寒蝉，这可是要掉脑袋的死罪啊！不料想，赵匡胤不但没有生气，而且命人将王著扶出去休息。可是，王著说什么也不肯出去，掩在屏风后面继续号啕大哭起来。

第二天，有几位大臣写奏折参了王著一本，说他思念故主，对太祖赵匡胤不忠，应当砍头处死。

赵匡胤却说："王著是因为喝多了，所以才做出那样失态的举动来。想当年周世宗在世的时候，我和他同殿为臣，对他的脾气还是很了解的。他是一介书生，哭哭故主，不会闹出什么大问题来的。"

这就是赵匡胤，他以自己的风范、气度降服了对自己不忠的臣子。赵匡胤雄才大略，不但善于使用"恩"这种软武器，而且善于使用"威"这种硬武器。在他称帝之初，很多地方节度拥兵自重、骄横跋扈，赵匡胤决定给他们点厉害看看，灭灭他们的威风。

一天，赵匡胤把这些节度使召进宫来，赐给他们每人一把配剑、一副强弓、一匹骏马，他单身上马，身边没带一个卫士，和这些狼子野心的节度使们一起飞驰出皇宫。

来到城外的树林之中，赵匡胤飞身下马，和这帮家伙在树林中畅饮起美酒来。

喝着喝着，赵匡胤突然放下酒杯说："这里没有别人，你们之中谁想当皇帝，可以马上杀了我，然后登基称帝！"

刚刚还飞扬跋扈的节度使们被赵匡胤大义凛然的气概彻底震住了，一个个跪地求饶，抖作一团，连声说："不敢不敢！"

赵匡胤板起脸厉声呵斥道："既然你们没胆量杀我，就应该恪守做臣子的本分，严禁骄横不法，目无天子！"

众节度使诚惶诚恐，高呼万岁，磕头如捣蒜一般。

恩威并重虽然带有明显的封建色彩，但它却给了管理者一个有益的启示：作为一名管理者，既不能无恩于人，也不能无威于人，二者不管缺少哪一种，都不足以树立管理者的威信。

管理者高高在上，工作上不体恤下属的艰辛，生活上不关心下属的困难，情感上不过问下属的冷暖，这就完全背离了人性化管理的要求，是为不恩；管理者虽然谦恭低调，但却一味无原则地迁就下属，对下属的错误言行不予指正，逐渐助长下属的歪风邪气，致使他们不听指挥、不服管教、不受约束，是为不威。毋庸置疑，这两种极端都是要不得的。因此，管理者必须掌握恩威并重的管理艺术。

日本松下电器创始人松下幸之助认为，企业管理者对待下属，应该像慈母的手紧握钟馗的利剑一样，平日里给予无微不至的关怀，犯错误时给予严厉的批评或惩罚，恩威并施、宽严相济，这样才能提高管理者的威信，从而成功地驾驭下属。

松下幸之助说，慈母的手、慈母的心，是每一个管理者都应该具备的。对于自己的下属和员工，要真心地予以维护和关爱。因为他们是你的同路人，甚至是你的依靠。但同时还必须严厉，尤其是在原则和规章制度面前更应该严厉无比，分毫不让，对于那些违犯了规章制度的员工和下属，就应该举起钟馗剑，狠狠地砍下去，绝不姑息。

随身听是索尼公司最重要的电子产品之一。一次，一家分厂的产品出了问题，总公司不断收到客户的投诉。后来经过调查发现，原来是随身听的包装上出了点问题，但并不影响随身听的使用，分厂立即更换了包装，解决了客户投诉的问题。可是公司总裁盛田昭夫并没有就此罢手。

分厂厂长被叫到总公司的董事会议上，要求对这一错误作陈诉报告。在会上，盛田昭夫对他进行了严厉的批评，并要求公司上下引以为戒。这位厂长已经在索尼公司干了几十年，这是他第一次在大庭广众之下受到如此严厉的批评，所以他感到异常难堪和尴尬，禁不住失声痛哭起来。

会议结束后，他精神恍惚、有气无力地走出会议室，正考虑着准备提前退休。突然盛田昭夫的秘书把他叫住，热情地邀请他一块儿出去喝酒。在酒吧里，这位厂长不解地问："我现在是被总公司抛弃的人，你怎么还这样看得起我呢？"盛田昭夫的秘书回答说："董事长一点也没有忘记你为公司作的贡献，今天的事情也是出于无奈。会议结束后，他担心你为这事伤心，特地派我来请你喝酒。"

接着，秘书又说了一些安慰和鼓励的话，这位厂长极端不平衡的心态这才稍稍缓和了一些。喝完酒，秘书又把他送回家。刚一进家门，妻子迎上来对他说："你真是一个备受总公司重视的人！"

这位厂长听了感觉很奇怪，难道妻子也来挖苦自己？这时，妻子拿出一束鲜花和一封贺卡说："今天是我们结婚20周年的日子，你都忘记了！"

这位厂长更加疑惑不解了："可是这跟我们总公司又有什么关系？"原来，索尼公司的人事部门对每位员工的生日、结婚纪念日等重要节日都有记录，每逢这样的日子，公司都会为员工准备一些鲜花、礼品。只不过今年有些特别，这束鲜花是盛田昭夫特意为这位厂长订购的，并附上了他亲手写的一张贺卡，以勉励这位厂长继续努力。

盛田昭夫不愧为一个恩威并重的高手，为了总公司的利益，他对下属的错误不能有丝毫的宽贷，但考虑到这位厂长是位老员工，而且为索尼公司作过突出的贡献，为了有效地激励他改正错误，更加积极努力地为公司效力，又采取了请喝酒、送鲜花的方式对他予以安抚和鼓励。盛田昭夫这种恩威并重的管理方法，被很多人称为"鲜花疗法"。

那么，管理者如何做到恩威并施呢？

以人为本顺民意

管理者应该对下属多一些人文关怀，放下架子主动和下属多接触、多交流、多谈心，以清楚地了解他们的心理所需，并给予他们力所能及的帮助；切忌以领导自居，高高在上，对下属不闻不问，甚至拒人于千里之外。此外，管理者在做重要决策时要民主一些，主动征求下属的意见，以争取下属最广泛的理解和支持。

赏罚分明树正气

管理者如果有功不赏、有过不罚，必然无法鼓舞士气，激发下属工作的积极性，这样一来，整个企业团队就会逐渐丧失凝聚力和战斗力，必然导致政令不畅。因此，身为管理者，必须做到赏罚严明，赏要赏得众望所归，罚要罚得心悦诚服，这样才能树立起管理者的权威。

刚柔相济立威仪

对待下属，管理者应以亲善为主，面带微笑，让下属如沐春风。管理者如果总是冷若冰霜，一脸严肃，下属就会敬而远之。但是，管理者也不能做没有原则的老好人，对待下属的错误言行必须及时指出，晓之以理，动之以情。如果下属所犯的错误比较严重，必须予以相应的批评和惩罚。这样，管理者才会既有亲和力，又有不怒而威的威仪。

柔性管理，用柔情提高执行力

刚性管理犹如人的骨架，柔性管理则好比人的肌肤和血肉，有骨有肉才算一个完整的人。同样，只有刚柔并济的管理模式才是最有效的管理模式。

管理者与员工之间无疑是一种"管理"与"被管理"的关系。身为管理者，无不希望员工尽心尽力、尽职尽责地工作，并始终忠于自己。因为只有做到这一点，才能证明自己是一名成功的管理者。但并不是每位管理者都能实现这一目标，恰恰相反，成功的管理者往往只有很少一部分。

因此，决定管理成败的关键因素，即采取什么样的管理方式，运用什么样的管理方法，成了管理者们关注的一大重点问题。

正是在这种目的的驱使下，以发展"精神生产力"为目的的"人本管理"越来越被提到管理者的议事日程上来，这种以发展"精神生产力"为目的的"人本管理"，实际上就是被某些国内管理者称为"柔性管理"的管理模式。

"柔性管理"是相对于"刚性管理"提出来的。刚性管理以"规章制度为中心"，主张用制度约束、纪律监督、奖惩规则等手段对员工进行管理。而柔性管理则是以人为中心，主张用企业的共同价值观和文化、精神氛围对员工进行人性化管理，它是在研究人的心理和行为规律的基础上，采用非强制性的方式，在员工心目中产生一种潜在的说服力，从而把企业的组织意志变为员工个人的自觉行动。柔性管理的最大特点在于，它不是依靠外力，如发号施令、强迫服从，而是依靠尊重人性、权力平等、民主管理，从内心深处激发员工的积极性、主动性和内在潜力，从而使他们能够真正心甘情愿、心情舒畅并不遗余力地执行管理者的命令，为企业发展贡献力量。

很显然，在管理者更加看重员工的积极性和主动性的形势下，柔性管理势在必行。如今，柔性管理正成为管理者越来越有力的管理秘笈。

柔性管理强调管理者注重人性的管理。知人善任，发挥个人的主动性，维护人与人的和谐相处，改善人际关系，共同寻找目标和肩负使命，就是柔性管理的要义。而讲信用、守诺言、设身处地为他人着想，则是管理的手段。从这一点来看，女性管理者更符合柔性管理之道。

周女士是某外资贸易公司的总经理。可能很多人会认为，她一定是个典型的女强人，果敢、刚毅、干练，具有男人一样的气概。其实不然，她文静、娴淑，说话细声细气，如果只是站在普通员工的办公室里，没人会相信她就是这个大公司的总经理。在与下属通电话时，时常听到她的柔声细语，"造成了多少损失？""××，这件事情应该是你负责的，对吧？""损失已经造成，批评你损失也是没办法弥补的，你还是同××讨论一下，尽量把后果减到最小吧。下班之前能给我一个解决方案吗？"声音轻柔但有力，表达毫不咄咄逼人，但又直奔主题。

周女士的言行举止，处处流露着女性特有的细腻，却又不失果断。在整个对话的过程中，她语气平静、轻柔，但在平静中透着力量，在轻柔中透着果断。

由此可见，看似女人味十足的女性做事并不比男人差，而且她推崇的柔性管理更是男人没有的优势：看似平和，但实际坚定果敢；听着柔弱，但又不失力量和原则。而且，作为领导者，女性还具备许多男性无法比拟的优点。女性管理者的协调能力比较好，更注重体察员工的心理需求；女性管理者的韧性较强，在逆境中表现坚强；女性善于沟通，比较容易说服别人；并且女性处事细腻，决策慎重，企业不容易出现大起大落的情况。这些都是成功管理者必备的素质。

　　但是，在实际工作中，柔性管理并不能单独存在，它与刚性管理是相互影响、相互渗透、相互补充、共同作用的。刚性管理是管理工作的前提和基础，企业如果完全没有规章制度的约束，必然会陷于无序的混乱状态，柔性管理也必然会丧失其立足的基础。柔性管理则是管理工作的"润滑剂"，是刚性管理的"升华"，刚性管理必然要靠柔性管理来提升，管理者如果在管理工作中缺乏柔性，员工就会缺乏工作的积极性和激情，刚性管理就会很难深入，唯有将二者有机结合起来，刚柔相济，才能实现轻松而高效的管理。比如日本的企业管理，其管理向来以"严"著称，但同时又强调人本管理，强调通过发挥人的内在动力来促进生产效率的提高。因此，在管理实践中，管理者必须通过整合，把刚性管理与柔性管理融为一个和谐的整体，这样才能正确指导企业的管理实践。

第6章

管理需要沟通，

操控要"上通下达"

美国著名未来学家奈斯比特说："未来竞争是管理的竞争，竞争的焦点在于每个组织内部成员之间及其外部组织的有效沟通上。"管理者与被管理者之间的有效沟通是管理艺术的精髓。在管理中，如果沟通做好了，将在很大程度上帮助你处理的人际关系，完成工作任务，达到绩效目标。相反，如果沟通不好，很可能造成管理混乱、效率低下，甚至员工的跳槽、离职问题。因此，管理者要保持一颗沟通之心，让沟通成为你管理的法宝。

没有沟通，就没有管理

有资料表明，企业管理中 70% 的问题都是因为沟通不畅引起的。给企业造成最大比例损失的原因，不是技术不精良，不是人手不够多，不是资金不到位，而是企业各方面的沟通不顺畅。

沟通是一种潜在的需求，能够产生效益。强大的沟通力能够带来令人艳羡的成果，当你将你的思想用沟通很好地传播出去时，就能形成一股强大的力量，从而让你的员工更具有创造性，更加专心致志地工作，更高效，为企业创造出更多的财富。正如通用电气总裁杰克·韦尔奇所说："与下属沟通能获得百千倍的效用！"

良好的沟通不仅有利于提高员工的工作效率，增强员工对企业的归属感，还能够改善企业的经营管理状况。反之，如果沟通不畅，对管理者、员工以及整个企业来说都是相当有害的。可以这样说，沟通是现代企业管理的核心、实质和灵魂，没有沟通，就不知道真相，不知道真相，就无法管理。

麦当劳的创始人雷·克罗克，是美国最有影响力的十大企业家之一。他不喜欢整天坐在办公室里，而是把大部分时间都花在了与员工的沟通上。曾有一段时间，麦当劳公司出现了严重的亏损危机，克罗克发现一个重要的问题，那就是公司各部门的经理有严重的官僚主义作风，他们习惯于靠在舒服的椅背上对下属指手画脚，将大量宝贵的时间都浪费在了抽烟和闲聊上。于是，克罗克想了一个出人意料的方法，将所有经理的椅子靠背锯掉。许多部门经理骂克罗克是个疯子。但是，过了一段时间，大家都悟出了他的良苦用心。他们纷纷走出办公室，深入到基层中，及时了解情况，现场解决问题，终于使公司的亏损情况出现了转机。

如果没有沟通，管理者就不知道下属在想什么，而下属也不知道管理者在忙什么。管理者的难处，下属未必知道，下属在做什么，管理者也未必全都知道，这将会使整个企业犹如一盘散沙，没有一点凝聚力。

在当今企业里，由于缺乏沟通或沟通不畅，导致的上下级关系紧张问题已经成为最大的问题之一。在德国，由于上下级关系紧张导致的疾病所造成的损失每年都高达1000亿马克。专家指出，机器可以被取代，但知识和创造力却是无法取代的。心灰意冷的员工所浪费的潜力，比其他许多事情造成的损失都要严重。所以，管理者要想成功管理企业，必须主动接近员工，主动与员工交流和沟通。

大凡成功的企业都有一个显著特征，那就是企业从上到下都重视沟通管理。沃尔玛公司就是一个典型的例子。

沃尔玛总裁山姆·沃尔顿说："如果你必须将沃尔玛管理体制浓缩成一种思想，那可能就是沟通。因为它是我们成功的真正关键因素之一。"

沟通就是为了达成共识，而实现沟通的前提是让所有员工一起面对现实。沃尔玛决心要做的，就是通过信息共享、责任分担实现良好的沟通和交流。

沃尔玛公司总部位于美国阿肯色州本顿维尔市，公司的管理人员每周都要花费大量时间飞往世界各地的商店，通报公司所有业务情况，让所有员工共同掌握沃尔玛公司的业务指标。在任何一个沃尔玛商店里，都会定时向每个员工（包括计时工和兼职员工）公布该店的利润、进货、销售和减价等情况，以鼓励他们争取更好的成绩。

沃尔玛公司的股东大会是美国最大的股东大会，每次股东大会都尽可能让更多的商店经理和员工参加，让他们看到公司全貌，做到心中有数。创始人山姆·沃尔顿在每次股东大会结束后，都和妻子一起邀请所有参加会议的员工到家里举办野餐会，在野餐会上和众多员工聊天，大家畅所欲言，讨论公司的现在和未来。

山姆·沃尔顿觉得让员工了解公司的业务进展情况，和员工分享信息，是让员工在工作上发挥自己最大潜能的重要途径，也是与员工沟通和联络感情的核心。沃尔玛正是借用共享信息和分担责任，满足了员工的沟通和交流需要，让员工产生了强烈的责任感和参与感，从而更加积极努力地为企业工作。

管理其实很简单，只要与员工保持良好的沟通，让员工参与进来，自下而上，而不是自上而下，在企业内部形成运行的机制，就能够实现真正的管理。只要大家目标一致，群策群力，众志成城，那么企业所有的目标都会实现。公司赚的钱越多，员工就会更有干劲、更快乐，企业也会越做越大，为社会创造的财富也就越多。山姆·沃尔顿正是意识到了这一点，才使得沃尔玛越做越大，成了全球最大的连锁零售企业。

沟通是管理的先行者。假如将管理看成一个生命体，那么沟通就是贯穿于这个生命体每一个部位、每一个环节的血管，给生命体提供赖以生存的各种养分。管理的过程，实际上就是沟通的过程。管理以人为本，管好人离不开人际沟通；管理以事为基，要做好事情自然也离不开沟通。所以说，管理离不开沟通，没有沟通，就没有管理。

管理沟通，从"心"开始

> 沟通是一个企业所必需的。沟通的目的是要保持信息的通畅，而用心沟通不仅能够达到这一目的，还能在很大程度上让员工拥有一个良好的心态。

中国移动有句著名的广告语，叫作"沟通从心开始"。在现代企业管理中，沟通是管理的基础，是管理者与员工相互交往的桥梁，是减少隔膜的润滑剂。有沟通，才有理解，而真正的理解是用心来感悟的。因此，沟通必须建立在心灵的土壤上，实现心与心的互动，否则必然是不完整的、残缺的沟通。企业要实现良好的沟通，尤其是管理者与员工之间的沟通，必须让员工在内心里产生共鸣。

宏基集团董事长施振荣认为，良好沟通的前提是开放的心胸。他说："相信多数人都认为自己很开放，但自以为开放的想法往往是沟通不良的主要原因。"在现实生活中，经常有一些自认为擅长沟通的管理者，他们只懂得批评或责怪员工不理解他的意图，却从不在自己的身上找原因。长此以往，管理者与员工之间的隔阂就会形成一堵难以逾越的墙，而且越砌越高，永远阻挡着两颗心的"会面"。

因此，管理者要想实现和员工心与心的沟通，必须首先突破自己封闭的心。具体而言，管理者应该具备以下"五个心"：

平等的心

管理者在与员工沟通时，必须把自己放在与员工同等的位置上，"开诚布公""推心置腹"，如果管理者认为自己高高在上，在企业里以"老大"自居，而员工只是自己的手下，就会使员工产生心理障碍，导致沟通的失败。

尊重的心

管理者应该像尊重自己一样尊重员工，注重强调员工的重要性，强调员工的主体意识和作用。员工一旦感到自己受到管理者的尊重，就会被激发出与企业同甘苦的心态。因此，管理者应该将尊重的心放到每个员工身上，这既体现了管理者的素养，也体现了企业的素养。

凯悦国际酒店是世界知名的跨国酒店集团，而且一直是全球酒店业的翘楚。然而就是在这样一家高级的跨国酒店里，其总裁会经常脱掉昂贵的西装，换上服务生的制服帮助客人提行李、搬东西，这种做法是与员工无声的沟通，他向所有员工传递了这样一条信息：我和你们是一样的，在凯悦服务绝对无损于任何人的尊严！

服务的心

管理者应该把员工当成自己的内部客户，只有先让内部客户满足了，才能更好地服务外部客户。因此，管理者要改变自己的身份，把自己变成为员工提供服务的供给商，要做的工作就是充分利用企业的资源为员工提供工作上的方便以及个人的增值。

分享的心

分享是最好的学习态度，也是最好的企业文化氛围。管理者应该与员工在工作中不断地分享知识、分享经验、分享目标、分享一切值得分享的东西。通过分享，管理者不仅能很好地表达自己的理念和想法，还能提高个人的影响力，然后用影响力和威信去管理员工，使员工愉快舒畅地工作，从而大大提高工作效率。与此同时，通过分享，管理者还能不断从员工身上吸取更多有价值的东西，形成管理者与员工之间的互动，达到管理者与员工共同进步的目的。

赞美的心

在与员工的沟通中，管理者还要特别注意一点：赞美。当员工表现良好或取得成绩时，管理者应该不失时机地送上你的赞美。赞美是最有效的激励手段，能够激发员工的积极性，最大限度地挖掘员工的潜能。

管理者只有具备上述"五心"，才能打开员工的心灵之门，体验到畅通无阻的沟通，从而提高员工的士气和工作热情，实现企业的发展和进步。

非正式沟通，"世界第一 CEO"的沟通方式

采用非正式沟通，能使员工时刻感受到管理者的存在和关心，感觉他们是在为一个很有人情味的企业工作。不像有的企业，员工与管理者之间只是冷冰冰的金钱关系。

沟通在企业管理中的地位至关重要。对企业管理者而言，沟通的目的在于把自己的信息、思想、观念用一定的符号表示出来，传递给员工，并且保证员工有相应的反馈。同时还要在沟通过程中了解和把握员工的信息、思想和心理动态。

企业中的沟通可以分为正式沟通与非正式沟通两种。所谓正式沟通，是指在企业组织系统内，依据企业明文规定的原则进行的信息传递与交流。例如企业内部的文件传达、召开会议、上下级之间的定期情报交换等。所谓非正式沟通，是指企业在正式沟通渠道之外进行的各种沟通活动，一般以企业人员之间的交往为基础，通过各种各样的交往途径产生。

在现实生活中，大多数管理者往往认识不到非正式沟通的存在，就算认识到了也不会引起足够的重视，有的管理者甚至主张将企业中的非正式沟通消除或是削弱。这种想法是极其错误的，因为非正式沟通具有正式沟通无法比拟的优越性。

管理者通常采用的正式沟通，一般仅限于"你问我答"式的座谈、访谈，这种沟通方式往往带有"居高临下"的态势，给人一种

拘谨不安的感觉。这样一来，员工就会心有所虑、口有所忌，沟通效果就会大打折扣，甚至沟而不通。

非正式沟通恰好可以弥补正式沟通的缺点和不足。作为一种思想交流、情感互动和心灵互访，非正式沟通可以提供一种平视的角度、宽松的环境和无拘无束的氛围。这样一来，沟通双方特别是员工一方就能够放下"心理包袱"，敞开心扉，吐心声、道真言、说实情，或者为管理者提出中肯的意见和建议。此外，由于非正式沟通一般是以口头方式进行，具有不留证据、不负责任等特点，许多无法通过正式沟通传递的信息，往往可以在非正式沟通中透露出来。所以，它可以使管理者了解在正式场合中无法获得的重要信息，了解员工私下里的真实想法和看法，从而为决策提供参照。

作为企业的管理者，要想让员工和自己之间进行畅通无阻的交流和沟通，就必须多运用非正式沟通的方式。

美国通用公司前总裁杰克·韦尔奇被誉为"20世纪最伟大的经理人"之一。他最大的成功之处就在于在通用公司建立起了非正式沟通。

在韦尔奇上任之初，通用公司内部等级制度森严、组织结构臃肿，面对这种情况，韦尔奇进行了大刀阔斧的改革，把"非正式沟通"的沟通模式和管理理念引入了公司内部。在韦尔奇看来，沟通应该是随心所欲的，他的目标是使公司的所有员工都保持一种近乎家庭式的亲友关系，从而增强管理者和员工之间的相互理解、相互尊重和情感交流，实现心与心的互动。

韦尔奇最擅长的非正式沟通方式是提起笔来写便笺。在这些便笺里，有的是写给直接负责人的，也有的是写给小时工的，无论是写给谁的，无一不语气亲切，发自肺腑，蕴含着无比强大的感染力和影响力。

韦尔奇担任通用公司执行总裁期间，每天必做的"功课"之一就是亲手给各级主管、普通员工乃至员工的亲属写便笺，或征求员工对公司决策的意见，或询问他们业务的进展情况，或对他们表示关心和关注。员工则把收到和答复韦尔奇的便笺作为莫大的荣耀和情谊，倍加重视和珍惜。久而久之，"韦尔奇便笺"便逐渐升华成了一种"非正式沟通"的氛围，一条通"心"之路，一种凝聚力和亲和力。

如今，各种形式的非正式沟通越来越受到管理者的推崇和青睐。如英特尔公司的开放式沟通，管理层可以通过网上聊天，与员工进行"一对一"的交流，并由员工决定谈话内容；摩托罗拉总裁和各级管理层通过"每周一信"，就经营活动及内部各种事务与员工进行交流和沟通，以征集更多的意见和建议；三菱重工从总裁到各级管理人员乃至普通员工，则会每周召开别开生面的"周六例会"，通过周末聚会的方式进行沟通和交流。除此之外，一些企业还在公司的网站上设立了相关论坛、BBS 公告等多种非正式的沟通渠道。

非正式沟通之所以越来越受到青睐，原因就在于它能够让沟通双方具有对等的位置、无拘无束的感觉，让双方的情感距离和心理位差最小化，让双方的理念、思想、智慧得到充分展现，从而使沟通真正成为"情"的升华、"力"的聚集和"心"的链接。因此，管理者应该牢牢掌握非正式沟通这种手段，并把它作为重要的管理手段加以倡导推行。

但是，过分依赖非正式沟通这种方式，也有一些难以规避的危险和不足，因为通过这种方式得到的信息，遭到歪曲或产生错误的可能性比较大，而且无从查证。尤其是与员工切身利益关系比较密切的问题，如晋升、待遇等，常常产生所谓的"谣言"。这种不切实际的信息一旦散布开来，往往会对企业造成不同程度的困扰。并且，这种沟通方式还是滋生小集团、小圈子的温床，影响员工关系的稳定和企业团队的凝聚力。因此，对于这种沟通方式，管理者既不能完全弃之不用，也不能过分依赖，而应当密切注意和准确辨析其中的错误或不实信息，并查找其发生的原因，努力使非正式沟通成为一种有效的沟通方式和管理手段。

为此，管理者需要把握以下几个非正式沟通的原则：

及时

在非正式沟通的过程中，管理者必须牢牢把握及时性这一原则。因为及时可以使管理者准确掌握员工的思想、情感和态度，从而提高管理水平，同时也能使员工准确了解管理者的想法和态度，增强管理者与员工之间的情感交流，获得最佳的沟通效果。

准确

管理者在与员工进行沟通时，只有所用的语言和传递方式被员工理解和接受了，这个沟通才具有价值。这就要求管理者具有较高的语言或文字表达能力，并了解员工的个性特点和能力水平，然后再有针对性地与员工进行沟通，以保证沟通的准确性。

完整

无论是哪种沟通方式，沟通都只是一种手段而非目的。因此，完整性是管理者在沟通过程中不可忽视的一个重要原则。管理者位于信息交流的中心位置，应当充分利用这个中心职位和权力，向员工提供他们需要的信息并向他们传递有关企业发展的相关信息，让员工能够在一个信息通畅的氛围中工作。

别让你的思维"直来直去"

> 由于不同的人有不同的性格和做事风格，所以管理者在与下属沟通时要因人而异，打破思维定势，恰当地改变沟通方式。

在现实生活中，经常看到很多人说话、做事很直接，不会绕弯子，这可以用"直来直去"形容。在管理中也是如此，很多管理者在与员工沟通时往往会犯"直来直去"的毛病。因为说话太直接，方式太简单，结果导致没有达到预期的效果。而这一切都是和人的思维定势有一定内在联系的。

心理学家包达列夫曾做过一个实验，让被试者看同一个人的照片，然后让他们描述一下这个人。他首先让被试者看同一个人的照片，在出示照片之前，他对第一组人说，这是个通缉犯；然后他又对第二组人说这是位科学家。接下来就让这两组被试者认真观察做出判断。最后的结果是，第一组被试者说这个人"深陷的双眼证明内心的仇恨""突出的下巴代表死不悔改"等；第二组被试者则说这个人"深陷的双眼代表了思想的深度""突出的下巴表明克服艰险的意志力"等。

这个实验突出反映了思维定势的作用。我们从实验中不难看出，对于一个人的评价，仅仅因为先前得到有关此人的某种暗示不同，得出的结论竟然天壤之别，可见心理定势对人们认识过程的巨大影响作用。

心理定势其实是活动之前的准备活动，它能够使我们在从事某种活动时根据以往的经验而达到事半功倍的效果，节省时间和精力。但是，思维定势的存在无疑会限制我们的思维，使我们习惯于用静止的眼光看问题，用固定的思维想问题，而看不到事物的发展和变化，从而陷入因循守旧的误区，很难发现更多的创新和捷径。

1993 年，郭士纳出任 IBM 首席执行官后，他很清楚员工们心里最急迫的问题就是：我一个月后还在公司里干吗？我会不会被解雇？为了打消员工们的顾虑，他上任第 5 天就向大家保证：虽然他扭亏为盈的计划难免会伤害到一些人，但他会竭尽全力缓解员工们的痛苦。他知道每个首席执行官在裁员前都会说这样的话。可是他在那天保证后的备忘录上写的却是肺腑之言："你们中有些人多年效忠公司，到头来反被宣布为'冗员'，报刊上也登载了一些业绩评分的报道，当然会让你们伤心愤怒。我深切地感到自己是在要大量裁员的痛苦之时上任的。我知道这对大家而言都是痛苦的。但大家都知道这也是必要的。我只能向你们保证，我将尽一切可能尽快地度过这个痛苦时期，好让我们开始向未来看，并期待着重建我们的企业。"

之后，他用电子邮件的方式把这份备忘录发给 IBM 的所有员工。这同 IBM 以前的领导人和员工的沟通方式大不相同，不再采用约翰·阿克斯的正式电视讲话这一方式了，因为员工们都知道不用理会他说什么，都是些没有实际价值的空承诺。而现在第一次有位首席执行官发邮件给全公司的人，而且是发给个人的电子邮件。有谁能不打开新总裁写给自己的邮件呢？从一开始郭士纳就试图突破早已形成于人们心中的思维定势，换一种不同的沟通方式，来表明 IBM 并不都是一本正经的，随和亲切的方式也是很好的。

虽然看了郭士纳的邮件，但 IBM 的员工们也很少有人放下一百个心。不过郭士纳也知道他别无选择。就好比他自己说的，世界上任何一个公司都不能保证一个员工都不辞退。可他知道，必须开通和员工交流的渠道。他希望大多数人可以理解他的良苦用心。当然，也会裁减更多人员，不过他向他们许诺，一旦裁员结束，就不会再裁员了。这样一来，那些留下来的员工就会感觉到自己过了一关，从而会毫无顾虑地重新投入到工作中去。

不要让你的思维习惯"直来直去"，而是要换一个角度看待问题，这样才能在沟通的过程中提高沟通的效果，达到最终的沟通目的。下面给出了一些参考建议，希望可以帮助管理者打破思维定势，实现管理者与下属之间的高效沟通。

妥善处理期望值

要想消除双方之间期望值的差异，有一种方法就是订立业绩协议。员工与企业签订的业绩协议能够让双方明确彼此的期望和要求，设计出双方都能达到的目标，并定期评估协议，来确保双方的目标和要求得以实现。

还有一种方法就是管理者清楚地说出自己的期望，这样不管能否达到管理者的期望，下属都有责任向管理者表明。这种做法可以使管理者根据需要有效地调整自己对下属的期望，预先消除有可能出现的伤害和失望感。

积极听取反馈

通常来说，反馈是事情因素和情感因素的统一体。沟通中的实质信息和关系信息很容易带来误解，招致不满。所以，管理者在向下属提供反馈意见时，要强调成长和进步，不要妄加评判或指责；在听取下属的反馈时，要抓住其中对自己有价值的部分，而不是去计较对方的身份和沟通的方式，力争做到"言者无罪，闻者足戒"。

设身处地，理解下属

设身处地是成功沟通的一个关键因素。管理者在与下属沟通时，尤其是当下属有难处时，管理者要设身处地地去理解下属、关怀下属，但也不要为这种情感所左右，必须留出精力去做自己的事情。

幽默是沟通的润滑剂

如果说管理是一件科学而严谨的事情，那么，适当的幽默是严谨之外的润滑剂，它能够很好地调动员工的积极性，增强企业的凝聚力，加强员工之间的亲密度，提高沟通的效率，缓解工作压力带来的紧张感。

当你成为管理者，承担了更多的工作职责时，你是不是开始紧张了？你或许开始对自己的行为太过认真，甚至把管理看做是一件很令人紧张的事。其实，管理是科学，也是艺术，而幽默是人类智慧的体现。现代管理学强调对员工的身心教育，而幽默不仅能给我们带来快乐的时光和欢笑，还会让你的管理更有魅力、更有成效：因此，作为一名管理者，不应该让管理成为紧张的事情。

作为管理者，你完全没有必要把工作看得过于严肃，更不要让下属感觉到被管理是一件紧张的事。适当的幽默更能让你的工作得心应手。平时可以搜集一些你喜爱的笑话，在开会或与员工交流时，适时地引用以调节气氛。如果你天生没有幽默细胞，那你至少可以用一些轻松的方式来愉悦下属。不妨直接引用幽默大师的故事，你会获得意想不到的效果，下属也会因为你的幽默而一整天都在轻松、愉悦的环境中工作。心理学研究证明，人在良好的情绪状态下工作，会思维敏捷，解决问题迅速；而当情绪低落、消沉时，会思路堵塞，动作迟钝。

作为管理者，适当运用幽默进行管理，往往能收到事半功倍的管理效果。据美国针对1160名管理者进行的调查显示：77%的人会在员工会议上以讲笑话的方式打破僵局；52%的人认为幽默有助于其业务的开展；50%的人认为企业应该考虑聘请一名"幽默顾问"来帮助员工放松；39%的人提倡在员工中"开怀大笑"。很多聪明的管理者，上至总裁、下至部门经理，已经把它作为一种高效的管理手段运用到日常的管理活动中去了。

某公司老总王先生收到一盆仙人球，喜欢多事的秘书问道："王总，这仙人球是谁送给您的呀？"

王先生看了秘书一眼，笑着说："我老婆送的，今天早上我们大吵了一架，她就送了这盆仙人球向我道歉。你看，上面还有一张卡片。"秘书正打算凑上前去，看一看那张卡片上写的是什么。只听王先生指着卡片说："你念给我听，看她写的是什么？"

"坐在上面！"秘书念道，念完以后，二人禁不住大笑起来。

一位老板竟然让秘书知道自己的家事，还毫无顾忌地把妻子的幽默呈现在下属面前，这在无形中就制造了一个很好的情绪氛围。这位老板是位很有幽默感的人，他这样做，既满足了下属的好奇心，又让下属在单调的工作中感受到了一份轻松和快乐。这样的管理者，必然能赢得下属的喜欢和爱戴。

幽默是具有智能优越感的表现，它能使人与人之间的误会和僵局得以舒缓和化解。对现代企业管理者而言，权威管理已经成为昨日黄花，每个人都不喜欢自己被人板起面孔教训，但却没有人会排斥轻松有趣的幽默。现代管理理念强调的是如何提高员工的工作效率，管理要的就是效果，既然"一顿说教不如一句幽默"，那么就不要让管理成为死板的说教，让它在幽默中达到出人意料的效果吧！

一天，一个中国职员被老板叫进办公室。可是在他拿取桌上的文件时，不小心把美国老板的可乐打翻在了办公室的地毯上，他想老板肯定非常恼火，因为美国老板都很不喜欢蟑螂进办公室，而地上的可乐一定会让蟑螂大规模地向办公室"进军"。于是，他手忙脚乱地赶紧收拾，心里也很担心和紧张。没想到美国老板微笑着说："你不用担心，蟑螂肯定不会进来，因为现在是在中国，中国的蟑螂都爱吃中餐，对可乐没有多大兴趣。"说完之后，两个人都朗声大笑起来。

一个人每天工作长达 8 个小时甚至更多，而且人生中的黄金时段都是在工作中度过的。如果每天都板着一张脸，郁郁寡欢，那么人生还有什么乐趣可言呢？工作中没有愉悦的心情，工作效率又怎么能提高呢？所以，以什么样的心态面对工作就显得尤为重要。作为管理者，应该想方设法将快乐带给每一位员工，让他们在快乐的氛围中轻松、愉快地工作。这样才能提高员工的工作效率和满意度。

那么，管理者应该如何培养和提高自己的幽默能力呢？

做一个快乐的人

能够带着笑容思考、把快乐带给别人的人，必然是一个快乐的人。所以，管理者要学会以快乐的心情面对工作和下属，时刻把笑容展现出来，把快乐带给下属，这样自然而然就能产生幽默感。

扩大知识面

幽默是一种智慧的体现，它是以丰富的知识为基础的。一个人只有具备广博的知识，才能做到谈资丰富、妙语成趣。因此，管理者要想培养幽默感，就必须广泛涉猎，不断充实自己，从各种书籍中搜集幽默的浪花，从名人趣事中吸取幽默的精华。

陶冶情操，学会大度

幽默是宽容精神的体现。管理者要想培养幽默感，就要学会宽容大度，克服斤斤计较的毛病，这样才能从容面对下属在工作中出现的问题或失误，才能让自己的管理工作多一点趣味和轻松，多一份乐观和幽默。

培养敏锐的洞察力，提高观察事物的能力

幽默是一种心灵的"健美操"，需要长期的、有意识的锻炼才能掌握。因此，不断提高观察事物的能力，培养敏锐的洞察力，是提高幽默感的一个重要方面。管理者只有能够迅速捕捉住事物的本质，才能创造出恰当的比喻、诙谐的语言，从而使下属产生轻松、愉快的感觉。

做好日常储备工作

幽默能力并不是一蹴而就的，需要日积月累才能练就。所以，管理者在日常工作和生活中要注意多收集和储备一些有趣的故事并加以润色，使之内化为自己的幽默素材。此外，还可以多看一些喜剧表演或喜剧电影，这样可以在无形之中增强自己的幽默能力。

掌握幽默的分寸和尺度

幽默虽然是一种智慧的体现，但作为企业的最高形象——管理者，在运用幽默时一定要因人而异、因时而异、因事而异，把握好分寸和尺度，处理问题时要机动灵活，做到幽默而不落俗套。比如在公共场合，大家都在全神贯注地研究一个具体问题，如果你突然插进去一个与主题无关的笑话，不但不能产生幽默的效果，反而会让人觉得你莫名其妙。因此，幽默是一种高超的智慧，不是每个人都能运用自如的。它需要你具备丰富的知识和阅历，需要你看好时机和对象，更需要你大脑的机智和灵活。

员工的意见是企业管理的"思想营养"

芝加哥大学商学院的薇尔恩教授说："如果能把员工对公司的看法告诉公司的管理者，管理者就能做出更好的决定。"管理者只有高度重视员工的意见，才能调动员工进言的积极性，让他们畅所欲言。毕竟，员工是处在工作第一线的人，很多时候，他们才是问题的发现者。

一个人的智慧就像一滴水，而众人的智慧则是大海。将一滴水曝于烈日之下，水会干；而将这一滴水汇入大海，那么它不仅不会干，还能兴风作浪。企业管理也是如此。在一个企业中，单单是管理者一个人的智慧，绝对比不上群众的智慧，所以，管理者应该积极听取和高度重视员工的意见，这样才能减少决策失误，提高管理的效率。更重要的是，员工的意见一旦得到了管理者的重视，员工的积极性就会被极大地调动起来，从而促进企业的成长和发展。

春秋时期，子产任郑国宰相。当政期间，他很重视听取"国人"的意见，其中最为后人津津乐道的是"子产不毁乡校"，即他主张保留"乡校"，尊重百姓们的议论自由。

当时，郑国的百姓们喜欢到乡校（相当于农村的公共场所）聚会聊天，议论执政者施政措施的好坏。有一个叫然明的大夫怂恿子产说："乡校有帮人整天到晚没事干，聚在一起议论朝政，这样下去，早晚会出事的。我们干脆把它毁了算了。"

子产却说："百姓们干完活回到乡校议论一下朝政的好坏是件好事。我们正好可以通过民意来了解施政措施的效果，他们喜欢的，我们就推行；他们反对的，我们就改正。为什么要毁掉它呢？"

子产告诉然明，作为一国的管理者，如果想减少百姓的怨恨，最好的方法就是尽力为他们做好事，而不是依仗权势来防止怨恨，制止议论。这就像治理河道一样，堵不如疏，堵只能让百姓们受到伤害。与其这样，还不如开个小口导流，将百姓的意见当做我们"治病的良方"。

子产的一席话，听得然明心悦诚服，从此他再也不提拆毁乡校的事了。

作为管理者，在对待被管理者的意见方面，子产无疑是很成功的，他通过间接听取百姓们最真实的"心里话"，来指导自己的施政思路，校正自己的施政措施，从而做到了有的放矢，提高了管理效率。

其实，管理者根本不需要担心那些闲言碎语，"谁人背后无人说，哪个人前不说人？"议论并不一定会给当事人带来坏影响，反而可以提醒自己改正不足之处。

管理者可以无所不用其极地杜绝、敌视员工的私下非议，却无法使他们不在心里评价、质疑你的能力，也无法左右人心的向背。所以，员工沉默并不意味着顺从，相反，沉默中常常蕴含着可怕的破坏力量。

在我国历史上，唐太宗算是一个主动意识到这种"可怕的破坏力量"的管理者，所以尽管他是九五之尊，身居庙堂之高也时刻不忘虚心纳谏，不断体察民情，了解民意，以防失政激起民变。他说："君，舟也；民，水也。水能载舟，亦能覆舟。"深知这个道理的唐太宗减税轻刑，对待臣下百姓做到了"收放自如"。结果，当时的唐朝成为世界上最强大的国家，造就了"贞观之治"的传奇盛世。

历史是一面最好的镜子，更是一本很好的教材。一些企业家之所以做得非常成功，与他们善待员工、倾听员工心声、重视员工意见是分不开的。在企业内部，他们通过各种能够收集员工意见的途径（如与员工聊天、手机短信、电子邮箱、书信投递等），及时了解员工真实的思想状况，并加以重视，用心从员工的各种意见中淘筛企业的"金点子"，或者作为化解、缓和员工矛盾的"润滑剂"。

在这方面，印度富商、威普罗公司总裁阿兹姆·普林吉为管理者树立了榜样。普林吉认为，员工是企业各种工作的实际执行者，他们是最理解工作细节的人。因此，员工的意见对企业来说是弥足珍贵的。在日常工作中，员工可以注意到很多管理者忽视的小问题。为此，普林吉宁愿放弃参加高级酒会的机会，也要坐下来与员工一起吃饭、聊天，听一听他们对公司的意见和看法。

在民主、轻松的聊天氛围中，普林吉往往能了解到很多应该改正的工作细节。普林吉鼓励员工对公司的一切事务提出宝贵意见。这些事务大到公司的重大决策，小到工作中的琐碎小事，只要员工提出的意见是正确可行的，公司很快就会采纳，并尽快付诸实践。看到自己的意见被采纳，员工们常常感到无比欣慰和满足，对企业的责任感也油然而生。这种对员工意见的重视，不仅为威普罗公司留住了大量优秀的人才，也为企业凝聚了强大的推动力。

俗话说："三个臭皮匠，胜过一个诸葛亮。"管理者如果能认真听取员工的意见，让所有员工充分发挥他们的聪明才智，企业的发展潜力将是无限的。但是，听取员工意见并不只是设置几个意见箱那么简单，最重要的是把员工的意见落到实处。如果员工提出的意见得不到落实，企业就会对员工失去信用，从而会最终失去获得丰富信息的渠道。

作为一名企业管理者，绝不能刚愎自用，搞"一言堂"，而应该多听听员工的意见，视员工意见为企业发展和企业管理的"思想营养"。一个管理者只有多听取员工的意见，充分利用员工的智慧和能量，集思广益，群策群力，才能使企业永远立于不败之地。

管理者有效沟通的六大原则

> 有效沟通是企业内部的润滑剂，能够使企业内部部门之间，员工之间，管理者与被管理者之间更加融洽和默契，将企业中可能出现的问题消灭在萌芽状态。同时还能创造良好的工作氛围和人际关系，使员工工作起来更加轻松、愉快和高效。

所谓有效沟通，是指通过听、说、读、写等思维载体，通过演讲、会议、谈话、讨论、信件等形式，准确、恰当地将沟通主体的意思表达出来，以促使沟通客体接受。

要想达到有效沟通的目的，必须具备两个条件：第一，沟通主体清晰地表达信息的内涵，以便沟通客体能准确理解；第二，沟通主体重视沟通客体的反应并根据其反应及时修正信息的传递，以免引起不必要的误解。只有满足了这两个条件，沟通才会有效。否则就是无效的沟通。

有效沟通主要是指组织内部的沟通，尤其是管理者与被管理者之间的沟通。在企业管理中，沟通的重要性可以通过两个70%很直观地反映出来：第一个70%，是指管理者用在沟通上的时间约占全部时间的70%，比如开会、与员工谈话、做报告、谈判、对外拜访等都是沟通的表现形式，这些工作内容占据了管理者的大部分时间。第二个70%，是指企业中70%的问题是由于沟通不畅或沟通有障碍引起的。比如企业效率低下的问题，往往是因为有了问题之后，大家缺乏沟通意识或不善于沟通造成的。再比如企业执行力差，管理者领导力不高的问题，归根结底都与沟通能力的欠缺有关。

在一个企业内部，沟通是信息传递的最主要方式，只有通过沟通，信息才能在管理者与员工之间、员工与员工之间得到传播。如果不能实现有效沟通，上级与下级之间、部门与部门之间、员工与员工之间就不能很好地分工协作，企业的各项工作就难以顺利开展。因此，管理者需要时刻检查自己的沟通是否有效。

然而，实现有效沟通并不是一件容易的事。管理者要想做到有效沟通，必须把握好以下几个要点：

没有调查就没有发言权

毛主席说过："没有调查就没有发言权。"沟通也是如此。管理者只有经过调查，才能了解事情的真实情况，如果不明就里、胡乱指挥，只会导致沟通的失败。当然，这并不是要求管理者不去管理、计划、指挥、控制，而是要求管理者能够掌握事态的发展，及时有效地与员工进行沟通，了解事情的真实情况，而后再根据这些情况进行有效的管理和控制。

做好沟通前的准备工作

管理者在与沟通对象沟通之前，必须做好准备工作。缺乏沟通前的准备工作，很容易造成沟通过程中"东扯葫芦、西扯瓢"的局面，既浪费双方的工作时间，又不利于问题的解决。因此，管理者要想实现有效沟通，必须要有明确的沟通主题，事先安排好沟通提纲，先说什么、后说什么，做到心中有数。同时，管理者还要注意沟通的艺术性，比如管理者在与员工沟通工作时，一定要考虑到员工的心理承受能力，先肯定其成绩和好的方面，再指出其不足和改进的方法。

学会积极倾听

沟通是一个双向互动的过程，只有通过沟通双方的积极配合，即通过双方的沟通、倾听、反馈，再沟通、倾听、反馈的循环交流过程，才能使沟通的目的得以实现。很多人以为，沟通就是用嘴说。其实不然，沟通的基础是听，只有听清、听懂了对方的话，才能理解对方的意思。只有充分理解了对方的意思，才能获得对方的理解，从而为良好的沟通打下基础。

对企业管理者而言，沟通的过程其实就是征求意见和建议的过程，是发动员工参与企业管理的过程。因此，管理者应该广开言路，闭口、开耳，积极去倾听。为此，管理者要创造一种让员工可以畅所欲言的沟通环境，建立起一套有效的沟通机制，用以倾听员工的心声，听取员工的意见和建议，制定出符合员工期望与切合实际的制度和措施，从而赢得员工的理解、信任和支持，获得良好的工作氛围及和谐的人际关系。此外，管理者还要注意，在倾听员工讲话时，一定要尊重对方，不要随便打断对方的谈话，并且要精神集中，这样才能获得大量有益的信息。

注意减少沟通的层级

信息传递的参与者越多，信息的失真率就越大，因此，管理者要想实现有效沟通的目的，应该尽量减少沟通的层次，最好能与沟通对象直接面谈，这样才能保证信息及时、有效地传递给对方，达到沟通的目的。

沟通要有多变性

在一个企业中，员工由于年龄、受教育程度、专业、家庭背景以及工作分工的不同，对同一句话、同一份文件或其他东西的理解就会千差万别。比如人们说的"行话"，置身其外的人根本不理解它的意思，所以说出来也只是"对牛弹琴"。

有一个秀才出去买柴。刚一出门，他就看到一个担担卖柴的农夫，于是他对农夫大声喊道："荷薪者过来！"农夫根本听不懂"荷薪者"是什么意思，一下子愣住了，不敢朝秀才走过去。秀才见状，只好自己走上前去问价："其价如何？"农夫虽然没有听懂这句话，但听懂了其中一个字——"价"，于是把价钱告诉了秀才。秀才接着说："外实而内虚，烟多而焰少，请损之。"农夫因为听不懂秀才的话，于是担着柴转身要走。见农夫转身要走，想到这么冷的天气，没有柴怎么取暖？秀才一下子急了，一把抓住农夫的柴担，说："你这柴禾表面上看起来是干的，里头却是湿的，烧起来肯定会烟多焰少，请降低些价钱吧！"

这个故事给管理者的启示是：要使沟通有效，必须根据沟通对象的不同适当改变沟通方式，即管理者要做到"见人说人话，见鬼说鬼话"，使沟通具有多变性，这样才能使你的语言更容易被别人理解，从而达到有效沟通的目的。

让倾听者对沟通产生反馈行为

沟通的最大障碍在于员工的误解或对管理者的意图理解得不准确。在工作过程中，很多管理者常常会遇到这样的现象，自己对员工布置工作时说得唾沫喷飞、滔滔不绝，而员工在执行过程中却常常变形走样，与自己的期望南辕北辙或相去甚远。这说明管理者与员工之间存在着沟通问题，要么是管理者传达得不到位，要么是员工理解得不到位。事实上，这种沟通问题通过有效的方法是完全可以避免的。比如，管理者在与员工沟通问题时，在沟通结束后特意加上一句："你明白我的意思吗？"通过这样的双向交流，就可以增强员工对管理者意思的正确理解，纠正认识上的偏差。

管理者要充分重视有效沟通的重要意义，找出对每个员工最佳的沟通方式，这样才能通过沟通提高员工的积极性和工作效率，促进企业的发展。

建立企业内部沟通机制的四大要求

在企业的经营管理过程中，企业内部的沟通效果如何，往往决定着企业的管理效率。畅通而有效的企业内部沟通机制，有利于信息在企业内部的充分流动和共享，有利于提高员工的工作效率，有利于增强民主管理，促进管理者决策的科学性与合理性，有利于企业绩效目标的实现。

对一个企业而言，建立一套畅通的内部沟通机制是必不可少的。但大多数企业并没有认识到建立企业内部沟通机制的重要性和必要性，因此，很多企业在管理过程中，都不可避免地存在着沟通方式单一、沟通效率低下等问题。因此，加强企业内部沟通机制的建设是企业管理者必须紧抓的一个问题。

具体来说，管理者应该从以下几个方面建立健全企业内部沟通机制：

沟通要制度化、规范化

在企业内部，沟通需要规范化，也就是说用什么样的方式、什么样的格式、什么样的语言要有一个统一的规范，这样就不会因为沟通方式不同而产生信息差别。要想实现这一目标，最好的方法就是使沟通形成一种制度，使之成为一种制度化、规范化的企业内部沟通渠道，这样员工才能直接参与到企业管理中去，与管理者保持实质性的沟通，使员工的各种意见和建议能够以公开、正面、肯定的形式表达或宣泄出来，从而提高企业内部信息沟通的管理水平。

沟通要有信息化

当今时代，企业的信息化（企业信息化的实质是将企业的生产过程、事务处理、现金流动、客户交互等业务过程数字化，通过各种信息系统网络加工生成新的信息资源，提供给各层次的人们洞悉、观察各类动态业务中的一切信息，以做出有利于生产要素组合优化的决策，使企业资源合理配置，以求得最大的经济效益，其中，计算机网络技术是企业信息化的最重要实现手段）程度越来越高，企业的信息化要求企业内部的沟通也要信息化，因为信息化能加强企业内部的沟通和交流，提高沟通效率。有条件的企业可以通过内部网络办公，加强企业内部员工之间、部门之间、管理者与员工之间的交流和沟通，以提高工作效率。同时，沟通信息化也为员工积极参与公司管理开辟了畅通的渠道，而且能节约办公成本，大大提高劳动生产率和企业内部整体的运营效率。

沟通要具有双向性

企业的沟通不是单向的，必须具备双向性的特点，也就是说，沟通信息必能实现上情下达和下情上达的双向互动，这样才能保证企业沟通的正向性和准确性。但是，目前很多企业只注重自上而下的沟通，却忽视了自下而上的沟通，这种沟通只是单向的，只偏重于管理者传达命令，而缺乏来自员工的反馈，这样一来，很可能使企业内部沟通信号被误解或曲解，造成沟通的障碍。因此，企业沟通必须遵循双向性的原则，尤其要重视"下情上达"的沟通过程。这样才能消除员工的疑虑，提高员工对企业的参与意识，营造出一种民主、进取、合作的健康氛围，从而实现企业和员工的双赢。

沟通方式要多样化

目前，大部分企业最常见的沟通方式是书面报告和口头表达。这两种沟通方式都有其不可避免的弊端和缺陷：书面报告容易掉进"文山会海"当中，大大降低沟通的效率；而口头表达则容易受个人的主观意识左右，无法客观地传达沟通的内容。因此，企业内部的沟通方式需要多样化，拓宽沟通的渠道和途径。

第一，需要企业管理者与员工的直接沟通。企业管理者应该定期或不定期地走到基层员工队伍中去，与基层员工进行沟通和交流，了解员工的思想状况；管理者还可以通过与员工代表座谈的形式，听取员工对企业决策或管理的意见和建议，听取员工的心声和意愿。

第二，需要企业管理者与直属单位、部门负责人相互沟通。管理者可以通过一些会议和非正式会议及拓展活动来进行沟通，如每月召开生产经营分析会、每周召开例会等，通过这些形式对企业的一些重大决策和经营状况进行上传下达。

第三，需要部门之间或下属单位之间相互沟通。企业各部门以及下属单位之间，可以通过召开座谈会、开展联谊活动等形式互相沟通，以增进相互之间的了解、理解和支持，增强企业的凝聚力和向心力。

第四，需要部门与员工之间的沟通。可以通过部门的例会、交谈、布置工作等形式来达到沟通的目的。

第五，需要积极开展多种形式的文娱活动，丰富员工的业余文化生活。企业可以通过举办体现企业团队精神的文体活动，如文艺晚会、拔河、篮球比赛等，为管理者和员工构筑一条轻松、愉快的沟通渠道。

第六，需要积极办好企业内部刊物。企业可以通过自办的报纸或刊物，及时刊登企业的生产经营情况或员工的思想动态，并及时将企业内部的重大决策或重要活动等及时传达给员工，从而使员工的思想和行动与企业保持高度一致。

第7章

人才为我用，

操控要"知人善任"

对管理者来说，用人的本领往往比个人的才智更关键。俗话说："纵然浑身是铁，又能打几根钉子?"如果管理者刚愎自用，不懂得如何用人，必然会疲于奔命，最终难逃失败的命运；反之，如果管理者敢于并善于使用人才，便可以轻松地当个"甩手掌柜"，让成功自己送上门来。

德才兼备，企业用人的至高境界

　　《尚书》有云："任官唯贤才。"意思是说，任用官吏时必须选择德才兼备的人。所谓德才兼备，是指思想作风、道德品质及专业知识、工作能力的统一。德才兼备不仅是选任官吏的标准，也是企业选人用人的至高境界。

　　古往今来，德才兼备一直是优秀管理者的任人标准。清乾隆皇帝就是这样一位优秀的管理者。

　　以人为本是乾隆用人思想的基础。他在选用人才时，把德才兼备作为最高标准，并且以德为先，宁可用品德胜于才能的人，也不用才能胜于品德的人。他非常痛恨那些无德的官员，即使才高八斗、能力超卓也无济于事。所以他一直严格要求负有考察、举荐和参劾官吏责任的大臣们遵循"德居首位"的选才原则。

　　有一次，贵州总督张广泗向乾隆举荐云南迤东道员王廷琬，说他是一个才学过人的人。但乾隆听说王廷琬曾因贪污被革职，于是认真查阅了他的档案，结果发现王廷琬在任职期间曾经损公肥私、中饱私囊，且数量巨大。当年王廷琬犯事的时候，按照大清律例，本应判以重罪，只因乾隆初登帝位，大赦天下，所以逃脱了惩治。乾隆认为，王廷琬品德恶劣、行为不端，绝对不能予以重用，并且对张广泗不负责任的用人态度进行了严厉斥责。

乾隆认为，官员的德不只体现在忠诚、廉洁方面，更应体现在勤政爱民上，而且这也是最基本的衡量尺度。一个真正的好官，应该既能"经划有方，劝课有法，使地有遗利，家有盖藏者"，又能"视百姓如赤子，察有饥寒，恤其困苦，治其田里，安其家室"。这就对官员的选拔提出了一个高标准、严要求：既能采取有效措施发展地方经济，又能体察和关心百姓疾苦，时刻以民为念。

"宰相刘罗锅"是大家都非常熟悉的人物，乾隆"任人唯贤"在他身上得到了集中体现。刘墉"身材矮小，前有鸡胸，后有驼背，外号刘罗锅"，但他博学多才，才华横溢，曾一举夺得乾隆时朝的科举状元。相传在刘墉参加殿试那天，乾隆和在场的一些大臣见他是一个罗锅，所以打算为难他一下，命他以自己为题作一首诗。刘墉不假思索，出口成章："背驼负乾坤，胸高满经纶。一眼辨忠奸，单腿跳龙门。丹心扶社稷，涂脑谢皇恩。以貌取才者，岂是贤德人。"乾隆听了不禁喜出望外，连声称赞刘墉是一个奇才，并且委以重任。

刘墉为官一直严格恪守"保廉反贪，崇俭戒奢"的原则，在任期间，他"盘查仓储，勘修城垣，整顿吏治，镇压反叛"，并且敢于把矛头指向权势显赫的佞臣，更令乾隆刮目相看。刘墉一生廉洁奉公，深得乾隆器重，一度官至宰相，可见乾隆对德才的重视。

德才兼备的人才虽然难求，但乾隆作为大清帝国的"CEO"，并没有因此而降低求才的标准。正因为如此，他才拥有了像刘墉、纪晓岚这样德才兼备的人才，从而为天下大治奠定了人力资源的基础。

曾国藩说："有才无德，近于小人；有德无才，近于愚人；与其有才无德近于小人，不如有德无才近于愚人。"这是曾国藩的用人观，他认为"德为本质、才为功能""德如水之养育众生，才如水之载物溉田"。在操守、学识、才干三者当中，操守应当居于首位。这种用人观被当代许多企业沿承下来。

环顾国内外那些知名的大企业，我们不难发现，他们的用人之道中有一条铁打的"金科玉律"：关注人才的德行和才能。

微软亚洲研究院人力资源部的王女士说："微软研究院用人的标准除了重视扎实的基础和专业知识、足够的创造力、工作热情、团队精神外，尤其看重人才的职业道德，应聘者要经过严格的面试，以考核其是否正直、诚信。"

中国普天信息产业集团人力资源副总经理刘建军说："对于人才，我们比较看重他们的实践能力，但更看重他们的职业道德。"

诺基亚人力资源部总监严金坤说："我们的招聘工作是比较严格的，需要花很多时间，因为我们觉得价值观和思想比较重要。技术很容易学到，硬件也很容易学到，软件就比较难一些。"

由此看来，这些知名大企业不仅看重人才的专业技能和硬件，更看重人才的道德软件。

如果一个人"才高八斗"，但道德品质低劣，那么他的本事越大，反而越"难以驾驭"；相反，如果一个人既具备卓越的才能，又具有端正的品行、廉洁的操守，将来必定能担当大任，成为企业的栋梁。

"德才兼备，德为先"是惠普用人的基本原则。在惠普，"德才兼备"绝对不是一个空口号，而是有很多严格的指标和要求的。

惠普要求员工在经营活动中必须时刻牢记和遵守公司的职业道德规范，绝不能急功近利、不择手段，否则就算完成了工作任务，也可能以牺牲客户的利益为代价，或者对竞争对手造成了不公平的局面。惠普认为，一个出色的员工不仅要得到自己公司的认同，更要得到用户和竞争对手的认可和尊重。惠普是这样对"德"进行定义的："德"就是企业提倡的价值观念。价值观念背后就是对好坏、对错、善恶的评判。比如，惠普认为，在经营过程中，即使是为了公司的利益，也绝不能以牺牲公正利益为代价，更不可以违法，这就是惠普的基本价值观念。

重用什么人、提拔什么人，不仅体现了企业对人才的态度，也代表了企业的走向。如果提拔的都是德才兼备的人，其他员工就会努力朝这个方向努力，进而带动企业向更高的方向发展。反之，企业则会陷入急功近利的泥潭，难以实现持续、健康的发展。

当然，"德才兼备，德为先"并不是说可以忽略"才"的重要性。管理者在注重员工道德品行的同时，也要注重员工知识能力的提升。两者齐头并进，培养"德才兼备"的员工，才是企业用人之道的至高境界。

用人要敢于向高学历"亮剑"

用人不能只看重"学历"，能力才是最重要的。管理者应该在思想上辨析清楚，理清思路，树立"不拘一格选人才"的观念，既要看文凭，更要看能力；既要看学业，更要看素质。把那些不合时宜的、似是而非的条条框框全然抛弃，使人尽其才，这样才能促进企业的发展。

古人云："事必有非常之人，然后有非常之事；有非常之事，然后有非常之功。"又云："不谋全局者，不足以谋一域；不谋万世者，不足以谋一时。谋一域，当谋全局；谋全局，必重人才。"作为一个管理者，只有怀着强烈的责任意识和大局意识，具有远大的目光和开阔的胸怀，树立科学的用人观念，才会有求贤若渴的爱才之心、伯乐相马的识才之智、海纳百川的容才之量、知人善任的用才之艺。这样才能让企业发展得更好，而不懂得识人才的管理者只会让企业停滞不前甚至倒退。所以，身为管理者，一定要具有慧眼识人才的本领。

比尔·盖茨是 IT 界赫赫有名的重量级人物，但就是这样一个学富五车的人物，要到一些人才市场上去应聘，肯定会被用人单位拒之门外。因为按照一些企业的人才标准，只有拥有本科以上学历的人才能称之为"人才"，而比尔·盖茨在美国连大学都没有读完，充其量是一个大学肄业生。

在现实生活中，人才的标准是不同的，"学历职称即人才"之所以长期成为人才评价的重要依据，是有其产生的时代背景的。以学历论人才，从某种程度上说是社会文化教育水平低的结果。在一个文化教育水平很低，文盲、半文盲占很大比例的社会中，文化教育水平的差距可能是人才素质差距中最大、最重要的差距，学历因此具有标志性意义，成为衡量人才最权威的标准。而现在随着社会文化教育水平的逐步提高，特别是高等教育的发展，学历的相对价值也就被逐渐削减了，学历作为人才评价基本标准的权威性招致越来越多的质疑和非议，有学历的人不一定就是人才，人才的标准不能只凭一张学历而定。

"人才不问出处，用人不拘一格。"一个合理的、科学的人才评价标准，既能使拥有学历和职称者英才辈出，也不会把自学成才者埋没。"不拘一格用人才"，是选人、识人、用人中的一种"高境界"，是由必然王国向自由王国的飞跃。实现这一飞跃，管理者需要有大局思想和责任意识。如果不负责任、不用心思、不展胸怀、不担勇气，是很难做到不拘一格用人才的。

要确立科学的用人标准，就应当体现"不拘一格"的精神。所谓"格"，就是标准。而这个标准，就是要切实做到用人当用最恰当的人，要克服和避免用人中的唯学历、唯资历是举的倾向，做到重学历而不唯学历，重资历而不唯资历。人才不是招来的，是企业培养出来的。在最基层的操作工（临时工）中，不乏勤恳、踏实、敬业的员工；不乏文化素质较高，思想进步的员工。他们练就了精湛的操作技能，积累了丰富的生产经验。他们在许多方面强于正式工，他们更能为企业创造价值，但他们对自己在公司里的前途没有信心。所以，作为管理者，一定要注意培养类似这样有能力的人才。

《让学历见鬼去吧》这本书听起来似乎很不入流，好像是一本拼凑之作，其实不然，它是日本索尼公司的创始人盛田昭夫的大作。盛田昭夫在这本书里说了一句狠话："我想把我们公司每个员工的档案都毁掉，这样一来就可以在索尼内部杜绝因学历和经验而出现的歧视现象。"

摧毁所有人的档案，这是个很不错的想法！但是在现实的企业招聘中，还是经常看到学历和经验的限制。经验成了找工作的筹码，有些人甚至开始制造一些假经验。在美国，招聘者根本无法识别应聘者的经验是否真实，因为有八成以上的应聘简历都是假的，很多人都根据应聘单位的需要，随意改变自己的工作经验，一会儿是在 IT 行业中干过 3 年，一会儿又变成了在销售行业中做了 4 年，那些常常奔波于人才市场上的人，往往把自己的简历编制得异常丰富，但往往中看不中用。因此，管理者应该摒弃唯学历用人的错误思想。

如今，许多世界著名企业在用人上大都以挑选适合自身发展的可用之才为标准。世界快餐业巨头"麦当劳"在招聘员工时，选择的就是相貌普通、教育程度一般的"中才"；英特尔公司在高校招聘时，更喜欢各科成绩虽然中等，但富有创意的学生；日本东芝公司重文凭而不唯文凭，致力推行"适才所用"和"重担子主义"，通过给那些招来的文凭和能力一般的员工施加压力和动力，使他们的潜在能力得以发挥，个人价值得以实现。

由此可见，科学的用人标准对人才的选拔起着至关重要的作用。如果标准适度，条件适当，"门槛"适中，就有可能招来大批可用之才；如果标准过严，条件过苛，"门槛"过高，就有可能把一大批单位既需要又合适的人才拒之门外。所以，用人不要把"表象"看得太重了，只要适合，就应该"不拘一格用人才"。

把学历作为衡量人才的主要标准甚至是唯一标准，显然有失偏颇。因为企业需要的是有"真材实料"的人才，而不是中看不中用的摆设。俗话说："是骡子是马，拉出来遛遛。"所谓"遛遛"，就是通过实践来检验，坚持人才的实践标准。因此，管理者在衡量、选拔和使用人才时，应当坚持德才兼备的原则，综合考察其品德、知识、能力和业绩等情况，而不能以偏概全，唯学历是举。只有这样，才能形成人才辈出、人尽其才的局面，更好地推进企业的发展。

敢于任用强于自己的人

在美国钢铁大王安德鲁·卡内基的墓碑上刻着这样一段文字："这里安葬着一个人，他最擅长的事，是把那些强过自己的人组织到他管理的机构中为他工作。"作为企业的管理者，一定要具备卡内基这种精神：敢于任用强于自己的人。

美国钢铁大王安德鲁·卡内基有一句非常经典的话："你可以把我的工厂、设备、资金全部夺去，但是只要保留我的组织和人员，几年后我仍将是一个钢铁大王。"卡内基之所以成功，主要是因为他善于运用比自己强的人。在今天，管理者更要具备这种胸襟、气魄和能力。

英国学者贝尔具有很高的天赋，人们都说如果他研究晶体和生物化学，一定会获得诺贝尔奖。但他却一直默默无闻，自甘奉献，将很多开拓性的课题提出来，并指引别人登上了科学的高峰，这就是著名的"贝尔效应"。

贝尔效应要求管理者具备伯乐精神和人梯精神，能够以慧眼识才，放手用才，敢于提拔和任用能力强过自己的人，积极为有才干的下属创造机会，让下属脱颖而出。这样才算一个合格的管理者，优秀的管理者。古今中外，凡成就大业者无一不是如此：刘邦任用汉初三杰（张良、韩信、萧何），方得西汉天下；刘备三顾茅庐请孔明，方三分天下得其一；李世民善用"房谋杜断"（指唐太宗时，名相房玄龄多谋，杜如晦善断），方开创"贞观之治"的繁荣局面。他们的成功，就在于敢于起用比自己强的人。

北宋时期，王旦任太尉，他曾力荐寇准为宰相，但寇准却"忘恩负义"，多次在皇帝面前指责王旦的缺点。王旦却恰恰相反，总是夸赞寇准的优点和长处。

一天，皇帝对王旦说："爱卿你知道吗？虽然你经常夸赞寇准的优点，但是他却经常说你的坏话。"王旦说："本来就应该这样嘛。我长期居于宰相的位子上，处理政事难免有很多失误。寇准在您面前大胆地指出我的缺点，越发显示出了他的忠诚，这就是我看重他的最主要原因。"

一次，王旦主持的中书省向寇准主持的枢密院送一份文件，文件违反了规格，寇准立即将此事汇报给了皇帝，王旦因此受到了皇帝的责备和处分。不久后，枢密院也有一份文件送往中书省，也违背了规格，王旦不仅没有将此事汇报给皇帝，而且偷偷把文件退还给枢密院，让他们主动改正。

寇准为此感到十分惭愧。后来，寇准升任武胜军节度使同中书门下平章事，他向皇帝感谢道："不是陛下了解我，如何能得到如此重用。"皇帝对他说："这完全是王旦推荐的结果啊！"寇准为此更加敬服王旦。

王旦任北宋宰相12年，经他推荐的大臣有十几个。贝尔效应在他身上得到了集中体现。

在企业中，管理者用人更要具有贝尔精神，敢于提拔和任用能力比自己强的人，为有才干的下属创造机会，这样企业才能得到更好的发展。

美国奥格尔维·马瑟公司总裁奥格尔维就是这样一位出色的管

理者。

一天，奥格尔维召开了一次很特别的董事会议。他在每个董事面前都放了一个相同的玩具娃娃。董事们面面相觑，不知道是什么意思。奥格尔维说："各位把面前的玩具娃娃打开看看吧，那就代表你们自己！"董事们一一把玩具娃娃打开，结果发现：大娃娃里装着个中娃娃，中娃娃里装着个小娃娃。他们继续打开，里面的娃娃一个比一个小。当他们打开最里面的玩具娃娃时，看到里面有一张奥格尔维亲手写的纸条："如果你经常雇用比你弱小的人，我们的公司将来就会变成一个矮人国，变成一家侏儒公司。相反，如果你每次都雇用比你高大的人，我们的公司将来必定成为一家巨人公司。"这件事给董事们留下了深刻的印象，所以在以后的岁月里，他们都尽力任用能力比自己强的人才。

后来，人们便把奥格尔维的用人之道称为"奥格尔维法则"，也称"奥格尔维定律"，它强调的是人才的重要性，要求管理者善于运用比自己更优秀的人。

然而在现实生活中，很多管理者在用人时，却总是抱着"武大郎开店"的心态，对高过自己的人一概不用，对低于自己的人却情有独钟，大加使用。之所以会出现这种现象，一方面是嫉妒和自私的心理在作祟，管理者担心能力比自己强的人羽翼丰满后会取代自己；另一方面也是缺乏自信心的表现，管理者担心自己不如下属，会丧失自己的威信。这种用人观，既会埋没优秀的人才，挫伤员工的工作积极性，又会给企业造成巨大损失。

事实上，管理者敢于和善于使用比自己强的人，不仅不会威胁自己的地位，相反，这种用人观会避免下属用阿谀奉承的手段混饭吃，促使他们凭真本事、真功夫去做事、去成事，从而有助于管理者巩固地位，树立权威。

是否敢于和善于任用比自己强的人，这是管理者在用人上对自己的最大考验。能否做到这一点，取决于管理者的心胸、态度、胆识和魄力。管理者如果能大胆任用比自己强的人，下属得到的将是机会、是锻炼、是信任，这样一来，他们就会有"两肋插刀"和感恩的情怀，从而努力工作，积极进取，追求卓越，团队和企业也能得到更好的发展。

信任是最大的表扬

> 被重视、被信任是每个人的渴望，敢于放手用人对企业来说非常重要，只有给予员工高度的信任，为员工提供施展才华的舞台，才能让员工更加忠诚地为企业服务。

古语常说："用人不疑，疑人不用。"这句话说的就是对人的一种信任。从这个意义上来理解，美国著名将军巴顿为管理者们树立了很好的榜样。

盟军总司令艾森豪威尔在诺曼底战役时任命一名军官到第三集团军当师长。那时，巴顿正是第三集团军的司令。当他听说这个消息后，立即表示反对意见。因为巴顿坚定地认为那是一个很无能的人，所以坚决不同意让他在自己手下做事。可艾森豪威尔不这么认为，他坚持自己的意见。

不久后，巴顿担忧的事情果然发生了。这位军官确实把事情处理得一团糟，打了个大败仗。这个时候，艾森豪威尔终于意识到了问题的严重性，他立刻命令那个军官辞职。但令人出乎意料的是，巴顿这时又坚决反对他辞掉这名军官，这真是让人匪夷所思。

起初，巴顿第一个站出来反对任用这名军官，可现在，他竟然一改初衷，不同意辞退这位无能的军官。这也难怪艾森豪威尔会表现出如此的质疑。巴顿不紧不慢地解释了问题的奥秘："当初他表现不好，但那时候他是你们多余的军官之一，可现在不同了，他已经成为我的部下，既然如此，我就要信任他的能力并承担他的一切。无论好坏，我都会竭尽全力使他成为一名合格的将军。"

巴顿的一席话，令所有人的心都发生了震撼，而那位军官更是对巴顿由衷地感激，从此以后，他刻苦学习，终于成了一名合格的将军。

巴顿将军的这一做法有三大效用：

第一，使那位军官对他心存感激，从此奋起直追，最终成了真正的可用之才。

第二，让其他士兵由衷地敬佩，愿意跟随他，服从指挥。

第三，让上级对他刮目相看，认识到他是一个不推卸责任、勇于承担的优秀司令。

由此可见，巴顿将军之所以能得到将士们的尊重和爱戴，主要是因为他给予了下属充分的信任。

在对离职员工的离职原因进行调查时，很多离职员工反映：管理者把权力紧紧抓在自己手中不肯放权，不信任员工，下面的人没有发挥才能的机会，这是他们离职的最主要原因。在这个越来越注重精神需要的时代，对企业员工而言，给予他们必要的信任，赋予他们更大的决策权是精神激励的重要组成部分。

在一个企业中，员工其实更强调工作中的自我引导，他们大多具有强烈的自主性，不仅不愿意受制于物，而且不愿意忍受上级的指挥。现时代的员工通常具有获得更大成绩的意识，企业对他们委以重任，能够有效激励他们的工作积极性，让他们对工作有更大的热情，发挥更大的主动性。因此，作为管理者，最重要的职责之一就是从内心里信任自己的员工，给予他们施展个人才智的空间和权力。

巴特是微软首席技术官，他对盖茨在员工信任方面的做法有很深的感触。他在52岁时，通过盖茨的亲自面试，进入微软公司，他拥有非常宽松、自由的工作环境。之后，除了盖茨偶尔向他请教一些问题外，几乎没有别人来打扰他。巴特说："微软并不给我派任务，也没有规定我研究的期限，我可以专心地钻研一些我感兴趣的问题。有时候，盖茨会来问我一些很难解答的问题，比如大型存储量的服务器的整体架构应该是怎样的？诸如此类的问题我一般都不能马上回答，而要在一两个月之后才能答复，因为我需要整理一下思路，还有许多资料。"

有了这么充分的信任，巴特既不需要从事繁重的产品开发工作，也不需要从事麻烦的行政管理工作，他能够安心从事自己喜爱的科学研究。

大多数时间，巴特都待在微软研究院里，即使几个月、一两年都没有研究成果，他的薪金和股份也不会受到影响。这很令人感到匪夷所思，但却是事实。因为盖茨提供了如此宽松的工作氛围，巴尔默、谢利、莱特温、西蒙伊等许多英才都聚集到微软的旗下效劳，他们愿意跟随盖茨。"这都是些重量级的思想家。"盖茨十分自豪地说。

高度的信任，能够换来人才的真诚，因为他们有了足够的空间和自由去发挥自己的长处，追求自己的梦想，这样一来，他们往往能做出更多更好的成绩。

拿巴特来说，在加入微软的 4 年里，他就研究出了 6 项重大成果，在这些成果当中，电子邮件的加密软件程序在业界的影响是重量级的。

由此可见，信任员工绝对是充分激发员工创造潜力的法宝，信任员工甚至能为企业带来不菲的价值。

可是大多数管理者往往只是相信自己，他们对他人不能真正地放心，经常干涉员工的工作。

有这样的管理者，员工自然就会束手束脚，渐渐养成妥协、依赖、从众、麻木、封闭的坏习惯。那些有主动性和创造性的员工即使不离职，在这种氛围下也将变得碌碌无为。久而久之，企业就会丧失蓬勃的生机，失去发展的活力。

那么，作为管理者，应该怎样信任自己的员工呢？

信任员工的道德品质

作为管理者，你是否总是对员工持怀疑的态度？哪怕是企业的基层员工，也都有自己的人格和尊严，如果一个人被怀疑，特别是被人怀疑自己的道德情操，毫无疑问，这一定会严重挫伤他对工作的主观能动性。与此同时，其他员工也会产生畏惧心理，人人自危，员工们提心吊胆，谁还勇于在工作中创新？他们恐怕要把工作中的创新当做"雷池"了。

信任员工的办事能力

每个人的自身素质不同，办事能力自然也各不相同，办事效率必然会有高低之分。信任员工的办事能力，是对员工的一种鼓励与鞭策。

如果管理者不信任员工的办事能力，在员工提出方案和方法之初，就一口否决，不仅会大大挫伤员工的积极性，还会大大降低员工对企业的忠诚度。

因此，管理者应当广开言路，多听、多想、多观察，谦虚谨慎地听取员工的意见或建议，博采众长，克己之短，这样才能赢得员工的忠诚和信赖。

信任员工，为员工"松绑"

很多管理者都有这样一种思维习惯：员工必须按照上级领导的指示处理事情，听上级领导的话，这样才能不犯错误或少犯错误。久而久之，管理者心底便会形成这样的错误认识：员工必须无条件地服从"我"的指示，照"我"说的办，听"我"的话。"奴役文化"就是这样形成的。

在现代企业里，不乏先进的管理章程和管理理念，但为什么仍然不乏家族式的企业，家长式的指挥呢？究竟该怎样做呢？其实很简单，作为管理者，要学会为员工"松绑"，勇于让员工展露自己的才华，为他们提供一个广阔的发展平台。只有这样，才能带领自己的团队不断迈向新的台阶。

"用人不疑，疑人不用"新解

> 管理者在用人时应该把"用人不疑，疑人不用"和"用人要疑，疑人要用"结合起来，这样才切合当前的企业管理现状，也表明了企业在市场经济竞争中理性的回归，也是企业实现真正意义上和谐与进步的关键所在。

长期以来，"用人不疑，疑人不用"一直被奉为用人的经典哲学，意思是说，对自己信不过的人不要聘用，而一旦聘用了就要给予充分的信任，不要猜疑。不可否认，这种用人观有一定的合理性，构建了一种管理者与下属之间相互信任的企业文化氛围，体现了管理者对下属自主工作空间的保留，从而有利于调动下属的工作热情和积极性，增强下属对企业的归属感。但是在现代企业管理中，这一经典的用人哲学似乎有些理想化，存在某些不可操作性。

"用人不疑，疑人不用"这句话，与当今企业的实际管理要求相脱节。如果管理者真的"用人不疑"，企业一定会被搞得一塌糊涂；如果管理者真的"疑人不用"，那么，恐怕企业里再也找不到可用之人了，因为在人的潜意识里，除了自己之外，根本没有其他真正值得信任的人。"用人不疑，疑人不用"只是一种用人的理想境界，根本无法做到。因此，现实的做法应该是：用人一定要疑，疑人也要充分任用。

所谓"疑人要用"，就是在其人格、能力不确定的情况下，本着保护人才、爱惜人才的目的，观察他，大胆选拔和使用他，不至于埋没人才和浪费人才。

某企业老板吴先生在一家高档酒店请客，请客的对象是他熟识的一位老教授。用餐快结束时，吴先生有事要提前离席，离开时他吩咐由他的副总买单。结账时，服务员说一共消费了 660 元，但那位副总竟然当着教授的面说："请帮我开 880 元，税由我承担。"晚上回到家里，老教授心里总觉得不对劲，应该给吴先生打一个电话。于是，他拨通了吴先生的电话："老吴，我今天看到一个问题，觉得很严重，我觉得很有必要告诉你。但我又感到很为难，不知道当说不当说，是关于你的副总的问题。""哦，是吗！有话就直说吧，他是我多年的老部下了，不管有什么问题，我想我都能解决好的。""那我就说了，你知道吗？今天你请我吃饭只花了 660 元，他却让服务员开了一张 880 元的发票。我觉得他就是一条损公肥私的蛀虫，这种人万万用不得！""嗨，就这事啊，不是什么大事。他为什么不多开一千、两千？因为他不敢！这两百元就当是给他的奖励吧。他不但会开票，而且还很能做事，工作能力特别强。我不怕那些会开票捞小便宜的人，只怕那些只会开票不会做事的人，而且那些连票都不会开的人，我根本就看不上。这就叫用人要疑，疑人也用。"

故事中的副总知道吴先生对他有疑，同时也知道吴先生会用他。所以他的"损公肥私"行为总是在吴先生能接受的范围之内，而不敢越界。而吴先生知道有些下属喜欢利用职务之便捞些小便宜，即使禁止，也只能禁而不绝。如果因为有这些怀疑而不任用能干的人，企业将会失去更多。因此，这位吴先生选择了"疑人也用"。

同时，"用人不疑"也不太符合社会现实，容易造成企业对下属的管理失控，所以管理者用人也要疑。不可否认，企业中大多数人是正直向上、踏实工作的，但也不能否认有一些"害群之马"的存在。试想，如果管理者对下属一视同仁，统统实行"用人不疑"，就很有可能被别有居心的人利用，使他们放纵自己的行为，谋取个人的私利，甚至出现出卖企业的行为，这样一来，就很可能给企业的生存带来威胁，更谈不上企业的发展了。因此，当企业在任用一个还不甚了解或者还不成熟的人时，"用人要疑"就显得很重要了，这不但是企业对任用的人负责的表现，还可以把可能产生的风险系数降到最低。

当然，这种"疑"是相对于放任自流的极端方式而言的，"用人要疑"并不等于无端的猜疑和不信任，旨在说明企业管理中必须有一套比较完备的监督管理机制，防止企业运行出现混乱局面或造成严重后果。这是企业管理中必不可少的一个重要环节。没有监督机制，就等于没有有效的管理，也就不会有企业的发展壮大。另一方面，用人的"疑"也要防止走入另一个极端：多疑。过分地怀疑，没有"自由呼吸"的空间，会导致人人自危，不敢做事。因此，管理者要注意给下属一定的职权空间，使之能充分施展自己的才能，同时又要给予他们合理有效的指导，防止他们走入误区，督促他们做得更好。

让最好的人做最好的事

通用电器公司原总裁杰克·韦尔奇说："管理很简单，就是将正确的人放在正确的地方。"国际管理大师汤姆·彼得斯也说："完善有效的人力资源的开发，就是让合适的人在合适的位置上。"做好人力资源配置是做好管理工作的基础，简单地说就是把恰当的人放在恰当的位置上，真正做到适才适所。

大凡去过寺庙的人大概都知道，一进庙门，就能看见弥勒佛乐呵呵地喜迎八方宾客。在他的后面，则是一脸严肃的黑脸韦陀。这样的组合方式，绝对算得上珠联璧合。

其实早先庙堂里的人事安排并不是这样的。相传在很久以前，弥勒佛和韦陀并不在同一座庙堂里供职，而是分别掌管着不同的庙宇。弥勒佛热情快乐，很有亲和力和感染力，所以进庙烧香的人非常多，但他大大咧咧、丢三落四，把账务管得乱七八糟，虽然庙里进项不少，依然入不敷出。韦陀正好和弥勒佛相反，他虽然严谨细致，把账目管得头头是道，是理财的一把好手，但却整天阴沉着脸，太过严肃，让人望而生畏，弄得大人拘谨、小孩害怕，进庙烧香的人越来越少，到后来香火差点断绝。

佛祖在检查香火时及时发现了这种现象。经过一番考虑，佛祖决定将他们二人安排在同一座庙堂里，由弥勒佛负责公关，笑迎八方宾客，让人们找到了宾至如归的感觉，于是香火大旺；而由于韦陀铁面无私，锱铢必较，精于理财，佛祖就让他管理财务，避免了胡乱花钱和舞弊现象的发生。经过二人的分工合作，庙里很快呈现出一派人财两旺的繁荣景象，并且历久不衰。

这个看似简单的神话故事，其实包含着寓意深刻的"人才学"。佛祖堪称一个知人善任的用人高手，他量才用人，合理配置人才资源，把最恰当的人放到了最恰当的位置上，从而达到了人尽其才、优势互补的用人效果。

俗话说："好钢用在刀刃上"，只有把关键的东西用在关键的地方，它才能发挥出最佳的效能。企业用人更是如此，管理者的工作就是把合适的人放到合适的位置，即根据下属的不同特点，给他们安排不同的岗位，这是各尽其能，各司其职的前提，这样才能对下属及企业的发展有利。

《福布斯》杂志创始人迈尔康·福布斯就是个很会用人的管理者。他最为人们所称道的是，他把自己的弟弟，一个取得高学历的人才安排在了一个微不足道的职位上。

在福布斯企业工作的员工，很少有被埋没的，因为只要有才干，老总就会给你机会表现自己的才能。福布斯集团有这样的优点，他们的事业发展也相当顺利，不断地壮大。

大卫·梅克的才干是毋庸置疑的，但是这个人的管理方式却受到很多人的指责。他的冷酷和严格常常让人不寒而栗。比如在他手下工作的下属正在忙着审稿时，他会说这个工作结束之前，将会有一个职员被炒鱿鱼。

听到这样的话，所有人都会觉得压力很大，为了避免做那个被炒鱿鱼的人，他们只能卖命地工作。

终于有一次，一个压力太大的员工实在忍无可忍了，就跑去直接询问要被解雇的人是不是自己。

大卫·梅克奇怪地看着这个员工，并告诉他在他来询问之前，自己并没有打算解雇谁，而既然他来了，就选择解雇他吧！这让所有人都感到很吃惊。

但恰恰是大卫·梅克的冷酷、严厉和过人的才气吸引了福布斯，他毅然重用了大卫·梅克，让他做了杂志的总编。

大卫·梅克担任《福布斯》总编期间，给这份杂志树立了严谨、真实报道的好口碑，在此之前，报道不真实是大众对《福布斯》指责最多的地方。

大卫·梅克为了改变公众对《福布斯》的怀疑，费了很多心血，他让下属们专门去查实一些材料的真实性，并且规定：这些负责查实的员工必须能找出一些漏洞，不然就会被炒鱿鱼。

到了 20 世纪 60 年代，《福布斯》已经可以和《商业周刊》《财富》等影响很大的杂志并驾齐驱。当然，取得这样的成绩是因为他们的报道严格按照事实去做的结果。

正确使用人才的另外一个例子是福布斯对列尼·雅布龙的提拔。

列尼·雅布龙在理财方面很有一套，在公司里，他要求大家节约各种资源，也知道如何厚着脸皮拖欠一些债务。福布斯看上的就是这个人的小气劲头，他认为理财的人不小气是不可能管理好财务的。而后来列尼·雅布龙所做出的成绩也证明了福布斯的眼光。

列尼·雅布龙做得最出色的一件事就是卖掉了"美国领土"。

1969 年，这个小气鬼老板花巨资在美国南部买了一个将近 700 万公亩的牧场。

福布斯买这块地的原因是想把它变成一个巨大的狩猎场。但是一切都准备好了以后，他们接到政府的通知，这片土地上的野生动物属于政府，个人不能以任何名义对它们进行侵犯。这无疑是说，福布斯辛辛苦苦建立起来的狩猎场成了一个废墟。

350万美元的资金投入和后期建设的花费让公司不能不考虑这片土地的处置问题，于是列尼·雅布龙发挥了自己这方面的聪明才智。他当机立断，把这一大片土地分成不同的小块，之后，把这些小块的土地卖给其他人。他们在广告宣传中称，这块神奇的土地是人们把梦想变为现实的地方，这里没有受到任何现代化的污染，每个人通过购买就可以拥有一片属于自己的土地。这个方法十分奏效，很多人都来这里购买小块土地。

福布斯在出卖土地时提高了每一块土地的价格，这样一来，他们除了本钱，还净赚了3400万美元，比当年杂志社的总收入还要高。

福布斯合理利用人才的第三个例子是对自己亲弟弟的职位安排。

福布斯的弟弟叫华里士·福布斯，他是著名的美国高校哈佛大学工商管理学的硕士，他在入职之前已经有了一些经验。在这种家族事业里面，福布斯若是给自己出色的弟弟安排一个好的职位，肯定没人不同意。可是福布斯却不这么想，他十分清楚弟弟的优势在企划方面，而对于高层管理这样的能力，还需要进一步锻炼，所以他觉得还是让弟弟去投资部门当一个副手比较好，于是他把弟弟安排到这个部门，并且告诉那个主管，不让弟弟拥有大权，而只是处理一些日常的事务就可以了。华里士·福布斯没有让哥哥下不了台，他心甘情愿地做了副手，并且还和那个主管相处得很好。

对一个人来说，判别其价值的大小，关键是看其发挥作用的位置对不对。人才的地位应该与人才能力的发挥成正比，一个有能力的人如果不被重用，能力得不到发挥，必定会感到压抑，工作也不会积极，这必然会直接影响企业的效益。

那么，管理者怎样才能做到适才适所呢？

信任下属、敢于放手用人

管理者首先需要解决的是用人的态度问题。一个信任下属、敢于放手用人的管理者与一个凡事都爱大包大揽的管理者在工作上的做法截然不同，当然他们的用人绩效也不同。作为管理者，只有信任、喜爱自己的下属，才会真正地了解他们，清楚他们的特性，进而把他们安排在最合适的位置上，才能创造出最好的用人绩效。

抓住时机用人

每个人都会有自己一生的辉煌时期。这一辉煌时期是用人者和人才共同造就的，也就是说，人才之所以能发出光彩，与管理者对他们的合理任用是分不开的。因此，管理者一定要擦亮自己的眼睛，把还没有露出光芒却极有潜质的人才从队伍中挑选出来，安排在能够激励他们成长的重要岗位上。这需要注意起用人才的两个方面：首先，是起用的时期。这个时期应该是该员工一生中才华最突出、精力最充沛的时期，因而也正是能最充分发挥其才能的时期，这样，该员工就可能为企业做出巨大的贡献。其次，是起用的时机。这应是最能激励员工成长、进步的时期，只有在员工把自己的成长与企业的前途紧密联系起来时，才能使人才的创造性得到最大程度的发挥。在这时，作为管理者，应该大胆地、及时地把员工提拔到重要的岗位上去。

能力与岗位相匹配

联邦德国最大的冷轧钢厂领导人霍尔曼被西方公司界公认为最优秀的女经理，她在 1979 年访华时曾说："作为一个经理，应该知人善任，了解每一个下级的工作能力和特长。在安排工作时，应将合适的人放在适合他能力和特长的岗位上。"管理者要想合理使用员工，就必须考虑员工的能力与岗位是否相配。有多大的力，挑多重的担。管理者应凭借更为系统的理论来分析员工，使他们的能力与岗位相适应，让员工的成才轨迹与企业目标相一致，为员工搭建施展才华的舞台。

作为企业的管理者，只有把每个员工都放到合适的位置上，人力资源才能发挥出最高效能。所以，一定要将好钢用在刀刃上，实现人岗匹配，将每一位员工的效能都最大限度地发挥出来。

用人的最高境界：善用人长，善使人短

一位人力资本专家说："作为一名管理者，能够发现并运用一个人的优点，你只能得 60 分；如果你想得 80 分，就必须容忍一个人的缺点，发现并合理利用这个人的缺点和不足。"每个人的才华虽然高低不同，但一定各有长短。成功的管理者在选拔和使用人才时，不仅能有效利用人才的优点，还能有效利用人才的缺点，将缺点转化为优点。

据《资治通鉴》记载，唐太宗要求封德彝为他举荐有德行的人才，但很长时间也不见他举荐一人。于是唐太宗责问封德彝缘由，封德彝回答说："不是我不尽责任，实在是当今很难发现真正有能力的人才呀！"唐太宗说："君子用人如同使用器物一样，是使用各自的长处。古代成功治理国家的君主，难道是借用了上几代的人才吗？问题在于我们没有发现人才的本领，怎么能冤枉当今整整一代人呢？"

唐太宗与封德彝的对话阐释了这样一个用人的哲学：世界上不是没有人才，而是缺少一双发现人才的眼睛。因此，要想成为一名优秀的管理者，必须善于发现人才，善于发现并利用下属的长处。熟读《三国演义》的人都知道，论冲锋陷阵、战场杀敌，诸葛亮肯定比不过关羽、张飞；而论统筹全局、多谋善断，关、张二人又肯定比不过诸葛亮。然而刘备之所以能三分天下得其一，就是因为有效利用了每个属下的长处。

由此可见，扬长避短是管理者用人的基本方略。然而，在现实生活中，人的长处和短处并不是绝对的，没有静止不变的长，也没有一成不变的短。在一定的条件下，长和短都有可能向自己的对立面转化，长的可以变短，短的也可以变长。管理者的高明之处，就在于短中见长，善用其短。

俗话说："尺有所短，寸有所长。"任何人都是优点和缺点的复合体。一个成功的现代企业管理者，必须懂得"取长补短、以长制短、化短为长"的用人原则，这样才能发挥员工在企业中的作用。这是衡量管理者用人能力的重要标准之一：一个平庸的管理者，只会用人之长，而不会用人之短；一个优秀的管理者，不但会用人之长，还会用人之短。

清代有位将军叫杨时斋，他认为军营里人人都是可用之才，根本没有无用之人。聋子，被安排在左右当侍者，这样可以避免泄露军事机密；哑巴，被安排传递密信，一旦被敌人抓住，除了搜去密信之外，再也问不出更多的东西；瘸子，被安排去守护炮台或坚守阵地，他们很难弃阵而逃；瞎子，被安排在阵前窃听敌军动静，因为他们听觉很灵敏。

杨时斋的用人方法虽然有夸张之嫌，但却诠释了一个道理：任何人都有短处，但这些短处之中肯定蕴藏着某些可用的长处。平庸的管理者只想规避这些短处，而优秀的管理者却可以有效利用这些短处，巧妙地化短为长。

现代企业中善用人短的管理者也不乏其人。松下幸之助任用中尾哲二郎为松下电器副总经理就是一个典型例证。中尾哲二郎原来是松下电器下面的一个承包厂的工人。一次，承包厂的老板对前去视察的松下幸之助说："这个人一点用处都没有，整天就会发牢骚，我们这儿的工作，他没有一样能看上眼的，而且尽讲些怪里怪气的话。"松下幸之助认为像中尾哲二郎这样的人，只要给他换个合适的环境，运用适当的使用方式，他爱挑剔、爱发牢骚的毛病就有可能转化为敢于坚持原则、勇于创新的优点，于是他对那位承包厂的老板说："如果你不介意，让他进松下公司吧。"中尾哲二郎进入松下公司以后，在松下幸之助的合理任用下，果然化短为长，把缺点变成了优点，表现出了超强的创造力，成了松下幸之助的得力干将和左膀右臂。

我国也不乏这样的优秀管理者。某工厂有一位厂长，他让爱吹毛求疵的人去当产品质量管理员；让谨小慎微的人去当安全生产监督员；让斤斤计较的人去当财务管理员；让爱传播小道消息的人去当信息员；让喜欢争强好胜的人去当生产队突击队长……结果，这个工厂的经济效益成倍地增长。

"金无足赤，人无完人。"作为一名管理者，如果只想规避下属的短处，那么他领导的企业最终必然会平平庸庸。因为世界上根本不存在只有优点、没有缺点的"全能"人。人的能力越强，缺点就越多，因此，管理者必须正视下属的优缺点。

任何人有其长处，必有其短处。人的长处固然值得发扬，而从人的短处中挖掘出长处，由善用人长发展到善用人短，这是用人的最高境界。管理者任何时候对任何一个下属都不要僵化地看待，不要静止地看待下属的长处和短处，要积极创造条件，尽量使下属的短处转化为长处。

请得来，还要留得住

人才是企业的第一资源，拥有了人才，企业才能拥有最强的竞争力。因此，企业管理者必须树立这样的心态：企业不但要招来人才，还要留住人才。唯有如此，企业的前途才能有保障。

人才是企业的灵魂，是企业的最大资源，是企业发展的最可靠保障。企业只有留住人才、用好人才，才能使企业在激烈的市场竞争中做大做强，永远立于不败之地。

A 公司业务发展一直很好，销售量逐年攀升。每到销售旺季，A 公司就会到人才市场大批招聘业务员，但一到了销售淡季，A 公司又会大量裁减业务员。就这件事，A 公司销售经理曾给老板提过几次意见，而老板却说："我们何必花钱'养'着他们呢？人才市场上有的是人才，只要我们工资待遇高，还怕招不来好人才吗？"如此一来，就导致了 A 公司人员流动性很大，包括一些销售骨干也纷纷跳槽。老板则仍然依照惯例，派人到人才市场去招人来填补空缺。

后来终于出事了，在某一年销售旺季时，跟随该老板多年的销售经理和大部分业务员集体辞职，致使 A 公司销售部门近乎瘫痪。这时，该老板才意识到了问题的严重性。于是，他亲自来到销售经理家中，开出比原来高出两倍的年薪，希望他和一些销售骨干能重回 A 公司。然而，金钱的吸引力并没能召回这批曾经与他同甘共苦的老部下。

这位老板在后悔的同时，也陷入了深深的困惑：如此高的薪金待遇，为什么依然留不住他们呢？到底靠什么留住人才呢？

树立现代人力资源观念

企业要想留住人才，首先要树立现代人力资源观念。现代人力资源观认为，对人力的投入不是一种消费，而是一种投资，而且这种投资能产生源源不断的收益和回报。很多世界知名企业在这方面做得都非常成功，摩托罗拉公司前培训主任就说过："我们的培训收益大约是投资的 30 倍。"而故事中 A 公司的老板却认为，对人才的培训和管理是一件花钱而不是赚钱的事，是一种应该尽量减少的开支，所以 A 公司一直需要到人才市场上招聘新人才。这是一种目光短浅的想法和行为，只重视短期投资回报率，却没有树立长期人才投资回报观，这也正是我国很多企业普遍存在的现象。

制定公平合理的薪酬制度

企业要想真正留住人才，必须首先制定公平合理的薪酬制度。薪酬是吸引、保留和激励人才的最重要手段。以薪酬留人才，除了采用高工资、高奖金、高待遇等传统手段之外，为了保证薪酬制度的公平性和激励作用，还必须为人才提供一套极具吸引力和刺激性的奖励方案。比如，美国很多高科技公司除了给专业人才高薪外，还根据人才的重要程度额外配给他们股票期权，由于高科技产品附加值看涨，很多公司的股票成倍甚至几十倍地上涨，每天都有很多专家、工程师成为百万富翁。这样才能保证企业人才进得来、留得住、用得好。

"留心"比"高薪"更重要

其实，真正的人才在选择工作时，并不是一味地看重薪酬待遇、生活条件等物质条件，而是优先考虑能否发挥自我才能、实现自我价值和心情是否愉快。所以说，留人重在留心。这种例子在中国历史上比比皆是。

三国时期，刘备是势力最弱的一个，却也是最会"笼络人心"的一个。刘备在送徐庶去曹营的路上，送了一程又一程，依然依依不舍。然而，"送君千里终有一别"，就在这"一别"之际，刘备命人把路旁的树全砍了。徐庶疑惑不解，问刘备为什么这样做，刘备说："先生走远，有树挡着，我就看不见你了。"徐庶心中顿生感激之情，他的人虽然去了曹营，心却留在了刘备这里，从而也为后世留下了两句经典的歇后语：徐庶进曹营——一言不发；徐庶进曹营——明保曹操暗保刘备。

送别原是一种普通的礼仪，但经过刘备的一番"折腾"，就变成了公关学上绝妙的高招，即要留住人才，首先要留住他的"心"。

正所谓"留人要留心，留心要关心"。人是感情的动物，管理者要想留住人才的心，就要打好"情感牌"，依靠关心这把"杀手锏"。一家中日合资电子公司的负责人表示："对我们私企来说，光靠高薪已经留不住人了，还要靠温馨留人。只有真正做到善待员工、关心员工，让企业成为员工温暖的家园，才能让员工招得进、留得住。"因此，管理者要以满腔的热忱和无私的爱心，激发人才的积极情感，消除人才的消极情感，使人才保持良好的情绪，并能够全身心地投入到工作中去。日本索尼公司董事长盛田昭夫说："根据我们在工业管理中与人接触的经验来看，人们不只是单纯为钱而工作的。如果你要激发员工的积极性，金钱并不是最起作用的工具。要调动人的积极性，你就得把他当成企业大家庭的一员，并且充分地尊重他。"总之，只有牢牢把握住"以情动人"这张牌，才能牢牢套住人才的心。

改善激励机制

很多企业之所以留不住人才，一个很重要的因素就在于对人才缺乏有效的激励。说到激励，很多企业管理者立刻又会想到用钱，用高薪留住人才。的确，高薪对人才有一定的吸引力，但它不一定能留住人，而精神激励，让员工产生成就感、被认同感才是留住人才的关键因素。行为科学家赫兹伯格的双因素理论认为，工资、工作条件、工作环境等属于"保健"因素，根本不具有激励作用，而工作成就、社会认可、发展前途等因素才是真正的激励因素。中科院心理所的专家经过调查研究指出，工资和奖金因素在工作重要性的排行中分别位居第六位和第八位，而占据第一位的是成就感，依次是被赏识、工作本身、责任感、晋升的机会，这足以说明非金钱因素在激励机制中的重要性。

因此，举办经验交流会，让企业中的优秀人才将他们的经验拿出来与大家共享，让大家都来认可他们的工作成就；为员工提供晋升机会；推行参与式的管理等措施，都是值得采用的激励手段。

注重员工的职业生涯规划

企业要想留住人才，不仅需要充分发挥人才的作用，还要让他们有明确的奋斗目标。唯有如此，员工才能感到自己在企业里"有奔头"、有价值，愿意在企业里长期干下去。这就要求管理者帮助员工进行职业生涯规划，了解员工的工作完成情况、自身能力状况、有哪些需求和愿望，然后根据这些情况帮助员工设定未来发展目标，使员工在为企业发展做贡献的同时，实现个人的发展目标，用事业来留住人才。

加强对员工的培训

1999 年度美国《财富》杂志评选的最适宜工作的 100 家企业中，流动率最低的只有 4%，这些企业虽然涉及很多不同的行业，但却有一个共同的特点：都对员工提供免费或者部分免费的培训。

培训作为现代企业管理的重要内容和手段，已经受到越来越多的企业的重视。一方面，培训可以改变员工的工作态度，增长专业知识，提高专业技能，激发他们的创造力和潜能，提高企业的运作效率和经济效益；另一方面，也可以增强员工自身的素质和能力，让员工感受到企业对他们的重视，从而以一颗感恩之心回报企业。同时，从企业未来发展的角度来看，只有员工培训跟上了，人才才能具有连续性，企业才能具备持久的发展动力。

第8章

拧成一股绳，

操控要"万众一心"

　　管理学大师彼得·德鲁克强调，企业最终的关键是"让员工众志成城，调动员工的积极性和潜能，为企业创造绩效"，因此，建设高效团队对企业来说尤为重要。一个企业如果充满团队意识的氛围，就意味着这个企业必定具有良好的凝聚力和战斗力，能更好地发挥整体的作战能力，从而能在激烈的市场竞争中立于不败之地。

团队是最佳的个人组合

团队能不断地释放团队成员潜在的知识和才能；能让团队成员感到被尊重和被重视；团队成员能够在各自的岗位上分工合作，从而找到最佳的协作方式；为了共同的奋斗目标，每个团队成员都能自觉地认同必须担负的责任，并愿意为此共同奉献。

什么是团队？这并不是一个容易回答的问题。在今天，团队的概念似乎随处可见。团队并不是简单的个体组合，几个人一起结伴出行，几个人一起下海游泳，都不能称为团队。那么，究竟什么是团队呢？

IBM 给团队下的定义是：团队就是一小群有互补技能，为了一个共同目标而相互支持的人。由此我们可以总结出：团队是指在共同目标的基础上，由两个或两个以上的人组成的相互依存、相互影响、相互作用的有机组合体。团队具有单个人进行活动时所不具备的优越性，团队成员为了完成共同的奋斗目标，互相协作，相互帮助，互采所长，互补不足，从而使团队产生巨大的动力，促使团队目标顺利、圆满地完成。

20 世纪 60 年代初，25 岁的杰克·韦尔奇带着新婚妻子来到马萨诸塞州的匹兹菲尔德。在那里，他被通用公司的一家研究所以 10 500 美元的年薪聘用了，年终还涨了 1 000 美元。他觉得这种待遇很不错。但不久他发现，他周围 4 个同事的薪金居然是一模一样的。韦尔奇原本以为老板只是给自己加薪了，因为自己工作比较卖力，但如今看来这更像是某种讽刺，韦尔奇感到很不舒服。于是他去找老板理论，但是没有任何结果。沮丧和无奈之下，他萌生了去意。

就在此时，上一级的主管鲁本·加托夫来到研究所检查工作。他与韦尔奇并不陌生，他们曾经在几次业务会议上见过面，韦尔奇每一次都能提出一些超出他预期的意见和建议。韦尔奇之所以这样做，其实是想"脱颖而出"，加托夫早已注意到了这一点。当他知道韦尔奇打算辞职时，一直做了 4 个小时的挽留工作，并发誓要杜绝公司的官僚作风对韦尔奇的影响。夜里一点钟，他又在高速公路旁的电话亭里继续打电话游说韦尔奇……

以下是韦尔奇的自述：

在黎明后的几个小时，在欢送会举行之前，我决定了，留下来。从此，我再也没有离开通用。加托夫的认可——他认为我与众不同而且特殊——给我留下了深刻印象。

从那以后，"区别对待"便成了我管理理念的一个基本组成部分。

有很多人认为，"区别对待"会严重影响团队精神，但在我看来并非如此，而且是不可能的。你可以通过区别对待每一个人而建立一支强有力的团队。不信，请瞧瞧棒球队……每个人都必须认为比赛里有自己的一份，不过这并不意味着队里的每一个人都应该得到同等的对待。

我深刻地体会到，比赛就是如何有效地配置最好的运动员。谁能够最合理地配置运动员，谁就能取得成功。这一点对商业管理来说没有任何不同。

韦尔奇的领悟给管理者的启示是：团队精神不等于"集体主义"。成功的团队来源于"区别对待"，即保留最好的，剔除最弱的，而且总是力争提高标准。

琼·R. 卡扎巴赫和道格拉斯·K. 史密斯在二人合著的《团队的智慧》里指出，一定要准确地区分团队和一般性的集体：并不是任何一个在一起工作的集团都能称为团队。团队代表着鼓励倾听、积极回应他人的观点、对他人提供支持并尊重他人的兴趣和成就等一系列价值观念。

我们再来看看韦尔奇提到的团队——运动团队，就可以发现，一个真正优秀的团队必须具备如下特征：

优秀的团队必须是由优秀的个人组成的

优秀的团队往往比优秀的个人拥有更高的成就。这一点，在创办了携程和如家的 4 个人身上得到了集中体现。

1999 年 5 月，梁建章、沈南鹏、季琦、范敏共同创建了携程旅行网。4 个人按照各自的专长，进行了科学合理的分工：季琦任总裁，梁建章任首席执行官，沈南鹏任首席财务官，范敏任执行副总裁，被业界誉为"携程四君子"。

有人说，在中国企业史上，有比携程、如家更强大的企业，有比梁建章更聪明的企业家，有比沈南鹏更精干的投资人，有比季琦更勇猛的创业者，有比范敏拥有更多体制内资源和经验的管理者，但很少有人形成过一个真正的"团队"。"携程四君子"是一个真正优秀的团队，其优秀主要体现在团队成员的优势互补上，即他们这个优秀的团队是由优秀的个人组成的。正如范敏所说："我们要盖楼，季琦有激情、能疏通关系，他就是去拿批文、搞来土地的人；沈南鹏精于融资，他是去找钱的人；梁建章懂 IT、能发掘业务模式，他就去打桩，定出整体框架。而我来自旅游业，善于搅拌水泥和黄沙，制成混凝土去填充这个框架。楼就是这样造出来的。"

团队的核心——协同合作

尽管优秀的团队强调优秀个人的能动作用，但这并不意味着可以忽略或忘记团队的根本功能和作用。团队的根本功能和作用在于提高团队的整体业绩。不论是强化团队成员个人的能力和工作标准，还是帮助每一个团队成员更好地实现成就，目的都是使团队整体的工作业绩超过团队成员个人的业绩，让团队业绩大于各团队成员业绩之和。

因此，团队的所有工作成效最终还是要在一个点上得到检验，这就是团队的协作精神。何为协作精神？我们不妨来看一个例子：

一次，惠普运动队和联想运动队进行攀岩比赛。惠普队强调齐心协力，注意安全，共同完成攀登任务。联想队则站在一旁，没有做太多的士气鼓动，而是一直在合计着什么。比赛正式开始了，惠普队在攀登过程中碰到了几次险情，尽管大家齐心协力，成功排除了险情，完成了攀登任务，但由于拉长了攀登时间，最后输给了联想队。那么，联想队在比赛前究竟在合计什么呢？原来他们把队员个人的优势和劣势进行了巧妙地优化组合：排在头位的是一个动作灵敏的小个子队员，排在第二位的是一个高个子队员，女队员和身体比较臃肿的队员放在中间，殿后的是具有独立攀岩实力的队员。就这样，他们没有遇到任何险情，成功而迅速地完成了攀登任务。

由此可见，发挥每个团队成员的特长是共同完成团队目标任务的保证，只有这样，才能使团队产生协同效应。

区别对待每一位团队成员

团队管理者要区别对待每一个团队成员，通过精心设计和相应的培训使每一个成员的个性特长都得到发挥和发展。团队不是要求团队成员都牺牲自我去完成同一件事情，而是要求团队成员都发挥自我去做好这一件事情。换句话说，团队精神形成的基础是尊重团队成员个人的兴趣和成就。因此，要形成一个优秀、高效的团队，就要在团队内部设置不同的岗位，选拔不同的人才，给予不同的待遇、培养和肯定，让每一个团队成员都拥有特长表现特长。

合作精神，让 1 + 1 > 2

团队是需要合作精神的。对团队成员来说，要想使团队发挥出最大效益，不仅需要发挥个体的力量和能动性，还要发挥互相协作的精神，劲往一处使，这样才能发挥出团队凝聚力的作用。

团队成员之间的合作不是简单的人力相加，而是复杂和微妙得多。在一个团队里，假定每个团队成员的力量都是 1，那么 10 个团队成员的合力有时要比 10 大得多，但有时也会比 10 小得多，有时甚至比 1 还要小。因为人毕竟不同于静止的东西，而更像方向各异的能量，相互推动时，自然能事半功倍；相互抵触时，则常常事倍功半。

下面这个拉绳实验就充分说明了这个问题：在实验中，测试者把被试者分成 2 人组、3 人组和 8 人组，先要求各组用尽全力拉绳子，然后再要求这些被试者单独用尽全力拉绳子。不管是分组拉绳，还是单独拉绳，测试者都用准确度极高的测力器分别测量各组和每个被试者的拉力，并进行比较。测量和比较的结果是，2 人组的拉力只是这两个人单独拉绳时拉力总和的 95%；3 人组的拉力只是这 3 个人单独拉绳时拉力总和的 85%；而 8 人组的拉力则降到这 8 个人单独拉绳时拉力总和的 49%。

拉绳实验中出现"1 + 1 < 2"的情况说明：小组中有人偷懒，而且小组成员越多，偷懒的人越多，偷懒的现象越严重。众所周知，人与生俱来就有惰性，如果是单枪匹马独立干活，干得好或干得差都得由自己负责，一般都会竭尽全力。但是当集体一起干活时，由于责任分摊到大家身上，每个人的责任就相对小了很多，于是偷懒现象就自然而然出现了。社会心理学家表示，这是集体干活

时存在的一种普遍现象，并把这种现象称为"社会浪费"。

后来，美国人把这种现象总结为一个定律，即"华盛顿合作定律"：一个人敷衍了事，两个人互相推诿，三个人则永无成事之日。这个定律的最好例证就是"三个和尚的故事"：一个和尚挑水吃，两个和尚抬水吃，三个和尚没水吃！

"华盛顿合作定律"表明：在一个团队里，合作是一个大问题，怎样合作也是一个大问题。一个单位、一个企业效益不好，不应该简单地将责任归咎于"和尚"多了，而应该想办法提高"和尚"的合作精神。那么，怎样才能提高"和尚"的合作精神呢？

第一种方法：三个和尚轮流去挑水。这样一来，就不会出现没水吃的现象，吃水的问题就迎刃而解了。

第二种方法：三个和尚分工合作，一个负责挑水，一个负责砍柴，一个负责做饭，每人明确责任，同时又分工合作。这样，不仅解决了吃水的问题，也建立了新的管理机制。

第三种方法：建立有效的激励机制，谁主动承担挑水的任务，就是对寺院做出了重大贡献，在物质分配、"升职加薪"等方面予以优先考虑，如果挑水成绩优异，则给予重奖。这样，不但解决了吃水的问题，还促进了寺院的"精神文明"建设，从而使寺庙管理提高到一个新水平。

由此可见，要想解决吃水的问题，关键还在于管理。管理者必须坚持"向管理要效益"的方针，从建立管理制度入手，力争形成一种分工合理、职责明确的管理机制。

那么，管理者具体应该怎么做呢？不妨看一看下面这则寓言故事：

相传，古希腊时期的塞浦路斯，有一座城堡的地下室里关着7个小矮人，他们的名字分别是：阿基米德、爱丽丝、苏格拉底、特洛伊、安吉拉、亚里士多德和美丽莎。他们没有粮食、没有水，而且找不到任何人帮助。在这种境况下，他们感到越来越绝望。

一天夜里，阿基米德突然受到守护神雅典娜的托梦。雅典娜告诉他，在这座城堡里，除了他们住的这个房间，其他的 25 个房间里，一个房间里有蜂蜜和水，另外 24 个房间里有很多石头，在这些石头里面有 240 个玫瑰红的灵石，只要收集到这 240 块灵石，并把它们排成一个圆圈，他们 7 个人就能解除身上的魔咒，逃离厄运，重返自己的家园。

第二天早上，阿基米德把这个梦告诉了其他 6 个同伴，但是，只有爱丽丝和苏格拉底表示愿意帮他。但是，他们三个人意见互不统一：爱丽丝想先去找木材生火；苏格拉底想先去找蜂蜜和水；阿基米德想先找齐 240 块灵石，好尽快解除魔咒。由于他们三个人无法统一意见，于是决定各找各的。但是几天下来，三个人都没有任何成果，反而累得筋疲力尽。

但是，他们并没有因此而放弃，失败让他们意识到应该团结起来。于是他们决定，先找火种，再找蜂蜜和水，最后再一起找灵石。这个方法果然奏效，他们很快在左边的第二个房间里找到了大量的蜂蜜和水。

此时此刻，他们早已饥渴难忍了，于是他们狼吞虎咽了一番，然后又给其他 4 个同伴带了一些。温饱促使其他 4 个同伴改变了想法，他们主动要求和阿基米德他们一起去寻找灵石。

为了尽快找到灵石，阿基米德决定兵分两路：他与爱丽丝、苏格拉底继续从左边找，而特洛伊等 4 人则从右边开始找。但问题很快又出现了：由于前几天特洛伊他们 4 个人一直坐在原地不动，所以早已失去了方向感，根本辨不清东南西北。阿基米德果断地重新分配：爱丽丝和苏格拉底各带一人，用自己的经验指导他们慢慢熟悉城堡的地形。

但是，事情并不像想象中那么顺利，先是苏格拉底和特洛伊那组嫌其他两组行动太慢。后来由于地形不熟，7 个人经常跑到同一个房间里寻找灵石。

阿基米德非常着急。这天傍晚，他把其他 6 个同伴召集在一起商量办法。经过交流和沟通，大家发现，原来他们中间有些人可能会很快找准房间，但在房间里找到的石头根本不是灵石；而那些找灵石非常准的人，往往又速度太慢。

于是，这 7 个小矮人进行了重新组合。在阿基米德的提议下，7 个人决定每天召开一次交流会，交流经验和教训。

很快，在 7 个人的通力协作下，终于找齐了 240 块灵石。他们按照雅典娜的指示，把灵石排成一个圆圈——终于解除了魔咒，脱离了厄运！

这则寓言给管理者的启示主要有三个：

明确的目标是团队合作的基石

管理者要想让团队成员具备合作精神，必须首先让团队成员清楚地知道团队的奋斗目标，这样团队成员才能知道自己该做什么，才能有合作的动力。在故事中，阿基米德正是向同伴们明确了目标——找到灵石，解除魔咒，脱离厄运，才把同伴们凝聚成了一个团队，最终赢得了胜利。

沟通是团队合作的桥梁

管理者要想实现团队成员之间的合作，沟通是必不可少的。沟通可以及时总结经验教训，并通过适当的方式将这些经验教训与团队内所有成员共同分享，这是团队走出困境、走向成功的最佳途径。在故事中，阿基米德正是因为运用了交流会的沟通形式，才使得团队成员能够及时分享成功的经验和失败的教训，进而加速了成功的进程。

分工协作是团队合作的关键

要想提高团队的合作效率，就必须让团队成员分工协作。但是管理者要注意，在对团队成员进行分工时，必须遵循"人事相宜"的原则，即在给每个团队成员安排工作任务时，应尽量切合每个人的能力和特长，这样才能充分发挥每个人的潜力。如果能力与岗位不相匹配，就会降低团队的合作效率。在故事中，阿基米德正是因为知道特洛伊等 4 个人欠缺辨别方向的能力，所以才果断地对分工小组进行了重新分配。

"和而不同"是培育高效团队的沃土

"和而不同"是培育高效团队和成功企业的沃土。在团队建设中，管理者应该以求和的心态、容人的心胸，坚守原则，求同存异，让团队中分立的个体形成和谐的整体，建设一个具有无穷活力的"和而不同"的团队！

春秋时期，晏婴任齐国宰相。一天下午，晏婴陪同齐景公打猎归来，看到平时最喜欢逢迎巴结齐景公的梁丘据早已经候在那里了。齐景公高兴地对晏婴说："你看，这么多的臣子，就只有梁丘据了解我的爱好，与我很和谐啊！"晏婴却不以为然地说道："梁丘据最多不过是'同'罢了，哪里谈得上'和'？"

齐景公非常惊诧，向晏婴询问道："'同'与'和'有区别吗？"晏婴说："大有不同呢！'和'就像做羹汤一样，用水、火和各种作料来烹调鱼和肉，烧煮好以后，还需要加以调和，味淡了就加调料提味，味浓了就加水冲淡，使味道恰好适中。这样的羹汤喝了才能心平气和。您和下属的关系也是如此。任何一项方案提出来以后，如果您从大局出发认为它可行，但在细微之处必然存在一些不可行的纰漏，这时候，下属应该直言不讳地指出来，以使这个方案更加完备；同样的道理，如果您认为该方案不可行，但其中确实有一些可行的地方，下属也应该大胆地指出来，而不能为您马首是瞻，看您的脸色行事，以揣摩您的心思为能事。这样才能帮助您在做决策时少犯错误。这样的君臣关系才算得上真正的和谐！"

齐景公听完以后若有所悟地点了点头。这时候，晏婴话锋突然一转："而您刚才说的梁丘据就不是这个样子。您认为这件事可以做，他就随声附和说可以做；您说这件事不可以做，他也急忙改口说不可以做。这就像用清水去调剂清水一样，试问谁愿意喝它呢？"

晏婴这番"和而不同"的理论，说得非常精妙有理。与晏婴同时代的孔子，对"和""同"理论加以继承和发展，就变成了"君子和而不同，小人同而不和"。孔子认为，和谐的原则就是求"和"不求"同"，即君子团队讲求和谐而非同流合污；小人的团伙则只讲求一致，而不讲求彼此协调。

这对团队管理者主要有两点启示：

第一，管理者要做到"不同"。管理者作为一个团队的核心人物，首先必须得有自己的原则性，他需要调和团队内部矛盾，把大家的智慧加以归纳、吸收和总结，从而找出一个最佳方案并决策执行。如果管理者没有自己的主见和坚定的原则，就很容易左右摇摆，受到其他人的影响。这样一来，团队就会失去方向，丧失战斗力。所以，管理者要有自己坚定的原则。

第二，管理者要做到"和"。作为团队的管理者，光有原则不行，还需要保持团队的和谐。这就要求管理者在团队内部构建一种畅所欲言的环境，以保持团队内部的"生态平衡"。

优秀的管理者之所以能和团队成员们保持和谐融洽的关系，主要是因为他能够认真听取并接纳团队成员的不同意见，不会因为团队成员说了不中听的话或者反对自己而怨恨对方，能够理解和包容团队成员与自己的"不同"，团队成员也不会因为他是领导而盲目附和。

平庸的管理者则恰恰相反，他讨厌团队成员持有与自己不同的意见，更不能容忍团队成员否定自己的决议。他喜欢听到在团队里只有自己一个人的声音，他把这视为无上的权威。同时，团队成员也会对他言听计从，没有自己独立的见解，只一味地追求与上司保持"同步"。

历史实践证明，凡是能包容"不同"的管理者，必然能达到"和"的境界，建立一支和谐的团队，从而成就伟业；凡是一味地追求"同"的管理者，必然导致"不和"，进而导致团队成员离心离德，事业功败垂成。

汉高祖刘邦明白"和而不同"的道理，遂有了萧何、韩信、张良等人才参与的和谐团队，大家各司其职，结果建立了强盛的大汉帝国。唐太宗李世民正是抱着"和而不同"的原则，才建立了一支连瓦岗军、敌人谋士魏征都愿意加入的精英团队，进而缔造了大唐盛世。

而项羽则一味地抱定"同"的想法，刚愎自用，弄得连对自己最忠心的范增都气得大呼"竖子不可与之谋"，最后落得个孤家寡人，"乌江自刎"的悲惨结局。

不同的管理者，因为不同的管理哲学，造就了不同的团队，导致了不同的结局。由此可见，管理者能否带领团队成员顺利实现团队目标，主要在于管理者能否超越"同"的水平达到"和"的境界。

在这方面，福特公司副总裁、美洲部总裁马克·菲尔德深有体会，并且做得非常成功。

在日本，为与丰田、本田等汽车厂商竞争，早在20世纪90年代初，由福特公司控股33%的马自达公司就开始了大规模的扩张。但这一举措最终却遭到了惨败。马克·菲尔德接手时，马自达公司几乎已经陷入了绝境：负债70亿美元，产品没有差异性，品牌没有重点，员工的自信心也陷入了极大的危机。

菲尔德接手的其实是一个徒有其名的团队。他后来回忆说："我只能称它为一个在业务问题和计划实施上互唱反调的个体的组合。"而且，他这次是处在一个完全不同的文化背景中，以前在美洲的工作经验根本起不到任何作用，因为思维方式、沟通风格、行为方式等都存在巨大差异。

菲尔德很早就发现，几乎所有行业的日本公司都在经营效率上相互竞争。生产线常常是相似的，那些具有更高质量和成本效率的公司往往能够取得竞争优势。而菲尔德决定将马自达定位为一家与众不同的汽车公司。当然，公司依然会坚持优良的质量和成本效率，但生产出来的产品将会和丰田、本田有所不同——在设计上会有比较大的差异，在性能和操控上也会让人耳目一新。

要想成功实施这一决策，必须把所有管理层集中起来，统一思想，理解马自达的新定位。"我要做的主要是将他们聚到一起，将事实摆到他们面前，告诉他们如果做出这些变革，我们可以得到哪些好处以及如果不做会有什么样的后果。"菲尔德说，"这一点非常重要，因为在这之前，真实情况从来就不能传达到组织的所有人那里。如果生产部门负责人生产了他们计划数量的产品，就认为公司一定会赢利；如果采购部门经理完成了他们的年度目标，就会理所当然地认为公司运转状况良好。将他们放在一起共同审视，可以让各个部门看到他们在集团整体中发挥的作用。但是公司以前从来没有这样做过。"

菲尔德为避免下属们把自己看成一个只会发号施令的"空降首席执行官"，做了大量的努力。在开始的几次会议中，他请来了两位日本本地的专家，一位是商学院的教授，另一位是金融分析师，由他们来向下属分析马自达面临的现实状况以及改善的方法。

但是，菲尔德却发现，日本人似乎很"不配合"他，他们不愿意在会议中发言。"当时我很无奈，因为在开始的一些高层会议中，我说完以后，竟然没有一个人对我所说的话做出任何评论。现在我明白了，我个人得不到的答案，作为一个组织却可以得到。因此，我需要建立一种机制，以使人们可以畅所欲言。"

开始时，菲尔德找来下属们做一对一的促膝交谈，他会认真地聆听他们的意见，然后鼓励他们在下一次会议中当着大家的面把这些意见说出来。"我告诉他们，你的意见有什么缺点并不重要，重要的是把这些意见摆到桌面上和你的同事们分享，然后我们再一起讨论，为公司找出一个最佳的解决方案。"

为了克服下属们不愿意在会议上说话的毛病，在开会时，菲尔德把他们分成三四个人的小组。"在我们确定将要讨论的议题后，这些小组要花几小时进行讨论，然后得出解决方案。之后我们重新回到大会上，让各小组提出他们的意见和建议。慢慢地，我们开始能够在这些会议中得到有价值的观点，活跃的辩论也出现了。对我来说，这标志着进步正在发生。"

在这个过程中，管理团队表现出来的东西按照菲尔德的话说就是"和而不同"。管理团队能够很清楚地了解企业面临的真实状况，更重要的是，他们都会参与到解决问题的过程当中，这样一来，每一位中层管理者都会将新的定位带回到自己的团队中，加以贯彻执行。

由此可见，作为一名团队管理者，必须深刻理解"和而不同"的管理哲学：充分尊重和信任团队成员，保持团队内部和谐融洽的关系；认真听取团队成员的意见，充分挖掘和利用团队成员的长处和优点；明确指出团队成员工作中的问题，不为表面的"和气"而包庇，也不因业绩优秀而纵容；营造积极思考、主动交流、寻求最佳解决方案的氛围。唯有如此，团队才会具有凝聚力和向心力；才能让每一位团队成员更好地融入团队，将团队的目标作为自己的目标，从而发挥个人的主观能动性，顺利实现团队目标；才能集合全体成员的智慧，保证团队长期、健康地发展。

管理团队冲突的智慧

对团队而言，冲突是与生俱来的，避无可避。人际关系专家建议，应该以一种接纳的心态面对冲突，把冲突的存在合理化。在团队里，冲突不见得都有害处，有时还会对团队工作有益。

在一个团队中，团队成员之间由于经历、性格等方面的差异，不可避免地会在利益或观点上出现分歧，这种分歧就可能会引发冲突。在中国的习惯性思维中，人们常常将冲突与相互争论、各执己见、矛盾斗争等联系起来，甚至将冲突看成是团队管理失败或即将崩溃的征兆。所以很多管理者都竭力避免或消灭冲突，强调"以和为贵"，主张和谐的"中庸之道"。其实不然，表面的"一团和气"

并不意味着真正的团结。

企业管理专家认为：和平、安静、祥和的团队容易对变革产生冷漠、静止甚至比较迟钝的感觉，所以鼓励团队维持冲突的最低水平有利于团队保持一种旺盛的生命力，提高团队的创新力和竞争力。比如，在通用电气公司，杰克·韦尔奇经常参与和员工面对面的沟通，与员工进行讨论或辩论，通过真诚的沟通直接诱发同员工的良性冲突，从而不断发现问题，改进管理。正是通过这种方式，韦尔奇使通用电气成了市场价值最高的企业，同时也使他自己成了最有号召力的企业家。

通用汽车公司创始人兼首席执行官阿尔弗雷德·斯隆，曾对公司领导团队执著追求一致性表示强烈不满。"我认为，我们在这里是通过激烈的辩论达成一致，从而制定决策的，因此，我建议大家将该事项的进一步讨论推迟到下次会议，这样我们才能有更多的时间提出异议，也许这更有助于我们更好地理解决策的内容。"

与早期的通用汽车公司一样，如今的大部分企业都竭力避免冲突。因为人们通常认为冲突会削弱企业的实力，浪费宝贵的时间，降低企业的效率。如果把用于冲突的时间用于工作，将会大大提高工作效率和企业效益。事实真是这样吗？

当管理者习惯性地避开冲突时，人们通常会认为他们不愿表明立场，害怕承担由冲突带来的责任。回避冲突会让员工对企业管理者的勇气和责任心产生质疑，从而导致员工士气大伤，纠纷四起。此外，回避冲突还可能使企业丧失解决实际问题、平息争议和做出决策的有利良机，从而影响企业的发展。

但是，这并不是说管理者可以对团队冲突听之任之。团队冲突还是需要有效管理的。否则很容易对企业的发展造成巨大的负面影响，很多企业就是由于对团队冲突解决不利，导致各自为战，最后分道扬镳的。

要想成功管理团队冲突，首先要明白冲突是如何产生的。一般而言，冲突的发展要经历以下 5 个阶段：潜伏阶段、被认识阶段、被感觉阶段、处理阶段和结局阶段。

潜伏阶段

潜伏阶段是冲突的萌芽时期，这个阶段，冲突还属于次要矛盾，因此，管理者很难察觉冲突的存在。不过在这个阶段，冲突所产生的温床已经存在，随着环境的变化，这种潜伏的冲突有可能会消失，也有可能被激化。

被认识阶段

在这个阶段，冲突已经很明显了，因此，管理者往往能感觉到冲突的存在，但这时还没有意识到冲突的重要性，冲突还没有对团队成员造成实质性的危害。如果这时候及时采取措施，就可以将未来可能爆发的冲突抑制在"萌芽状态"。

被感觉阶段

在这个阶段，冲突已经对团队成员造成了情绪上的影响。团队成员可能会对不公的待遇感到不满和气愤，也可能对需要进行的选择感到困惑。不同的团队成员对冲突的感觉是不同的，这与当事人的个性、价值观等因素有关。

处理阶段

这个阶段，管理者就需要对冲突做出处理了，处理的方式多种多样，比如逃避、妥协、合作等等。对于不同的冲突有不同的处理方式，即便是同样的冲突，不同的管理者采取的措施也不尽相同。对冲突的处理方式，集中体现了管理者的处世方式和处世能力，也体现了管理者个人的价值体系和对自己的认识。

结局阶段

处理冲突总会有结果的。不同的处理方式会产生不同的结果。结果有可能有利于当事人，也有可能不利于当事人。当冲突被彻底解决时，该结果的作用将会持续下去。但在很多情况下，冲突并没有被彻底解决，该结果只是阶段性的结果。有时甚至处理了一个冲突，又会衍生出其他冲突。一般来说，冲突可以分为以下三大类：

第一，沟通问题，即由双方缺乏有效而正确的沟通引起的冲突。

第二，角色差异，即因团队组织中的角色要求、决策目标、资源分配等不同而必然产生的立场和观点的差异。

第三，性格不同，团队成员因不同的背景、教育情况、经历而形成独特的个性特点与价值观，从而使有些团队成员表现出尖刻、隔离、不可信任等"症状"。

不管是哪种类型的冲突，实质上都是由在既得利益或潜在利益方面的失衡所致。所谓既得利益，是指目前掌控的各种方便、好处、自由；所谓潜在利益，是指未来可以争取到的方便、好处、自由。因此，冲突管理的重点应该在于建立既得利益或潜在利益上的共识。为此，管理者需要掌握以下冲突管理的技巧：

最有效的冲突管理应该是把对人的冲突转化为对事的冲突。比如，销售回款不好，属于员工的能力问题，需要管理者对员工进行辅导和培训；不进行终端检查，属于员工的态度问题，需要管理者对员工进行沟通及激励，而不是把冲突的苗头指向员工本身。

最后，建议管理者管理团队冲突之时，采取"接篮球法则"，即先认同，后表示不同意见，巧妙地接受员工的部分抱怨，从而使对方感到舒服。

对付"问题员工"的三大法宝

"问题员工"如果使用得当，往往能成为团队里的中坚力量，为企业创造出色的业绩；如果使用不当，则可能成为企业的祸害，使其他员工怨声载道，降低整个团队的效率。因此，如何正确使用"问题员工"，成了众多团队管理者不得不面对的一大难题。

在任何一个团队组织里，都不同程度地存在着这样一类成员：他们在团队里的表现往往很冒尖：工作能力或工作业绩非常突出；但自身也存在着比较突出的问题。比如电视剧《亮剑》里的李云龙，虽然战功卓著，但总是违反军纪。再比如《三国演义》里的杨修，很有才学，在曹营里号称才子，但恃才傲物，聪明反被聪明误，最终为曹操所杀。

通常，我们把这种能力和业绩突出，但桀骜不驯，不服从常规管理的员工称为"问题员工"或"孙悟空式员工"。事实上，不管是在哪种类型的企业团队中，德才兼备、谦虚谨慎的人才都是极少数的。大多数人才要么是孙悟空式的——能力超强，但不易控制，要么是猪八戒式的——能力较弱，但容易管理。

一般来说，企业对上述这两类人员都需要。尤其是当企业处于初创期或高速发展期时，对能力超强的孙悟空式员工尤为需要。但是，当这种"神通广大"、能力超卓的员工进入团队以后，管理者又会发现他们往往个性鲜明，桀骜不驯，容不得别人对自己的工作品头论足、说三道四。他们这种特立独行、我行我素的工作风格，往往让管理者们既爱又恨，却又束手无策。目前，在管理"问题员工"的问题上，很多管理者常常陷入一些误区，致使管理结果并不理想。

管理者误区之一：依赖"紧箍咒"

在管理"问题员工"时，一些管理者喜欢把自己当唐僧，希望时不时地把"紧箍咒"拿出来念一念，以约束那些桀骜不驯的"孙猴子"。但实际效果并不理想。由于"问题员工"自身的能力高于常人，因此在他们眼里，工作已不再是传统意义上的吃饭糊口的工具，而是施展自己"超能力"的"舞台"。因此，管理者如果强行念"紧箍咒"，往往会造成"两败俱伤"的结果：致使核心人才流失，影响企业发展；致使员工跳槽，影响员工个人的职业生涯发展。

管理者误区之二：放任自流

还有一些管理者的做法恰恰与上一做法相反，他们对"问题员工"采取放任自流，不问过程、只问结果的原则。然而很多时候等结果出来时，企业的损失已经造成，管理者只好"挥泪斩马谡"，造成企业和人才的双重损失。

那么，管理者应该怎样做才能使"问题员工"发挥出最大效用呢？事实上，让"问题员工"不再成为问题，并不是不可能的。下面列举了几种管理"问题员工"的方法，供大家借鉴和参考：

摸清底数，对症下药

对"问题员工"需求判断的错位是管理失败的首要原因。通常情况下，管理者都是把薪酬福利待遇、工作安全感、晋升和发展等视为有效管理的关键要素，而"问题员工"往往并不关注这些，他们关注的是工作参与感、客观评价工作表现、灵活的纪律约束等。

因此，摸清"问题员工"的个性化需求是有效管理"问题员工"的第一步。"问题员工"的行为主要是受自尊和自我实现需求的驱使，能否在工作中展示自己的创造性和发掘自身的潜能，常常成为他们最关注的因素，也就是我们通常所说的工作成就感。"问题员工"对工作成就感的需求往往多于普通员工，而且主要需求也因人而异，同时还会随着时间的推移而发生变化。进入企业时间的长短、工作职位的变动、家庭状况的变化、年龄的增长等因素，也可能影响到需求。因此，摸清"问题员工"的主要需求是一个动态过程，需要管理者多与他们进行交流和沟通。交流沟通的方式可以有很多种，比如工作会谈、私下交流、共同娱乐等。

将"问题员工"一定时期内的需求固定化也是有效的管理手段之一。一些聪明的团队管理者，会想方设法帮助"问题员工"设定奋斗目标。其实，为"问题员工"设定奋斗目标就是与他们达成一种共识，让他们知道怎样才算称得上有成就。也就是在一定时期内，将"问题员工"成就感的标准给固定下来。这样一来，管理者就更容易把握和控制"问题员工"的需求了。

制定规则，积极引导

"问题员工"往往喜欢特立独行、我行我素，所以他们做出违反企业规定的事并不奇怪。那么，如何引导"问题员工"遵守企业的规章制度呢？"问题员工"最反感的就是被动执行规章制度，因此，最好的办法就是化被动为主动，让"问题员工"积极参与规章制度的讨论或制定。因为通过利益相关者充分讨论制定的规章制度往往最具有执行力。

某公司总经理为公司业务员制定了一套日常管理规定。依据新规定，业务员不仅要销售产品，还要搜集市场信息，为公司决策提供现实依据。并且，公司还依据上述要求制定了相应的奖惩措施。在该规定实施之初，很多员工抵触情绪很大。后来经过员工共同探讨，这位总经理根据员工的意见对该规定进行了调整，很快使其得到贯彻和实施。

其实，管理者在制定某些规章制度时，与员工交流和探讨的过程一方面能激发员工的主人翁意识；另一方面也是合理引导员工的过程。因为交流和探讨可以让员工了解这些规章制度制定的背景和意义，有利于员工正确理解和把握这些规章制度，进而对员工的行为产生正确的引导作用。

个性化激励，增加归属感

管理同样适用"因材施教"的原则，管理者应该根据不同的管理对象和环境的差异，采取不同的管理方法和手段，以求达到最佳的管理效果。在具体实施过程中，管理者需要把握以下三点原则：

第一，体现团队的关心。为了增加"问题员工"的归属感，管理者应该对"问题员工"的情感需求予以高度重视，让其感受到企业的关心和温暖。比如针对处于不同时期的"问题员工"，应当采取不同的措施，如子女入学补助、家属工作补贴、休假奖励等福利，都可以体现企业对员工的真情关怀。

第二，与"问题员工"的职业生涯联系起来。由于"问题员工"更注重自我成长与发展，因此，管理者应该为"问题员工"的成长和发展提供更多的学习培训机会和晋升空间，满足他们的理想诉求，这也是组织管理工作的重点之一。

第三，体现出企业的信任。管理者要想赢得"问题员工"的感情和忠诚，必须给予他们足够的信任，这一点对"问题员工"来说尤为重要。为此，管理者要多与"问题员工"进行交流和沟通，在工作中多体现对"问题员工"的信任，这样才能与"问题员工"建立起彼此信赖的关系，从而增强"问题员工"的归属感。

及时处理团队中的"烂苹果"

在管理学中，有个著名的烂苹果定律：在任何一个组织里，几乎都存在一些难于管理的"害群之马"，他们具有惊人的破坏力，就像果箱里的烂苹果一样，如果不及时清除，它会迅速感染果箱里的其他苹果，把好苹果也弄烂。"烂苹果"定律告诉我们：要及时处理组织里的"烂苹果"。

烂苹果定律同样适用于团队管理：一个无德无才的人如果进入一个高效的部门，他很有可能将这个部门变成一盘散沙；如果团队里有一个人整天玩忽职守、怨天尤人、牢骚满腹，团队的其他成员很有可能被他影响，从而影响整个团队的有效运行。这类员工就像团队里的毒瘤一样，其毒性具有很强的扩散性和破坏力。所以，要想保持整个团队的健康性、强大性，必须把这些不融于团队的"烂苹果"及时处理掉，或"净化"或清除，以免造成不良影响。

要想成功处理"烂苹果"的问题，必须首先了解他们的特点和产生原因，然后才能有的放矢，采取相应的处理办法。一般而言，"烂苹果"员工具有以下几个特点：

第一，他们都有一定的工作能力和经验，并且有一定的工作资历，在团队中的成绩不是最好的，但也绝不是最差的。

第二，他们在小范围内具有一定的号召力和影响力，在团队中有一定的群众基础。

第三，他们经常公开顶撞领导或与领导对着干，反对一些新的计划、决策和制度，甚至在团队里散布一些消极思想和言论，造成很不好的负面影响，但这种行为往往不是有意识的，而是性格使然。

第四，他们喜欢表现自己，自由散漫，眼高手低，认人不认制度。

团队中之所以会出现这样的员工，主要有以下几点原因：

第一，领导一而再、再而三的迁就，让他们"恃宠生娇"，并且养成了习惯。

第二，他们自认为是公司的中流砥柱，没人敢动自己。

第三，团队氛围不好，钩心斗角，派系复杂。

第四，他们曾经当过领导，但却不能认识到自己的缺点和不足，被剥夺"官位"之后，心中愤愤不平，但又认为升职无望，前途渺茫，所以开始不求上进，破罐子破摔。

对待这些"烂苹果"员工，管理者必须主动出击，迅速处理，以防影响团队中的其他成员。

首先，管理者要从以下方面加强防范措施，减少"烂苹果"员工产生的几率：

把好入口关

为了尽量减少"烂苹果"员工流入团队，管理者需要从员工招聘开始把好入口关。不仅要对员工的工作能力进行考核，还要重点对员工的个人品行进行考核。

建立良好的环境

在一定的温度、湿度条件下，苹果可以延长储存期，延缓苹果变坏的时间。团队也是一样，一个健康向上的团队文化、宽严相济的团队环境、和谐轻松的团队氛围，可以大大减少"烂苹果"员工产生的几率。

经常做检查

良好的团队环境可以为员工提供一个健康的工作氛围，但却挡不住少数员工因懒惰、自私而产生的坏心情，以及因误会、不公、报复产生的坏情绪。如果这些坏心情、坏情绪长期得不到化解，就会产生"烂苹果"效应。因此，管理者要做好检查监督工作，一旦发现某些员工有"变烂"的迹象，就要立即采取应对措施，力争把"烂苹果"消灭在萌芽状态。

严防"心里烂"

"烂苹果"一般分为两种情况：一种是因为磕碰从外边开始烂，容易发现和解决，从而将损失减小到最低程度；一种是因为病虫害等原因，苹果从里往外烂，从外边根本看不出来，等到发现了，已经造成大量苹果受到传染而腐烂。在团队里，一般员工出现问题，就像苹果表面出现碰伤，容易发现，及时解决不会影响大局。关键是企业管理层出现分歧，甚至反目成仇，这就像苹果从心里烂一样，如果处理不当或处理不及时，就会给团队造成巨大损失。因此，团队要严防管理层、骨干层出现"烂苹果"，出现问题必须及时采取措施、果断予以处理。

其次，处理"烂苹果"员工一定要讲究方法和策略，以攻心为上，避免产生矛盾和冲突。这类员工往往服人不服制度，只要你给他们留足了面子，让他们心服于你，就能让他们归你所管，为你所用。在具体"对阵"过程中，管理者可以参考以下几种方法：

冷落法

在一定的时间范围内，尤其是在任务很重、工作很忙，所有团队成员都忙得不亦乐乎的情况下，管理者可以对"烂苹果"员工采取冷落法，即对其不闻不问，也不给他分派任何工作，让他自己去冷静、去体味、去"面壁思过"。等他实在忍不住来找你时，那么主动权就掌握在你手中，这时候你应该很热情地接待他，与他进行推心置腹的沟通，让他认识到自己的错误或不足，并向他提出解决方案。

树敌法

"烂苹果"员工,一般都是典型的"负面"员工,在一个团队中,管理者一定要学会平衡力量,而不能一边倒。所以,作为团队的管理者,你有必要给他树立一个"正面"的员工代表,让他们二者相互较劲,去争、去斗,而你只需从中调和,平衡二者的力量,"坐收渔人之利"就可以了。如果你不知道具体该怎么做,完全可以参考一下《铁齿铜牙纪晓岚》里乾隆的做法,看看他是如何"摆弄"和珅(负面员工的代表)和纪晓岚(正面员工的代表)的!

打压法

从团队中找一个平时不怎么受大家关注,但一直默默无闻、踏实工作的员工,私下里帮助他做出一些成绩,然后在公开场合对他进行表彰和奖励。同时不指名点姓地批评"烂苹果"员工的行为和做法,先把"烂苹果"员工的嚣张气焰压下去,然后静观其变,如果他有提高或改进,要及时予以表扬和奖励,这样一来,他就会慢慢服从你的管理。

交换承诺法

"烂苹果"员工一般都比较守信用、讲义气,只要你有机会和他们成为朋友,他们一定会对你"百依百顺",并且愿意为你赴汤蹈火,在所不辞。要想和这类员工成为朋友,管理者一定要走好以下三步:第一步,先取得他们对你的好感,比如在他们有困难时,主动、无私地给予他们关怀和帮助;第二步,找机会进一步加深对他们的了解,增进你们彼此之间的感情,但要适可而止,不可让他们对你摸得太透彻,了解得太多;第三步,主动约他们谈心、谈工作,坦白地告诉他们,只要他们好好表现,努力工作,你一定帮助他们成长和进步,为他们提供发展的平台(比如升职和加薪)。由于这类员工一般都认为自己怀才不遇或不得志,所以在谈的过程中,你一定要先表扬他们的优点和长处,然后痛陈他们的缺点和不足,再提出解决办法,最后给予他们鼓励。这样就会让他们感觉自

拧成一股绳，操控要"万众一心"

己遇到了知己，正所谓"士为知己者死"，他们肯定会积极配合你，按照你的要求去做的。然而，等到他们取得你所要求的成绩时，你的承诺（升职或加薪）也一定要及时兑现。

集体剥离法

如前所述，"烂苹果"员工一般都在团队中具有一定的影响力，代表了团队中某一群有消极思想的人的意见，只不过他是这种消极思想的"代言人"罢了。对于这种消极思想，绝不能让它在团队中蔓延和扩大，为此，管理者可以采取集体剥离法，即以"烂苹果"员工为首，把他们这个消极的小集体从团队的大集体中剥离出去，然后让为首的"烂苹果"员工任这个小集体的领导者和管理者，但是要对他提出一些要求，并给予他一定的权利和承诺，满足他"当官"的欲望，让他带领这群"消极的家伙们"去创造积极的局面。

当然，如果通过以上做法，还是难有收效，你就只有从大局出发，"忍痛割爱"，尽早把他们清除出团队了。

打造高效团队的七大秘诀

管理学大师彼得·德鲁克强调说，企业成功的最终关键因素是"让员工众志成城，调动员工的积极性与潜能，为企业创造绩效"，因此，建设高效团队对企业来说尤为重要。

如果有一车沙子从大楼顶上倒下来，对地面的冲击力是不会有多大的，但如果把一整车已经凝固的混凝土从大楼顶上倒下来，对地面的冲击力是相当大的。团队建设，其实就是要塑造卓越的团队精神，增强团队的凝聚力，把一车散沙子凝固成一整块混凝土，将单个的团队成员变成一个坚强有力的团体，从而能够顺利完成团队的整体目标。

那么，管理者怎样才能塑造卓越的团队精神呢？

确立共同愿景

要想建立一支高效的团队，首先要建立团队成员切实可行的共同愿景。在一个团队中，只有共同的愿望才能使团队成员明确自己的角色和任务，从而真正组成一支高效的团队，把工作上相互联系、相互依存的人们团结起来，使之产生 $1+1>2$ 的合力，以便更有效地达成个人、部门和组织的目标。勾勒团队愿景是团队管理者的头等大事，即我们通常说的管理者要善于"画大饼"。

每个团队的管理者都知道要建立共同的愿景，然而我们却常常看到，管理者"画的大饼"不是被团队成员丢在一边，就是被嘲笑为空中楼阁、痴人说梦。为什么会这样呢？因为管理者"画的大饼"不切实际。

因此，管理者在确立团队愿景时，必须切合实际，必须与团队成员目前的最关键需求之间产生必然的、令人信服的联系，否则团队愿景只能成为谁都不相信的口号。此外，人的需求是不断变化的，随着时间的推移，团队成员的构成也会发生不同程度的变化，因此，管理者需要对团队愿景进行适当地调整。

选择合适的成员

任何团队都是由个体成员构成的，然而，并不是所有个体都适合成为团队的成员。因为团队是有共同奋斗目标的，如果团队成员不融于团队目标，将极大地降低团队的效能。因此，在团队建立初期以及发展过程中，团队成员的选择问题始终是个不容忽视的大问题。

在选择团队成员时，管理者必须以严谨的态度去挑选每一个候选人，力争从中选拔出最具潜力的人才。对于人才的选择，管理者不应该只看重其教育背景、综合素质，还要考虑他对团队从事事业的热忱度、个人性格的开放性与协作性等。工作技能可以培养，工作经验可以积累，但一个人的性格及品质却难以改变。即使某些成

拧成一股绳，操控要"万众一心"

员才高八斗、技能超卓，如果他们缺乏责任心和团队精神，那么这样的员工聚在一起，也很难建立起一支真正具有凝聚力和战斗力的团队。

团队建立初期，团队成员的选择固然重要，在团队运行过程中，对团队成员进行优胜劣汰的选择同样重要。随着团队的成长和发展，有的团队成员已经不再是团队发展的推动力量了，这时就不得不将他们淘汰出局。这些成员有些是因为能力不足被淘汰的，更多的是因为态度问题而被淘汰的。唯有如此，才能继续保持和提高团队的效能。

制定良好的规章制度

正所谓"没有不合格的兵，只有不合格的元帅"。一个成功的管理者，首先是一个规章制度的制定者。规章制度包括很多方面：纪律条例、组织条例、财务条例、保密条例和奖惩制度等。好的规章制度主要体现在，执行者能感觉到规章制度的存在，但并不觉得它是一种约束。

规章制度制定出来后，必须严格执行。管理学中有一个"破窗理论"：如果有人打破了一个建筑物的窗户，而这扇窗户又得不到及时修理，别人就可能受到某些暗示性的纵容，进而去打破更多的窗户。久而久之，这些破窗户就会给人造成一种破乱无序的感觉。"破窗理论"告诉我们，对于违背规章制度的行为，必须及时予以制止，否则一些不良风气、违规行为就会不断滋生和蔓延。

此外，管理者虽然是规章制度的制定者和监督者，但更应该成为表率。如果管理者带头破坏自己制定的规章制度，又如何要求团队成员做到呢？

营造和谐进取的氛围

钓过螃蟹的人都应该知道，如果篓子里放着一群螃蟹，根本不需要盖上盖子，螃蟹是爬不出来的，因为只要有一只螃蟹想往上爬，其他螃蟹就会纷纷攀附在它身上，结果这只螃蟹不堪重负被拉下来，最后没有一只螃蟹能够爬出去。

螃蟹的例子给我们的启示是：一个团队如果缺乏和谐进取的工作氛围，团队成员的力量就很难形成合力，结果只能是大家相互扯皮，团队目标难以顺利达成。

管理者如果想在团队中营造和谐进取的氛围，需要做如下努力：奖罚分明、公正，对于工作成绩突出的团队成员，一定要让其物质精神双丰收，对于"磨洋工"、出工不出力的团队成员要给予相应的惩罚；让每个团队成员承担一定的压力，管理者绝不能"把所有问题都自己扛"，否则就不能称为管理者了，管理者越轻松，说明管理得越到位；在生活中，管理者要多关心团队成员，让大家时刻感受到团队的温暖。

营造相互信任的组织氛围

有一家知名的合资企业，总经理的办公室跟普通员工的一样，都设置在一个开放的大厅中，每个普通员工站起来都能看到总经理在干什么。每当员工出去购买日常办公用品时，公司除了正常报销之外，还额外给予员工一些辛苦费，这项举措杜绝了员工弄虚做假的心思。在这则案例中，我们可以体会到相互信任对于团队中每个成员的影响，尤其会增加团队成员对团队的情感认可。从情感上相互信任，是一个团队最坚实的合作基础，能增强团队成员的安全感和对团队的认同感，这样一来，团队成员才会把企业当成是自己的，并以之作为自己发展的舞台。

培养团队成员的自豪感

每个团队成员都希望拥有一支光荣的团队，而一支光荣的团队往往具有自己独特的标志。如果缺少这种标志，抑或这种标志遭到损坏，团队成员的自豪感就会荡然无存。很多管理者并不知道，团队成员的自豪感，正是他们心甘情愿为团队奉献的精神动力。因此，管理者一定要注意培养团队成员的自豪感。从创建公司的形象系统，到鼓励各部门、各项目小组营造一种英雄主义的亚文化，对团队成员自豪感的培养和激发有积极的促进作用。

拧成一股绳，操控要"万众一心"

团队成员的才能与其角色相匹配

团队成员必须具备履行工作职能的能力，并且善于与其他团队成员合作。只有这样，每一位成员才会清楚自己的角色，清楚自己在每一个职能流程中的工作位置以及上一道工序和下一道工序。只有这样，每一个进入团队的人，才能真正成为团队中的一员。如果做到了这一点，成员们就能根据条件的需要，迅速行动起来，而无需管理者下命令。简言之，高效率的团队需要每一位成员的才能都能与其角色相匹配，并要求所有人都全力以赴。

团队管理的四大雷区

良好的团队管理是成就高效团队的重要环节之一。然而，在团队管理实践中，往往会出现一些团队管理的误区。一旦陷入这些误区，往往会对团队的发展产生一定程度的负面影响，甚至可能颠覆一个团队。因此，作为团队的管理者，一定要注意防范陷入团队管理的误区。

随着社会分工越来越细，只靠个人单打独斗成就大业的时代已经结束了，团队合作被提到了管理的前台。团队作为一种先进的组织形态，越来越受到企业的重视，很多企业开始从理念、方法等管理层面进行团队建设。以下是在团队建设中应该避免的雷区，如果管理者不懂得避开这些雷区，团队建设将会前功尽弃。

雷区一："团队利益高于一切"

团队首先是一个集体。在我国，"集体利益高于一切"是一个被普遍认可和接受的价值取向，很多团队管理者由此自然而然地推出了"团队利益高于一切"的论断。其实这是一种错误的推论，在一个团队里过分推崇和强调"团队利益高于一切"，有可能导致以下两方面的弊端：

一方面是容易滋生小团体主义。对团队成员来说，团队利益是整体利益，但对整个企业来说，团队利益又是局部利益。过分强调团队利益，时时处处从维护团队自身利益的角度出发，很有可能会打破企业内部固有的利益均衡，侵害到其他团队乃至企业整体的利益，从而造成团队与团队、团队与企业之间的价值目标错位，最终影响企业整体目标的实现。

比如，在一个企业内部，每个团队都有自己的任务考核指标，出于小团体利益的考虑，某个团队采取了挖兄弟团队墙脚的不正当手段来完成自己的考核指标，而当这种做法又没有及时得到纠正时，其他团队也会因利益驱动而纷纷效仿，到时候一场"内乱"就在所难免了，而企业要想"平乱"，势必要支付大量额外成本，造成资源的严重浪费。

另一方面，过分强调团队利益，很容易导致成员个人的应得利益被忽视或践踏。团队成员作为团队的组成部分，如果个体的应得利益长期被忽视甚至侵害，其积极性和创造性势必遭到极大伤害，从而影响整个团队的凝聚力、竞争力和战斗力，团队的整体利益也会因此受到损害。团队的价值是由团队成员共同创造的，因此，团队管理者必须尽力维护团队个体的应得利益，否则很可能降低甚至瓦解团队原有的凝聚力，导致团队成员离心离德。所以说，过分强调团队利益，反而可能导致团队利益的完全丧失。

雷区二：团队内部一律平等

团队之所以需要团队精神，在很大程度上是为了适应竞争的需要。当然，我们在这里所说的竞争是指与外部的竞争。事实上，团队内部同样需要有竞争。

把竞争机制引入团队内部，有利于打破团队内部的"大锅饭机制"。如果一个团队内部没有任何竞争，刚开始时，团队成员或许会凭着一种新鲜感和一股激情往前冲，但时间一长，他们就会发现"干多干少一个样，干好干坏一个样"，每个成员享受的待遇都是一样的，那么他们的热情就会慢慢消减，在失望、消沉之余，他们最终会选择"做一天和尚撞一天钟"。

在团队内部引入竞争机制，可以打破这种看似平等实为压制的"大锅饭机制"，有利于团队结构的进一步优化。团队在建立之初，管理者对每个成员的特长和优势未必完全了解，分配工作任务时自然也就做不到知人善任、才尽其用。引入竞争机制，一方面可以在团队内部形成"学、赶、超"的积极氛围，推动团队成员不断自我提高，从而使团队长期保持活力；另一方面，通过竞争机制的筛选，赏勤罚懒，赏优罚劣，可以使团队保留最好的，剔除最弱的，从而实现团队结构的最优配置，激发团队的最大潜能。

雷区三：团队内部皆兄弟

一些企业在团队建设过程中，过于强调和追求团队的亲和力和人情味，讲究"团队内部皆兄弟"，认为严明的团队纪律是有碍团结的。这往往会导致团队管理制度不完善，或虽有制度，但却难以执行，形同虚设。

不管是什么样的团队，纪律都是胜利的保证。只有做到令出必行，团队才能无往不利，否则只能是一群乌合之众，难以成事。岳飞的岳家军之所以能成为一支抗金劲旅，主要是因为它具有严明的军纪，以至于在金军中流传着这样一句话：撼山易，撼岳家军难！

严明的纪律不仅有利于维护团队的整体利益，对维护团队成员的个人利益也有着积极的意义。比如，某个团队成员没有保质保量地完成某项工作任务或者违反了某项规定，却没有受到相应的处罚，或者处罚根本无关痛痒。从表面上看，这个团队似乎很有亲和力，但实际上，管理者这种纵容态度会使团队成员产生一种"犯了错也没什么大不了"的错觉，久而久之，团队就再也没有纪律可言了。如果这个员工从一开始就受到纪律的严惩，及时认识并改正了错误，那么对团队、对他个人都是有益的。通用公司前 CEO 杰克·韦尔奇说："指出谁是团队里最差的成员并不残忍，真正残忍的是对成员存在的问题视而不见，文过饰非，一味地充当老好人。"

宽是害，严是爱。对于这一点，每位团队管理者都要有清醒的认识。

雷区四：牺牲小我，才能换取大我

很多团队管理者认为，要想培育团队精神，团队成员就必须牺牲小我，换取大我，放弃个性，追求趋同，否则就是搞个人主义，与团队精神相悖。

诚然，团队精神的核心在于团队成员之间的协同合作，注重团队合力，注重整体优势，但这并不意味着一定要抹杀团队成员的个性。一个团队如果没有个性，就意味着没有创造力，这样的团队只具备简单的复制功能，而不具备持续创新能力。团队管理者必须明白，团队不仅仅是人的集合，更是能量的组合。团队精神的实质并不是团队成员以牺牲自我为代价去完成团队的整体目标，而是要充分利用和发挥团队所有成员的个体优势去追求团队目标的实现。

战国时期，很多名门望族都想方设法招揽门客，以扩大家族势力。但在对门客的录用上，很多人都设定了严格的准入标准，因此招揽的人才在才能方面都差不多。而齐国的孟尝君却采取了不同的做法，凡是有一技之长的，无论是哪方面的才能，他都以礼相待，所以投奔他的门客非常多。后来孟尝君在秦国担任宰相时，秦昭王因听信谗言要杀他。他的一个门客施展"狗盗"之术潜入皇宫，偷出已经献给秦昭王的白狐裘，用以贿赂秦昭王的宠姬，最终才得以逃脱。当他们日夜兼程赶到函谷关时，城门已经关闭了，必须等到鸡鸣以后才能开城门。这时孟尝君的另一个门客发挥自己的口技特长，模仿鸡叫，引得城里的公鸡一起叫起来，这才骗开城门，得以顺利出关。要知道，鸡鸣狗盗之徒在当时是根本不入流的，如果孟尝君在选用门客时也像其他贵族一样，那么恐怕他早已经客死异乡了。

由此可见，团队的综合竞争力来自于对团队成员专长的合理配置。管理者只有不断鼓励和刺激团队成员充分展现自我，最大程度地发挥自我潜能，团队才能迸发出巨大的能量。

第9章

学会适度放权，

操控要"欲擒故纵"

授权既是管理者的职责所在，也是高效管理的必然要求和题中之意。管理者把应授的权力授予下属，一方面有利于自己集中精力办大事，另一方面有利于增强下属的责任感，充分发挥他们的积极性和创造性。因此，管理者要在授权上多加用心，把授权工作做好，让授权成为解放自我、管理员工的法宝！

放权——管理者的分身术

授权是现代企业管理中不可或缺的重要环节。一个企业必然有各种各样纷繁复杂的事务，管理者即使能力再强，也不可能做到事无巨细都亲力亲为，毕竟一个人的精力和时间是有限的。从这个意义上讲，授权是管理者的一种分身之术。

在现实生活中，很多管理者都会有这样的担心：如果我把权力授予了下属，那我自己能掌控的权力岂不是大大减少了吗？其实不然，如果管理者把所有事务都集于一身，事事都亲力亲为，不仅会使自己疲于奔命，精力大大透支，还会让企业中不同级别的管理人员形同虚设，他们会认为管理者独断专行，不信任下属，因而滋生不满。

同时，也可能使一些下属滋生消极、怠惰心理，久而久之，必将导致企业活力和创造力的缺失，从而阻碍企业的发展。

大凡精明的管理者，都懂得授权的重要性。一方面，它有利于调动下属的主动性、积极性和创造力，给下属提供一个施展才能的平台，增强下属的责任感和主人翁意识；另一方面，管理者自己也能通过"授权"腾出更多的时间和精力，处理有关企业发展的大事，如制定企业远景规划和实施重大决策等。

其实，授权并不是一个新事物，我国古代早已有之。西汉宰相陈平就是这样一位管理者。

西汉文帝时期，陈平任汉左丞相。

一天，汉文帝刘恒问他："全国一年审决了多少案件？一年的财政收支有多少？"

陈平回答："这些事微臣不管，有专人管。"

汉文帝问道："谁管呢？"

陈平答道："陛下如果想了解司法问题，可以问廷尉；如果想了解财政问题，可以问治粟内史。"

汉文帝有些不悦地问道："既然什么事都有专人管，那么你管什么？"

陈平笑着答道："宰相者，上佐天子，理阴阳，顺四时，下遂万物之宜；外镇抚四夷诸侯，内亲附百姓，使卿大夫各得任其职也。"

汉文帝面露喜色，连声说好。

三国时期，同样身为宰相的诸葛亮却与陈平大相径庭。诸葛亮为蜀汉天下可谓呕心沥血、殚精竭虑。他虽然身为一朝宰相，却事无巨细，皆亲力亲为，以致积劳成疾。在关羽、张飞相继去世之后，诸葛亮更是唱起了"独角戏"，以至于后来出现了"西蜀无大将，廖化作先锋"的局面，这与他不善于授权、不善于培养和锻炼人才有很大关系。

诸葛亮虽然有经天纬地之才，最后却落得个"出师未捷身先死，常使英雄泪沾襟"的下场，这不能不说是管理者不善授权的失败和悲哀。

管理国家如此，管理企业也是如此。企业管理者如果不懂得授权，就会把自己的时间和精力大量消耗在琐碎的日常事务中，这对企业整体来说将是致命的。所以说，授权既是管理者职责的一个重要内容，也是一种高超的管理艺术，管理者必须懂得授权的艺术。

思科公司（互联网解决方案的领先提供者，其设备和软件产品主要用于连接计算机网络系统）总裁约翰·钱伯斯说："也许我比历史上任何一家企业的总裁都更乐于放权，这使我能够自由地旅行，寻找可能的机会。"钱伯斯认为，最优秀的管理者根本不需要大包大揽，事必躬亲，高效管理的关键在于对下属进行合理的统筹安排。

电影《杜拉拉升职记》里的杜拉拉，只要有活干，她就很兴奋，她的注意力几乎全放在怎么把工作做好上，至于做好了会怎么样，她几乎都不想。

就算偶尔想想，她的思维也只是局限于拿个不错的年终奖、年终考核拿个exceed（卓越）。作为一名公司的职员，杜拉拉一向认为，做下属的就应该多为上司分担，少麻烦上司，尽量靠自己摆平各种困难。

基于这种认识，杜拉拉很少麻烦李斯特，自己无声无息地就把很多难题搞定了。李斯特尽管不怎么帮她，却给了她很大的空间，即"充分授权"。

以前杜拉拉受玫瑰"管辖"时，即使是很琐碎的事情，都要请示汇报获得批准后才可以动手，弄得杜拉拉做起事来放不开手脚。而到了李斯特这儿，情况就大不相同了，李斯特敢于放手让下属自己去做。所以杜拉拉得到了一个可以充分展示自我才华的舞台，主观能动性被大大激发出来。

这是杜拉拉的幸运，因为她碰上了一位敢于对她放手的上司，碰上了一位愿意给她空间的管理者。

个人的精力毕竟是有限的，管理者如果事无巨细，皆亲力亲为，势必把自己弄得心力交瘁。如果管理者学会把一些日常事务交给下属，不但可以减少自己的工作压力，同时还可以营造一种民主管理的氛围，锻炼下属的工作能力，提高下属的积极性和责任感。当然，管理者在向下属授权以后，要经常与他们保持联络和沟通，给予他们必要的指导。杜拉拉就是在李斯特的充分授权和专业指导下逐渐成长起来的。

管理者必须学会授权的艺术，敢于并善于为下属提供一个施展才华的空间，以减轻工作压力，提高工作效率，促进企业更快更好地发展。

请将手放开

著名管理专家柯维说："授权并信任才是有效的授权之道。"信任是授权的精髓和支柱，管理者在授权之后，必须给予下属相当的信任和自由活动的空间，这样才能真正发挥下属的主观能动性，调动他们的工作激情，从而提高工作绩效。

《孙子兵法》有云："将能君不御。"如果把管理者比作树根，那么下属就是树干，树根应该把吸收到的水分和营养毫无保留地输送给树干。

管理者把权力授予下属以后，要予以下属信任，不能授而生疑，大事、小事都干预。只要下属有能力完成工作任务，就应该给予他充分的自主权，让他自己说了算。只要不违背大原则、大方向，管理者就不要随意对下属进行牵制和干预。这样下属才能大显身手，不会因空间狭窄而缩手缩脚，才能在自己的权限范围内，自由地施展自己的才华。

唐玄宗即位初期，任用姚崇、宋璟、韩休、张九龄等名臣，整顿武周以来的各种弊政，推动社会经济的发展，开创了中国历史上著名的"开元盛世"。

在这个时期，唐玄宗是很讲究用人之道的。

有一次，姚崇就一些低级官员的任免问题向唐玄宗请示，连问了三次，唐玄宗都不予理睬。姚崇以为自己做错了事情，慌忙退了出去。

正巧高力士在旁边，劝唐玄宗说："陛下初登帝位，天下事情借由陛下决断。大臣奏事，妥与不妥都应该表明态度，怎么连理都不理呢？"

唐玄宗说："我作为一国之君，大事自当由我决断。但我既然任用了姚崇，他就应该负起他该负的责任，怎么能事事都来麻烦我呢？"

唐玄宗这番话，表面上是批评姚崇不该因小事来麻烦他，实际上是放权于姚崇，让他敢于任事。后来姚崇听了高力士的传话，就放开手脚处理事情了。

唐玄宗的授权是建立在充分信任臣下的基础上的，所以笼络了一批有才有德的贤臣，开创了"开元之治"的盛世局面。治国如此，治企也是如此。

管理者一旦把权力授予下属，就应该充分信任下属。只有这样，享权的下属才会一心一意地为企业效力，企业才会产生凝聚力，从而创造出辉煌的业绩。

某杂志曾经以《你最不喜欢什么样的老板》为题向 50 位白领征询意见，结果显示，不懂得充分授权和信任员工占的比例最高。的确如此，没有信任，又何谈授权？一些管理者表面上是把权授给下属了，可是仍然事事监控，事事不放心，经常对下属指手画脚，甚至横加干涉，这都是不信任下属的表现，这样授权还有什么意义可言呢？

管理者要知道，不信任下属，会让下属感到自己被轻视或被抛弃，从而产生厌烦、愤怒等不良情绪，这样他们怎么能把工作做好呢？管理者只有在授权以后充分信任下属，才能极大地满足下属内心的成功欲望，激发出他们的自信和灵感，提高他们的工作积极性。

本田公司第二任社长河岛喜好决定进驻美国开办分厂时，公司内部预先设立了筹备委员会，聚集了来自人事、生产、资本三个专门委员会中最有才干的人员。做出决策的是河岛喜好，但制定具体方案的是员工组织，河岛喜好没有参与，他认为员工组织会比自己做得更好。

比如，位于俄亥俄州的厂房基地，河岛喜好一次也没去看过，这充分证明了他对员工的信任。当有人问及河岛喜好为何不赴美实地考察时，他说：“我对美国不怎么熟悉，既然熟悉它的人觉得这块地最好，难道不该相信他的眼光吗？我又不是房地产商，也不是账房先生。”

本田公司的第三任社长久米是志在“城市”车开发中也充分显现了对员工的授权原则。

“城市”车开发小组的成员大部分是20多岁的年轻人，有些董事劝久米是志说：“把事情全交给这帮年轻人，没问题吧？”“会不会弄出稀奇古怪的车来呢？”但久米是志并没有因此改变初衷，他放手让这些年轻人去做，就这样，这些年轻技术员开发出的新车“城市”，车型高挑，打破了汽车必须呈流线型的“常规”，并且一上市立即在年轻一族中流行开来。

日本企业经营之神松下幸之助说：“用他，就要信任他；不信任他，就不要用他。”因此，当管理者打算授权给下属时，应当把信任同时给予下属。

一手缔造了宏基集团的施振荣在谈起管理心得时认为，做管理最重要的一点就是信任下属、充分授权。他说：“企业要想做到代代相传，必定要建立在授权的基础上。再强势的领导人总有照顾不到的角落，也总会有离开的一天，但是在一个授权的企业，各主管已经充分了解了公司文化，能够随时随地自主地诠释企业文化，这样的企业才有生命力。”

对于下属，施振荣的基本原则是给予信任、充分授权，即使他们工作做得不到位、与自己的工作方式不尽相同，也绝不插手。他说："要忍受过错，把它看做成长必须要付出的代价。只要他犯的是无心之过，只要最终他赚的钱多于学费，你就没有理由吝于为他缴学费，你一插手，他就会失去机会和舞台，怎么成长呢?"正是在这一氛围中，宏基涌现了大量能够独当一面的人才，形成了强大的接班人队伍。

没有信任，授权就成了无源之水、无本之木。只有"真心"才能换来下属的"诚心"，这"真心"就是管理者对下属的信任。授权之后，信任你的下属，是成功授权的第一步，也是成功管理的第一步。

抓大放小，搞好宏观控制

管理者要想成功授权，必须学会抓大放小，即抓住全局，抓住中心，抓住重点，抓住关键，在涉及大原则、大方向的事情上做好安排；而对那些非全局、非中心、非重点、非关键的事情，则要放心、放手、放权，由下属去想、去管、去做。

抓大放小是成功授权的关键，也是高效管理的关键。所谓抓大放小，意思是抓住主要矛盾和矛盾的主要方面，搞好宏观控制，对次要矛盾和矛盾的次要方面进行微观调节。抓大放小不仅可以节约管理时间，还可以降低管理成本，同时有利于管理者在更大程度上腾出时间和精力进行思考和策划新工作，从而提高整个企业的工作效率。

管理者如果能做到抓大放小，必然能收到"牵一发而动全身"

的功效。并且由于抓大放小，必然会出现上闲下忙的良好工作局面。对此，美国前总统艾森豪威尔深有体会，他曾经在麦克阿瑟将军手下工作过，在谈到麦克阿瑟的工作方法时，他说："他布置工作，从不唠唠叨叨，不强调坐班时间，而是讲求工作效率，只要工作做完了，他就不再过问。他越是只抓大事、放小节，我就越是紧张。我几乎每天都忙得团团转，每天晚上 7 点或者 7 点 45 分才能离开办公室，因为只有这样，我的工作节奏才能跟上他的步伐。但是，如果我想休息一周，只需要向他说明一下，他就会满口答应。"

由此可见，管理者在向下属授权时一定要做到抓大放小，而不能毫无原则地放权：必须分清哪些权力可以放，哪些权力应该自己把着。

一般来说，有关企业全局的重大权力不应该下放，尤其是战略层面的决策权。

必须 "大权" 在握

首先，管理者应该牢牢抓住财权。钱是企业的命脉。管理者必须清楚地掌控资金大的方向，并且在关键时刻能够自由调动，至于那些财务细节，完全可以交给财务人员去管理。在这方面，娃哈哈老总宗庆后为广大管理者树立了榜样。

"做企业就是为了赚钱，不为钱干吗做企业？"这是宗庆后的至理名言。

这个 "掉进钱眼儿" 里的老总以 "集权" 闻名于企业界。创业初期，办公室买个扫把或拖把都要经过他签字；后来有些放松，但 50 元以上的开支必须经过他本人签字。平均算下来，宗庆后每天要签百份的收支单据。如今，娃哈哈虽然实施了分级授权制度，但各类采购合同、广告费、交际费等重大开支，仍然牢牢控制在宗庆后手中。

宗庆后的做法虽然有点儿 "极端"，但是对刚刚起步的小企业，或者领导班子尚不健全的发展中企业来说，财权确实关系着企业的生死存亡：有了钱，企业的发展战略才能付诸实施；有了钱，企业才能进行再生产；有了钱，企业才能给员工发工资；有了钱，企业的价值才能得以实现……

归根结底，企业的得失存亡都要归结到"钱"上，因此，管理者不紧紧抓住钱袋子绝对不行。

其次，管理者必须牢牢抓住人事任免权。诸葛亮曾经说过："夫兵权者，是三军之司令，主将之威势……若将失权，不操其势，亦如鱼龙脱于江湖，欲求游洋之势，奔涛戏浪，何可得也。"意思是说，兵权就是将帅统率三军的权力，将帅如果失去这个权力，就如同鱼、龙离开江河湖海，如果想在海洋中自由遨游，在浪涛中奔驰嬉戏，那是根本不可能的。诸葛亮这段话对管理者的启示是：管理者必须紧紧抓住企业的"兵权"，即人事任免权。管理者如果失去了企业的"兵权"，任凭你有再大的雄才伟略，也不能有什么作为。

再次，管理者必须牢牢抓住企业的最终决策权，也就是对重要决策拍板的权力。

在现实生活中，管理者经常会遇到这种情况：新的意见或想法一经提出，肯定会有反对者。其中虽然不乏对新意见不甚了解的人，但也有为反对而反对的人。在众人的反对声中，管理者犹如鹤立鸡群，难免陷于孤立无援的境地。这时候，管理者千万不要害怕被孤立，对于不了解详情的人，要热情、耐心地向他们解释说明，使反对者变成支持者和赞成者；对于那些为反对而反对的人，任凭你费尽口舌，恐怕也难以说服他们，既然如此，那就干脆不要寄希望于他们了。

最重要的是你的提议和决策是正确的，只要真理握在手中，你就应该坚决地贯彻执行下去。用娃哈哈老总宗庆后的话说，这叫"开明的独裁者"。

美国第16任总统林肯上任后不久，把自己手下的6个幕僚召集在一起开会，讨论林肯提出的一个重要法案。幕僚们对此看法不一，于是，林肯和他们激烈地争论起来。在最后决策的时候，6个幕僚一致反对林肯的意见，但林肯依然固执己见，坚持认为自己是对的，他说："虽然这件事只有我一个人赞成，但我仍然要向大家宣布，这个法案通过了。"

从表面上来看，林肯这种做法似乎过于独断专行。实则不然，林肯已经认真地了解和分析了 6 个幕僚的看法，并经过了深思熟虑，所以他认定自己的方案是最合理的。而其他 6 个人之所以全部持反对意见，只是一个条件反射，有的人甚至是盲目从众，人云亦云，根本就没有认真考虑这个方案的可行性。既然如此，林肯自然要力排众议，坚持己见。尽管有句话叫"少数服从多数"，决策者应该听取一下多数人的意见，但最终做出决断的只能是决策者一个人。

作为掌握企业大权的管理者，既要"厚德载物，以理服人"，也要做到"该出手时就出手"，当机立断，掌握大权。因为做企业就和打仗一样，"机不可失，时不再来"，机会一旦来了，一定要迅速做出反应，及时决策，否则就会错失良机，难以成事。

最后，管理者还要保证自己的知情权。某些时候，管理者即使不亲自参与某些决策，把权力交给了下属，也应该对所做的决策有一个详细的了解。

放"小权"，但要有度

管理者只要紧紧抓住了财权、人事任免权、决策权、知情权这 4 项大权，其他的相对来说都是"小事"，可根据具体情况适当放权给下属。但是，在向下属放权的时候，管理者必须注意以下几点：

第一，不要把"授权"当做推卸责任的挡箭牌。

有些管理者认为把权力授出去之后，事情就应该由被授权者全权负责，自己就可以高枕无忧了，这种想法大错特错。

正所谓"士卒犯罪，过及主帅"，授权以后下属所做的一切事情，管理者仍须担负责任。三国时期，诸葛亮错用马谡，失守街亭，班师回朝后立即自请贬官三级，以负"用人不当"之责。授出权力，承担责任，这样的管理者才能赢得下属的信任和尊重。

第二，不可越俎代庖，授又不授。

有些管理者在权力授下去之后总是"牵肠挂肚"、放心不下，经常干预被授权的下属，阻碍下属权力的正常行使，结果弄得下属很被动，积极性大大受挫。这种做法很不可取。

第三，不可越级授权。

如果中层领导不力，管理者应该采取机构调整或人员任免的方法来解决中层问题，而不能直接把中层领导的权力授给其他下属，这样会造成中级领导层工作上的被动，抑制甚至扼杀他们的负责精神，久而久之，就会导致中级领导层形同虚设。

管理者要想成功授权，必须做到抓大放小，即在抓住企业关键"大权"的同时，通过平时的观察选择合适的人才，然后把相应的"小权"授予他们，这样才能做到"运筹帷幄、决胜千里"！

做好"遥控"工作

授权是一个系统工程，不可能一步到位。权力下放之后，管理者并不能从此"大撒手"，而应该着手做好遥控工作，做到放权与遥控双管齐下。

有人将授权比喻成放风筝，必须要"舍得放，敢于放，放得高，但同时要牢牢握住风筝线，做好遥控工作，这样才能收放自如"。

管理者把权力授给下属以后，绝不能放手不管、不闻不问，等着下属把工作成果捧上来。管理者虽然不必紧盯着下属，但仍要注意下属的状况，适时给予"这儿不错""那样可能会更好"之类的提点。

学会适度放权，操控要"欲擒故纵"

20 世纪 30 年代，松下电器呈现出超常规的发展态势，员工迅速增至 1400 多人，这在制造业中已然算是中等企业，在电器界可以说是屈指可数的大企业。

松下幸之助深深明白，任何企业在规模较小之时，管理者可以单枪匹马、有效地掌控企业所有的大小事务。但是，随着企业的壮大及员工的增加，管理者就会逐渐感到力不从心，导致企业整体或者局部处于失控状态。

松下电器的管理状态虽然良好，但也曾经出现过短期局部的失控现象。

尽管及时扭转了局面，但给松下的教训是极其深刻的。

松下幸之助曾经将工厂的日常管理交给得力的人去负责，由于工厂尚未相对独立，所以管理者不敢大胆地行使权力，事事还需向松下幸之助汇报，请他裁定决策。

在这种责任及权限划分不明的状况下，出现问题是在所难免的。松下幸之助自咎反省，寻求新的管理策略：必须下放权力，让各分厂"独立"起来。

第二年，松下幸之助进行了大刀阔斧的改革，大力推行"事业部制度"，把企业分成若干事业部，这样一来，每个事业部就如同一个小型的企业，在生产、销售、财务以及研究开发等方面都相对独立，拥有相应的自主权。如此只需直接管理几个部长，再由部长带领员工，就可以达到最佳的管理效果。

松下幸之助认为，"事业部制度"事实上是一种"分权管理"的形式，部长要对客户负责，各厂长要对部长负责，员工要对厂长负责。

从表面上看，每个事业部都是独立的经济实体，实则与总公司是子公司和母公司的关系。

尽管把权力下放了，但松下幸之助认为，集权必须与分权并存，放权必须与遥控双管齐下。因此，制定一些有效的管理措施是非常必要的。

为此，松下幸之助采取了以下措施：

第一，各事业部长全盘掌控日常事务，但必须定期向总公司汇报。

第二，各事业部尽管财务独立，但盈余需递交总公司统筹管理，事业部若想增资扩充，需要向总公司申请。

第三，日常的教育由各事业部独立展开，但职业性的教育训练需要在总公司集中进行。每一个员工均需接受松下经营哲学的培训，以培养出同心协力及目标一致的松下人。

第四，员工日常的人事管理，由各事业部提档，但人事的升迁必须由总公司统一裁定。此外，高中以下学历的员工，未经总公司的批准，一律不可任用。

第五，各事业部独立面对市场竞争，但开发的新产品若与另一事业部经营的范围重叠，务必报总公司审批并裁断。

就是这种分权与集权并举的授权策略，让松下在激烈的市场竞争中立于不败之地。由此可见，放权给下属，让下属放手做事，同时做好遥控工作是最佳的授权方略。

管理者要想做好遥控工作，需要从以下两方面着手：

做好指导工作

授权以后，管理者要对下属的工作给予某些指导，提出某些建设性意见。但是，管理者应该尽量避免那种简单的直截了当的干预行为，而是要在适当的时候教给下属处理问题的解决方法，"授之鱼，不如授之以渔"，这是管理的智慧。

加强监管机制

授权以后，管理者还要加强监管机制。但要注意，监管不同于不信任，监管是对下属在用权谋事过程中的一种宏观调控，以避免下属手中的权力被无端扩张或发生偏移。一旦发现下属在行使权力过程中出现某些不和谐"音符"，如以权谋私、越权等，管理者必须及时地予以干预，将事态拉回正确的轨道，将危害降到最低程度。

调控的目的在于规避失控，授权只有与监管有机结合起来，才能真正形成企业的凝聚力和向心力。

放权不等于放任，放手不等于撒手。管理者在大胆放权的同时，绝不能不管不问，放任自流，还要进行控制、加强指导、注重监管，避免下属因领会不清、工作方法不当、责任落实不到位而贻误工作，造成不必要的损失。只有这样，才能使授权发挥出最佳效用。

因事设能，视能授权

> 授权实际上是一种用人策略，其成败的关键在于管理者能否"慧眼识英雄"，选准可授权之人。管理者在授权时，应该充分考虑被授权者的能力和德行，依此来决定是否对其授权以及如何授权。

管理学上有一句很经典的话："下属工作的不善，反映出上司管理才能的缺乏。"

因此，因能授权、量才为用是管理者的必修课。

东汉思想家王符在《潜夫论·实贡》中说："十步之间，必有茂草；十室之邑，必有俊士。"管理者要想成功授权，首要之务在于找到"茂草""俊士"，即真正有才能的人。唯有如此，才能提高管理效率，提升整体工作效能。否则难以服众，众人不服，管理效益只能是一句空谈。因此，"因能授权，能者得权"是授权的基本原则之一。

"诸葛亮挥泪斩马谡"的故事几乎家喻户晓、尽人皆知。读过《三国演义》的人都知道，马谡熟读兵书，深谙兵法，胸藏韬略，出谋划策是他的强项。诸葛亮七擒孟获之计便是马谡的杰作。但从军事指挥官的要求来评价，马谡无疑是缺乏实战经验的。

诸葛亮弃之所长、用之所短，实在是犯了一个不可饶恕的错误。马谡的悲剧，既有他自己的责任，更多的则是管理者——诸葛亮的责任。这个故事给管理者的启示是：管理者必须量才为用、因能授权。

为了充分发挥下属的专长，激发下属的积极性和潜能，管理者可以把自己的权力适当授予下属。但在授权之前，管理者必须对下属的才能和特长有一个全面详尽的了解，然后再根据下属的才能和特长授予相应的权力，这样才能保证权才相符。否则很可能出现"马谡失街亭"的悲剧。

2005年7月3日，著名主持人、阳光媒体投资董事局主席杨澜向媒体和社会宣布：将她和吴征共同持有的阳光媒体投资集团权益的51%无偿捐献给社会，并在香港成立非营利机构——阳光文化基金会。

与此同时，杨澜辞去了包括阳光媒体投资董事局主席在内的所有相关管理职务。这就意味着：杨澜长达5年的商业生涯自此画上了句点，此后她将作别商界，将主要精力放在她喜欢并擅长的文化传播事业上。

"杨澜是一个很富有理想主义情怀的人，"吴征说，"所以让杨澜来经营一个电视台，不可避免地就存在一个文化和商业上的错位，这种错位从一开始就决定了杨澜的商旅充满荆棘。毕竟，相对于她作为主持人的才华，她的商业感觉和管理才能几乎都是空白。"杨澜自己也说："我的激情在于文化而不是商业。"

在用人授权上，管理者必须明白这样一个道理：把权力和责任压在一个人身上的前提，是这个人能承担这种权力和责任，即被授权者的能力必须与授予他的责任和权力相匹配。否则只能导致失败。

杨澜是一名优秀的节目主持人，但吴征却放手让她去做CEO，这无疑是个错误的决定。因此，"因事设能，视能授权"是管理者必须坚持的管理方针。

那么，管理者应该怎样做到因能授权呢？

慎重选择授权对象

管理者必须把权力授予那些自己熟悉的下属，对于不熟悉或权力欲望过强的下属，则应该谨慎对待，没有特殊情况，千万不要轻易将权力授给他们，否则很可能引起组织的混乱，降低组织的执行力。

进行能力评估

管理者在授权之前，一定要对下属进行能力评估，比如，在起用新人时，应该考虑到他们的阅历、环境适应力及学习能力能否适应职位的要求，在鼓励的同时要给予他们适当的指点和引导；在任用有经验的下属时，不能只看其丰富的阅历和工作经验，还要充分考虑其合格性、可信赖性和工作潜能等；对有专长的下属，要评估其管理能力，判断他是学者型人才还是管理型人才，然后在授权时予以区别对待。

德才兼备是关键

能力和权力是两个完全不同的概念，彼此之间没有必然的因果关系。面对才能突出的下属，管理者在授权之前更应该考察其人格魅力、职业操守、事业心、责任感、上进心、工作潜力等诸多方面。

有些人虽然工作能力强、业务水平高，但其品行不够优秀，或在职业道德方面偏差很远，得权之后很容易导致侵权、越权、滥用职权或以权谋私等行为，这将会给企业造成无法挽回的损失；还有一些人虽然有能力，但责任感、上进心不强，工作态度不积极，如果授之以权，很可能无法带领出一支高效卓越的企业团队，甚至还可能降低团队整体的业务水平。由此可见，管理者在授权之前，一定要全方位了解下属，考察下属的能力和德行，力求找到"德才兼备"者。

指导有方，扶其上路

虽然德才兼备的人才是最佳的授权对象，但德才兼备只是个理想的概念。正所谓"金无足赤，人无完人"，管理者对授权下属不可太过挑剔，一味地求全责备很可能错失一些潜在的人才。因此，管理者要对下属给予适当的信任、恰当的指导和某些技能上的培训，以发掘其潜在能力，把可塑之才训练成真正的人才。这是管理者高瞻远瞩的用人方略在授权方面的集中体现。

权责统一是成功授权的关键

管理者在向下属授权时，必须坚持权责统一的原则，即在授予下属一定权力的同时，必须使其担负起相应的责任。有责无权不能有效地展开工作，有权无责则可能导致权力被滥用。因此，权责明确是管理者成功授权的关键环节。

管理者在向下属授权的同时，必须赋予其相应的职责，即管理者应该向授权下属明确所授权力的大小和责任，让他们清楚地知道自己拥有多大的权力，应该负多大的责任，使其在规定的权限范围内拥有最大限度的自主权，避免出现有责无权或有权无责的现象。

与承担责任对等的权力

对于"包青天"的故事，相信大家都很熟悉。北宋嘉祐元年（公元1056年）12月，包拯被朝廷任命为开封府尹。包拯于嘉祐二年3月正式上任，至嘉祐三年6月离任，前后仅有一年零三个月的时间。但在这短短的时间内，他把号称难治的开封府治理得井井有条，真可谓一个奇迹。在任期间，他执法严明、铁面无私、敢于碰硬，大力惩治了权贵们的不法行为，坚决抑制了官吏们的骄横之势，使很多贵戚宦官不得不有所收敛，听到他的名字就心惊胆战。为了表示对包拯的敬仰和爱戴，百姓们都亲切地称呼他为"包青天"。

那么，包拯究竟使用什么法宝赢得了"青天"之誉呢？

法宝一：三口铡刀。这是在任何包公戏中都能见到的一种道具。

法宝二：尚方宝剑以及各色圣旨。这是包公戏中包拯的又一大法宝。

这几样东西都是皇帝"御赐"的。这就是一种授权。当时的包拯，因为惩治恶人有功而被皇帝连升数级，成为开封府知府。皇帝为保证他在执法过程中公正严明、迅速快捷，特赐予他上斩昏君、下斩佞臣的尚方宝剑和先斩后奏的利器——龙头铡、虎头铡与狗头铡。有这几样法宝之后，包拯才得以公正执法，瓦解了多个恶势力。倘若包拯手中没有这几件宝贝，即便他再怎么铁面无私、刚正不阿，恐怕也无法完成其"青天"的使命，因为他根本没有这个权力。由此可见，赋予下属相应的"合法权利"是其完成任务的基本条件。

与使用权力对等的责任

法国欧莱雅是全球知名品牌，其业务遍布世界各个角落，因而需要大批跨地域、跨文化的高层管理者。位于法国巴黎总部的"欧莱雅管理教育中心"，负责欧莱雅高管层的培训工作。欧莱雅总公司与欧洲著名的 INSEAD 商学院（即欧洲工商管理学院）合作，开设了"Leadership for Growth"领导力培训课程，由 INSEAD 商学院知名教授及欧莱雅高层领导人担任讲师，提供综合性、全方位的培训课程。通过培训，学员不仅能学习到先进的管理经验和业务知识，而且可以和来自全球各地的高级管理人员进行沟通和交流，这对欧莱雅的跨国经营非常有利。

欧莱雅的领导人培养是与工作实践紧密结合在一起的。尤为突出的是，欧莱雅非常注重发挥责任的激励作用，鼓励自己的各级管理者和员工接受挑战、承担责任、培养领导能力和管理能力，即要求各级员工具有像"诗人"一样的热情和自主精神。同时，欧莱雅还非常注重培养员工一丝不苟、认真做事的精神，即要求各级员工像"农民"一样勤劳、严谨、执著。"诗人"与"农民"相结合，造就了欧莱雅独特的领导人培训文化。

此外，欧莱雅的领导人培训体系还有一项按需培训的内容，即学员可以根据自身的具体情况主动提出培训要求，公司培训总部会按照学员的具体要求安排相应的培训内容。欧莱雅的经理人同样负有培养领导人的责任，欧莱雅认为最好的人事经理就是各业务部门的经理。

其实，不只是欧莱雅，很多著名的顶级领导力培训机构都是以责任为培养核心，因为只有上司承担起了责任，下属才会主动承担起自己的责任。

只有下属敢于承担责任了，才能赋予他权力。同时，赋予权力是为了使他更好地尽职尽责。

在向下属授权时，管理者除了强调权责明确、权责统一之外，还要注意避免权责转包的情况发生，比如在分派工作时，不应该把同一项工作同时交给两个不同的责任人，因为这很容易导致"权力我用，责任归他"的情况，进而造成相互牵绊、扯皮或争权夺利的现象，这样不仅不能提高工作效率，还会造成管理上的混乱以及下属之间的相互猜疑、不和谐，从而影响整个企业的健康发展。

管理者在向下属授权时，一定要明确权责统一原则，让下属手中有权力，肩上有责任。

只有这样，才能提高管理中的工作效率，促进下属的成长和进步，保证企业稳定、健康地发展。

应对下属越权的五大绝招

> 有些下属得到管理者的授权后，往往会失去分寸，自作主张，做出一些超出权限的事情来。因此，管理者最好在授权时特别交待一下"底限"，并积极做好"越权"的防范和应对措施。

下属得到管理者的授权以后，发生越权行为是一种很常见的现象。下属越权并不可怕，只要采取适当的防范措施和应对方法，是完全可以预防和纠正的。对于下属的越权行为，管理者必须根据不同的越权情况，采取不同的应对方法和措施。

合理放权是防范越权的基础

管理者应该怎样防范下属越权呢？最好的方法是实行"两步走"战略。

第一步：管理者在向下属授权时要摆正、摆平，加大透明度，避免由于分配不公而引发下属的不平衡心理。授权的关键在于职、权、责相统一，做到对号入座、不偏不倚、各司其职、各拥其权、各负其责。如果下属心存疑惑，管理者就要公开释疑解惑，做到光明磊落，这样可以避免引起其他下属的猜忌、议论和指指点点，同时也可以避免某些下属因为心存不满而故意做出"越位""越权"的行为。

第二步：管理者在授权之后要加强监管力度。其关键在于分析和掌握授权下属的个性心理和动向，对其工作能力、工作态度、工作绩效和工作成果等方面做出合理的评估，这是规避越权的最有效方式。

为下属排忧解难

管理者在给下属部署任务、提出要求的同时，要深入基层，为下属完成工作任务创造必要的条件。管理者要有为下属服务的精神，支持、鼓励、指导、帮助下属，关心、体贴、爱护下属，积极为下属排忧解难，及时解决他们工作当中自己不能解决的问题。这样不仅可以赢得下属的忠心和好感，还可以防止或减少下属由于来不及请示而出现的越权现象。

相反，如果管理者不懂得深入下属、接近下属，整天高高在上、养尊处优，门难进、脸难看、事难办，就会在无形中助长下属"先斩后奏""干了再说"的越权行为。

区别对待下属的越权行为

尽管防范再三，下属还是会做出一些越权的事情，对此管理者要具体问题具体分析，不能简单地对下属进行批评、指责或处罚。管理者首先应该进行自我分析：自己作为管理者，工作是否真正做到位了，有没有因为某些疏漏而给下属可乘之机。

其次，管理者应该找准下属越权的动机所在，是由于利欲熏心、恣意妄为，还是出于公心、过失所致，然后予以区别对待。对于前一种动机导致的越权行为，管理者绝不可姑息纵容，而应该给予严厉的批评和处罚，杀一儆百，以加强管理的力度，维护管理者的权威；对于后一种动机导致的越权行为，管理者也不可既往不咎，而应该酌情处理，根据越权造成的危害程度，让下属承担相应的责任。

应该承认，有些下属越权，是因为他具有较强的进取心、事业心和责任感，工作比较积极主动造成的。与工作不负责任、消极怠工、能推则推、得过且过、明哲保身的处世哲学相比，这种越权的精神反倒有其可贵之处。对于这种出自正当动机而产生越权行为的下属，管理者应当予以理解，但也不必大加赞扬，毕竟其越权行为已成事实，而且已经构成了某些不妥或危害。

最明智的做法是：既肯定其积极性，又指出越权的危害，并向下属指出不越权而把事情办得更好的方法。这样，下属才会被你的客观公正、理解体贴、实事求是所感动，才能领悟到应该发扬什么，避免什么。

当然，如果下属的才能确实已经大大超出其职位的要求，确实需要一个更广阔的发展平台，管理者也不要压制和束缚人才的成长和发展，而应该采取公正的态度，予以适当调整，以充分发挥下属的才干和潜能。这样既体现了管理者的公正的公平，又整合了企业的人力资源。作为下属，也会以更大的努力和工作热情来回报管理者的良苦用心。

激励引导，下不为例

对于下属的越权行为产生的或将产生的效应，管理者要具体问题具体分析，然后再采取相应的应对措施。有时，下属的越权行为可能与管理者的思路、决策相吻合，甚至有的地方会做得更漂亮，成绩更出色。这样的越权自然值得奖励。但同时也要向下属申明：下不为例，否则下属就有可能受到某种纵容性的暗示，从而导致越权行为愈演愈烈。有时，下属的越权行为可能与管理者的正确决策有一定差距，造成了一定程度的损失，但无损大局。对于这样的越权行为，管理者要予以适当的引导，尽量使其朝着更好的方向转化，帮助下属取得更大的成绩。

因势利导，纠正错误

下属越权，有时会有一定的负效应，对企业造成一定程度的危害。这时，管理者要根据具体情况予以补救、纠正，力争把损失减小到最低程度，并教育下属吸取教训，认清 "越权" 的危害，避免重蹈覆辙。

该放则放，该收则收

> 管理者一定要把握好权力的杠杆，该放则放，该收则收，做到果断干练，切忌拖泥带水、迟疑不决。只有这样，才能既发挥下属的主动性和积极性，又确保企业始终朝着正确的方向发展。

很多企业管理者心中都有这样一个困惑：企业到底应该遵循什么样的管理模式才好，是集权好，还是放权好？如果权力都集中在自己手中确实太累了，如果把权力下放给下属还真是不放心。因此，放不放权的问题成了很多管理者的心病。有许多管理者说："收权太费心，放权不放心。"事实的确如此，一抓就死、一放就乱，这是我国企业普遍存在的特点。即使放不放的问题解决了，还有一个如何放、怎么放的问题：如何放权又不失去控制呢？其实这主要是控制好放与收的问题。

权力是管理者活动的杠杆，放权与收权是管理者运用权力艺术的一个重要方面。放权与收权是既对立又统一的两个方面。通常情况下，管理者都是把权力授给才高志广的下属，但越是才高志广的人越难驾驭。因此，放权容易收权难，但权力该收时必须要收，否则可能意味着更大的权力丧失，甚至是管理者地位的架空。

汉高祖刘邦称得上是一位高明的"用人大师"，他对于被萧何称为"国士无双"的韩信，该放则放，该收则收，达到了收放自如的境界。自从韩信被拜为大将军之后，手握军事大权，经常掌控着数万军队。这一直以来是刘邦心中的一块巨石，让刘邦寝食难安。到灭楚前夕，韩信已经成为一支与刘邦、项羽鼎足而立的强大势力。这足以说明，刘邦对韩信的放权是大胆的，但他又时常在心里盘算如何有效地控制韩信，使他不至于成为自己的对手。而适时果断地收回韩信手中的兵权，则是刘邦采取的措施中最有效的一招。刘邦每次收回兵权，都是在韩信已经完成军事任务以后或刘邦自己失去军队，处于 "被动挨打" 或易受他人控制的危险处境之时，而且采用的通常都是突然袭击的方式，使韩信猝不及防。同时，伴随着兵权的收回，对韩信总有一些安抚措施，比如爵位的升迁等。

这种做法不仅使刘邦成功达到了目的，而且没有引起韩信的不满和疑心，即使是在项羽的说客和蒯通多次劝说韩信策反时，韩信依然对刘邦感恩戴德，"不忍背汉"。原因有三：第一，刘邦每次收权都是在最恰当的时机，这很容易被人理解为形势所需，因而大大减弱了韩信的疑心和反感；第二，韩信被剥夺军事大权的同时，又被刘邦拜为大将、丞相，甚至被封王，爵位的步步提高让他感到心里踏实；第三，刘邦对韩信的日常生活格外关照，从而大大增强了韩信的被信任感和感恩之情。由此可见，刘邦之所以能对手中的权力收放自如，完全是他善于攻心的结果。这与项羽 "稍夺之权，范增大怒" 相比，完全是两种效果。

但是，刘邦的收权有时候未免做得有些 "过火"。在楚汉战争中，刘邦为了争取力量战胜项羽，曾经封了几个手握重兵的将领为王，这在当时是非常必要的。西汉初年，异姓诸侯王总共有 7 个，他们不仅占据着大片土地，而且手握重兵，成了刘邦的 "心腹大患"，同时也阻碍了专制主义中央集权制的强化。从公元前 202 年到公元前 195 年，刘邦以谋反罪先后诛杀了韩信、英布、彭越、臧荼，废黜了张敖，韩王信、燕王卢绾被迫投降匈奴，只剩下势力最小的长沙王吴芮。刘邦这种清除地方割据势力的做法，对于维护封建国家的统一和强化中央集权制，无疑具有积极作用。但是不顾实际情况一味地采取 "杀之灭之" 的手段，则是很不可取的。像韩信、彭越这样的有才之士，只要安排得当，完全可以为国家做出更多更大的贡献。而刘邦却采取了 "杀之而后快" 的做法，不能不令人扼腕惋惜。后来为了消灭异姓诸王，刘邦不得不大规模地调动军队，使将士们连年饱受战乱之苦，使渴望和平的广大百姓重新陷于战火之中。

这一正一反两件事对管理者的启示是：放权和收权都应该掌握好分寸和尺度。正所谓"水满则溢，月满则亏"，在权力的"授"与"不授"之间，管理者应该懂得如何保持平衡。

管理者首先要明白"权力有所授有所不受"的道理。授权应该与集权双管齐下、相互协调、互补缺陷，管理者在向下属授权的同时，要牢牢掌握企业发展的决策权以及关乎企业发展大计、关乎企业发展命脉的权力。否则，一旦这些权力被下放，管理者的权力就可能被架空。

某些自私心重或心怀不轨的下属一旦获得重大权力，就有可能产生弄权的倾向，这对企业来说无异于埋下了一颗定时炸弹。管理者一旦发现下属有弄权的迹象，切不可掉以轻心，而应该当机立断，及时收回已经放出的权力。如果不管不问、听之任之，拥权者就会通过弄权拉帮结伙、排除异己、谋取私利，从而给企业造成重大损失。至于收回权力会给下属带来哪些不良影响，或给管理者的领导力和信任度带来多少消极影响，这些都不是重要问题，牢牢把握好企业的发展方向，使员工上下一致、目标一致、步调一致才是最重要的。

第10章

员工自我管理，

操控要"无为而治"

自我管理是最有效的管理，是高绩效企业具备的一个典型特征。因此，管理者要善于将自主权还给员工，塑造一支高效的自我管理团队。当然，管理者必须明白，对员工的自我管理并不是没有管理，而是要在企业中形成一种自律精神和自主意识，通过对员工的内在控制激发其工作热情，发挥每一个成员的最大能量，维护企业的最大利益，保持企业运作的高度和谐。

自我管理是管理的最高境界

"现代管理之父"德鲁克认为，知识社会中所有组织和个人所面临的最重要的挑战之一就是自我管理。自我管理是管理的终极和最高境界，在企业中，如果员工做到了自我管理，那么管理就成功了一半。

所谓自我管理，是指个体对自己本身，对自己的目标、思想、心理和行为等进行的管理，自己把自己组织起来，自己管理自己，自己约束自己，自己控制自己，自己激励自己，自己管理自己的事务，最终完成自我奋斗目标的一个过程。简言之，就是一个人主动调控和管理自我的心理活动和行为过程。同时，它又是一个人对自身的生理、心理和行为各方面实施自我认识、自我感受、自主学习、自我监督、自我控制、自我完善的能力。

以知识经济为特征的 21 世纪，呼唤着管理的革命，这场管理革命就是自我管理。自我管理是管理的最高境界，是最经济、最实用、最有效的管理方法，对于提升企业的管理效果具有极大的价值和意义。

具体而言，自我管理的价值和意义主要体现在以下几个方面：

自我管理是知识经济时代的呼唤

人类社会进入 21 世纪以后，随着信息时代和知识经济时代的到来，在管理学领域必将出现一场深刻的管理革命，而自我管理，或被称为"没有管理的管理""无人管理"正是这场变革的重要趋势之一。当然，我们所说的"无人管理"并不是真的把管理者"拿掉"，而是全体员工一起参与管理，员工自己管理自己。因为，管理的目标不只是资源的分配与对员工的行为进行规范和控制，更主要的是要调动他们的积极性、主动性，充分发挥他们的自治能力，最终使员工都能自己管理自己。

简言之，进入 21 世纪以后，管理的含义不再是管理者去"管人""教人"了，管理的一个最重要内涵是自己管理自己。正如德鲁克所说，一切管理效果最终由员工自我决定。

自我管理是最经济、最有效的管理方法

从成本/收益的观点来看，自我管理是令很多管理者向往和追求的目标，因为它能够使企业减少用于雇人充当管理者的资金和时间成本，而且，它可以使管理者腾出更多的时间和精力去处理有关企业发展的关键性问题。

ING（Internationale Nederlanden Group 的缩写，译为荷兰国际集团）安泰人寿保险公司（由中国太平洋保险股份有限公司与荷兰国际集团合资组建）老总在召开内部管理层会议时曾说过："现在坐在台下的同仁都是管理阶层，而我个人很'反对'这个阶层，因为这个阶层是成本最高，又最看不见生产力的！"在一个企业里，最浪费、最容易内耗成本的地方就是"管理开支"。而最佳的"降低管理费用"的方法是训练每一个员工进行自我管理，而不是另外找一些人来组成所谓的"管理层"。但是，在很多企业管理者的传统观念里，企业一定要有专业化的管理，否则企业肯定没什么竞争力。其实不然，管理的真谛是提升员工的竞争力，管理本身只是个"工具"而非"目的"，如果不必使用这个工具，同样能达到提升员工竞争力的目的，那将是最经济、最有效的管理模式。换言之，让员工进行自我管理是最好的管理方法。

在管理实践中，管理者如果能成功引导和帮助员工进行自我管理，不但可以节省昂贵的管理费用，还可以使员工保持积极的工作热情，从而有利于提高企业的经济效益。

很多企业的管理实践证明：员工进行自我管理时，往往比在监督和控制下效率更高、干得更出色。20世纪70年代，美国著名企业管理顾问华顿教授进行了一项实验。他应美国通用食品公司的邀请，帮助该公司分厂的管理者改进管理方法，下放管理权限，实施员工自我管理。很快便取得了卓越的成绩。短短几年的工夫，这家工厂的工人被激发出了前所未有的工作热情。由于自我管理小组对工作时间进行了科学的安排，从而大大提高了工作效率，不仅使该工厂无需安排管理人员值夜班，节约了一大笔加班费，还大大增强了管理效能，降低了生产成本，提高了产品质量。于是，通用食品公司把"员工自我管理"定为一项管理制度，在各分厂大力推行。

在美国，很多企业的经营实践证明：实行"员工自我管理"可以极大地提高企业的经济效益。因为员工得到的自主管理权越多，他们为企业创造的经济效益就越大。比如，美国通用汽车公司前总经理汤·瑟马斯说，由于在公司内部实行了"自我管理"制度，公司的内部利润在4年内翻了一番多，而且公司的劳动生产率也比原来提高了40%。此外，美国的很多大公司，如斯坦利农产品公司、桑伯格制袜公司、梅里尔·林奇公司、国际商用机器公司等，也都因为实行了"员工自我管理"，而使公司的利润、产品质量、管理效能、生产效率等有了大幅度提升。在美国公司的影响下，日本、西欧的一些大企业也开始效法这种做法，大力推行"员工自我管理"，并且获得了极大成功。例如，日本电气公司就因实行"员工自我管理"，而使生产率提高了30%，经济效益提高了25%。再如瑞典的沃尔沃汽车公司，在实行了"员工自我管理"以后，公司的利润、产品质量等都有了稳步提升，成为世界汽车制造业中数一数二的大亨。

自我管理是真正人本主义的体现

自我管理是人本主义的体现，也是实现人本管理的有效形式和本质特征。通过自我管理，员工可以最大限度地发挥自我潜能，从而实现员工全面自由的发展。

"人本管理"的实质是关心人、激励人，创造一定的环境和条件，开发人的潜能和智慧，从而促进人的全面发展，实现自身的尊严和价值。然而，很多企业在推行人本管理的过程中花费了大量的人力、物力、财力和精力，效果却不甚理想。原因何在呢？就是因为没有抓住最关键的环节——引导和帮助员工实现自我管理。在现实生活中，很多管理者关注的焦点往往是：我给了你合适的工资和福利待遇，还有其他种种人文关怀，你就得按照我说的去做，达到我要求的标准；而很少想过制定这些标准和程式以及怎样实现它们。在这方面，员工的想法可能比管理者更积极、更有用。

真正的"人本管理"，是引导和帮助员工实现自我管理，而不是要求员工完全按照已经设计好的方法和程式进行思考和行动。员工的自我管理是所有管理者的理想目标，但要真正实现起来有一定难度，不仅需要管理者具备培训、引导和帮助的技巧，还需要有极大的热情、耐心和正确的态度。

在 IBM 公司，最为人称道的是管理者对员工的关心及其终身培训制度。IBM 的员工不仅能坚定不移地信守和奉行公司的价值理念、遵守公司既定的规则，同时还具有很强的创新意识和创新精神。这正是因为 IBM 的员工已经在很大程度上实现了自我管理。

让员工选择喜欢做的事

> 原谷歌全球副总裁兼中国区总裁李开复说："只有自己真正喜欢做的事情，才能做到最好。在谷歌，我们宁愿让员工做一个自己有激情的项目，也不愿意因为项目本身的紧急和重要，强迫员工做他自己完全不感兴趣的事情。"

在管理学中，有个著名的"不值得定律"：不值得做的事情，就不值得做好。因为如果一个人从主观上认为一件事不值得做，那么他在做这件事时，就不会全力以赴地去把它做好，即便做好了，他也不会觉得有任何成就感。

因此，对个人来说，在选择工作时，应该选择自己喜欢的、感兴趣的，这样才能激起工作的热情和斗志。而对企业来说，在为员工安排岗位或工作任务时，要让员工选择自己喜欢做的工作，认真分析员工的兴趣特长，合理分配工作。比如，让成就欲比较强的员工单独或带头完成具有一定风险和难度的工作；让权力欲比较强的员工担任一个与之能力相适应的管理工作。这样才能让员工感到自己所做的工作是值得的，从而激发员工的工作热情。

李先生是一个计算机专业毕业的硕士生，毕业后进了一家大型软件公司工作。凭借扎实的专业知识和出色的工作能力，他很快为公司开发出了一套大型财务管理软件，赢得了公司领导的肯定和赏识，并被提升为开发部经理。

在开发部，李先生如鱼得水，做起工作来得心应手，开发部在他的带领下取得了不俗的业绩。公司老总认为李先生是个难得的人才，于是把他提升为公司总经理，负责全公司的管理工作。接到任命通知后，李先生并不高兴，因为他很清楚，自己的特长是技术而不是管理，如果去做纯粹的管理工作，不但无法使自己的特长得以充分发挥，还会使自己的专业技能荒废，尤其重要的是自己并不喜欢做管理工作。但是，碍于领导的权威和面子，李先生还是勉强接受了这份"重担"。

在总经理办公室里，李先生虽然付出了比以前大 10 倍的努力，但结果却令人失望，老总也开始对他施加压力。他不但感到工作压抑，毫无乐趣，而且越来越讨厌这份工作和这个职位，甚至萌生了跳槽的念头。

一位管理学家说："如果你想让别人干得好，就得给他一份恰当的工作。"衡量一份工作对一个人是否恰当，关键是看他对这份工作是否感兴趣，只有感兴趣，才会有工作热情，才有可能把工作做好。日本索尼公司的创始人盛田昭夫就深谙此道。

盛田昭夫从管理实践中清楚地认识到，如果员工能够选择自己喜欢做的事，就会精神振奋，热情高涨，更加积极和投入。

为了让员工选择自己喜欢做的事，盛田昭夫创办了一份公司内部周刊，并在上面刊登出每个单位或部门现有的空缺岗位，只要员工有这方面的意向，就可以前去应聘，他们的上司无权阻止。同时公司约定：每隔两年，就设法对部分员工的岗位或工作进行一次调整，以保持员工对工作的新鲜感。索尼公司希望凭借这种方法，为那些有闯劲、渴望一显身手的员工提供施展才华的平台，使他们能够重新找到适合自己的工作。

这样一来，索尼公司的员工们通常都有机会找到自己喜欢和满意的工作，而人事部门也可以根据员工的调动情况，推测出具体管理部门存在的问题。凡是管理不当的部门管理者，公司就将他调离，以减少上下级之间的冲突。索尼公司这种"内部跳槽"式的人才流动，为员工们提供了一种可持续发展的机遇。

与索尼公司相比，我国企业内部人才流动的幅度很小。在一个企业或部门内部，大部分员工长期坚守在一个固定的岗位上，如果员工对自己的工作岗位不满意，而想更换另一项更适合自己的工作，那是相当不容易的，除非员工干得非常出色，上司认为有必要给他换个更高的工作岗位。当员工的心理愿望得不到满足时，他们的工作热情和积极性就会极大地受挫，这对企业和员工本身都是一种莫大的损失。

企业如果真想用人所长，就不要担心员工对工作"挑三拣四"。只要他们喜欢干，能干好，就尽管让他们去争、去抢。争得越积极，抢得越厉害，相信工作也会干得越好。索尼公司的"内部跳槽"制度就是如此，有能力的员工大都能找到自己比较满意的岗位。这样一来，员工的积极性就会被充分调动起来。

因此，管理者不妨借鉴一下索尼公司的经验，在企业内部实行岗位轮换制，这对企业经营是大有好处的：首先，岗位轮换制有助于打破部门横向间的界限和隔阂，为部门间的协作配合打好基础；其次，岗位轮换有助于员工认清本职工作与其他部门工作的关系，从而正确理解本职工作的意义，提高工作热情和积极性；第三，岗位轮换能使更多的员工得到锻炼，也便于员工发现自己最适合的工作岗位。

总而言之，管理者要想实现员工的自我管理，必须让员工选择自己喜欢和感兴趣的工作。

善于给员工压担子

> 要想实现员工的自我管理，就必须给予他们一定的压力和责任，让他们感觉到企业对自己的需要和重视。只有这样，他们才会自觉自愿地为企业效力。

有许多企业管理者都觉得自己的员工对企业没有责任感。他们甚至会想，如果每一位员工都能像他们那样关心企业该有多好。其实，希望员工对企业有责任感是所有管理者的梦想，但作为管理者，你是否仔细想过，你赋予员工应该承担的"责任"了吗？你压给员工应该担起的担子了吗？

松下幸之助是一个很善于向员工压担子的管理者，他经常对工作成就感比较强的员工说："我对这事没有自信，但是我相信你一定能够胜任，所以这件事就交给你来替我办吧。"对员工而言，管理者越信任他们，赋予他们的责任越多，他们的工作热情和积极性就越高。所以，培养员工自我管理能力的最有效方式，是根据员工的能力和潜力赋予他们一定的责任，为他们提供锻炼和发展的机会，以挖掘他们的潜力，实现员工和企业的双赢。

奥康集团之所以能从一个只有 7 名员工的小作坊，发展成为一家拥有 1.5 万名员工的全国民营百强企业，和它始终如一地奉行"让每个员工肩负使命"的管理理念是分不开的。

在奥康，这样的例子比比皆是。比如，有一次，奥康接了一批订单，鞋子做好后，准备发往意大利。但是在最后验货时，外贸业务助理发现其中有十几双鞋存在一些小问题。

当时，时间非常紧张，如果重新做，肯定会导致这批鞋无法在规定时间内运到，到时候公司就会遭受巨大损失；如果不做任何处理就出货，这将是一批有瑕疵、不合格的鞋，给公司带来的后果不只是经济上的损失，更是信誉上的损失。到底该怎么办呢？

面对这个两难的问题，外贸业务助理急得像热锅上的蚂蚁一样。其实，在很多公司，这样的问题大都是由公司高层领导来解决的。可是，在奥康不一样，奥康的领导会将这项重任压在员工身上，让员工自己想办法解决。而且，当时奥康集团的中高层领导全都在外地，参加公司一年一度的"思考周"活动，即使想找领导，也找不到。

无奈之下，外贸业务助理给自己的上司发了一条短信，对情况进行一下简单的说明。上司很快给他回了话："我知道了，这件事你自己看着决定吧。"

外贸业务助理果然没有辜负领导的期望，经过一个多月的周旋和奔波，终于妥善处理了这批货，为公司挽回了一笔损失。

如果把企业比作一盘棋，那么员工就是棋盘上的棋子，每个棋子都能在关键时刻发挥重要作用。管理者要想让这些棋子充分发挥自己的作用，就要把每个棋子"激活"——让他们担负一定的使命。

一个员工如果长期不能面对挑战，肩上没有责任，心里没有压力，甚至无事可干，那么他必然会产生一种挫折感，即使他有满腹的凌云壮志和满腔的激情，也会被消磨殆尽，甚至还会产生抵触情绪或离职的念头。因此，管理者应该学会给员工施加必要的压力，为他们提供成长锻炼的机会和施展才华的舞台。

美国斯坦利农产品公司的一家分厂曾大力推行"员工自我管理"。具体做法是：根据生产、维修、质量管理等不同业务的要求和轮换班次的需要，把全场所有员工分成16个小组，每个小组选出两名组长，一名组长主抓生产线上的问题，另一位组长主要负责培训、召集讨论会和作生产记录。厂长只负责制定总生产进度和要求，各小组自行安排组内员工的工作。小组还有权决定组内招工和对组员的奖惩。该厂实行"员工自我管理"之后，生产效率得到了大幅度提高，旷工、辞职和停工率都降到了1%以下。

该工厂实行的"员工自我管理"，其实就是赋予员工一定的自主权和责任，以激发员工的责任感和自我管理意识，提高员工的自我管理能力。

据一项权威研究显示，工作越忙碌，员工的能力越能得到提升，潜力越能得到发挥；工作多而人员少，员工就不得不寻求最有效率的工作方法，以加快工作速度，确保工作任务按时完成。

因此，管理者要想充分激发员工的主动性、积极性和潜能，提高员工的自我管理能力，就要敢于给他们压担子、压责任，因为责任能使员工产生被信任感和高度的责任感，从而使压力变成动力。

管理者在给员工压担子的时候必须注意以下几点：

信任、锻炼、激励员工

管理者在向员工压担子的同时，要信任员工、锻炼员工、激励员工。管理大师德鲁克说："优秀的管理者必然会同时启发他人，帮助他人寻求自我发展。"因此，管理者既要敢于给员工压担子，又要懂得给员工出主意、授方法，为员工设定既具有挑战性又可以实现的目标，让员工在实践中得到锻炼和提高。同时，管理者要善于运用激励的手段激发员工的积极性和主动性，对于员工的优点和取得的成绩，要及时给予表扬和奖励。

各就其位，尽其所长

管理者在向员工压担子之前，要对员工进行一定的了解，然后根据员工自身的特长和能力，安排恰当的工作岗位。只有这样，才能让员工各就其位、各司其职，使每个员工的优势和特长都得到充分发挥。

赋予员工重任以后，还要授予他相应的权力

作为企业的管理者，能够适当地下放部分权力给员工是很重要的。一位管理专家曾经说过："授权和管理之间并不冲突，问题在于，许多企业管理者认为，掌握控制局面的权力无可厚非。他们对权力过分迷恋，一旦如此，企业有朝一日将会消亡。"如果员工有责任、无权力，做起事来就会缩手缩脚，久而久之，员工的积极性和主动性就会受到打击，这对企业来说极为不利。

压给员工的担子要比他们的承受能力重一些

经常给员工"压担子"，让他们多承担一些工作压力，使他们在担子的压力下得到锻炼和成长，是很多高明的管理者常用的"育才"方法。日本东芝株式会社社长土光敏夫就是这方面的典范，他认为，如果一个人能挑50公斤的重担，而你只给他30公斤或20公斤，就会使他感到不被信任，从而丧失积极性和主动性。但是，如果你给他的"担子"适当超过他所能承受的范围，他就会全力以赴，想方设法提高自己、变压力为动力。更重要的是，他会因此感到你对他的信任，从而激发起他对你的忠诚和奉献精神。正是凭借

这种理念，土光敏夫为东芝公司培养了一大批优秀人才，为东芝的成功奠定了坚实的基础。

压担子要讲究方法和尺度

压担子是一把"双刃剑"，如果运用得当，可以促进员工和企业的"双成长"，实现双赢的目的；如果运用不当，就会适得其反，使人才受挫甚至被扼杀，进而影响企业的发展。因此，压担子一定要注意方法和尺度。有的管理者信奉"轻担子"主义，不敢给员工压担子、压责任，这样只能使员工处于"侏儒"状态，永远长不大；有的管理者则恰恰相反，不仅片面追求"压重担"，疯狂地增加员工的工作量，不断地要员工"开夜车"，而且将远远超过员工承受能力范围的重担压在他身上，并且从此不再过问，像这种不顾实际、不负责任的"压担子"，最终只能把员工"压垮"！

让员工快乐地工作

对企业而言，忠诚的员工无疑是最宝贵的财富。可以说，员工的忠诚是每个管理者都向往和追求的目标，也是"员工自我管理"的题中之意，而"让员工快乐地工作"是赢得员工忠诚的关键所在。

据一项调查显示，员工工作不快乐的企业多数停滞不前甚至倒退，而员工工作快乐的企业则常常蓬勃发展。由此可见，员工的快乐指数是与企业的发展成正比的。也就是说，员工的快乐指数越高，企业就越有活力，越有发展前途。因此，精明的管理者，必须学会提升员工的快乐指数，使员工快乐工作成为企业发展的动力和源泉。

让很多管理者头疼的问题是，他们的员工工作缺乏激情，整天都像机器一样，生硬地"旋转着"，每天见到的都是一张茫然的、麻木的、毫无生气的脸。员工在郁闷和苦恼的空气中工作，工作肯定做不好，即便做好了，也不可能保持长久。只有员工以快乐的心态和谐地融入企业当中，整个团队才会有力量，企业才会有活力。

管理专家认为，一个成功的企业必须具备"三乐"的文化氛围："顾客快乐、员工快乐、老板快乐。"在这"三乐"中，顾客由于员工所提供的优质产品和人性化服务而感到快乐，老板则因为员工能充分满足顾客需求，创造持续而稳定的利润和良好的声誉而快乐。因此，要实现顾客快乐、老板快乐，让员工快乐是前提和关键。

联邦快递中国区总裁陈嘉良说："将心比心，公司对员工好，员工就会对公司好，这是一个很简单的道理。员工水平提高，客户才会满意，公司才能得到利润。如果利润能转化为对员工的再投资，就会形成一个良性循环。"人力资源专家通过实践调查也指出，只有让员工获得最大限度的快乐，才能被称为聪明的企业管理者。

那么，快乐工作到底是怎样的呢？快乐工作主要有以下三个方面的内涵：

第一，快乐工作是指员工和员工之间、员工和管理者之间相处融洽，工作环境和谐。不管是谁，如果长期在严格、压抑的环境中工作，都会逐渐丧失激情和创造力，因此，管理者必须学会减轻员工的压力感，让他们心情愉悦。

第二，企业制度应当人性化而非等级化，管理者要在企业内部创造一个平等相处的工作环境，这样员工在面对决策层时才可以自由表达自己的思想。

第三，管理者要为员工设计良好的职业规划，使他们与企业一起成长，让"积极进取、努力工作"成为他们自发自愿的行为，进而上升为"快乐工作"。

具体而言，要想使员工快乐工作，管理者需要从以下几个方面努力：

沟通是快乐的桥梁

要想让员工快乐地工作，首先需要顺畅地沟通。沟通是员工融洽相处、团结协作的桥梁和纽带，是提升企业凝聚力和竞争力的基础。

在松下，为了保持顺畅的沟通，公司特意制定了"三会"制度，即"朝会""恳谈会"和"信息员例会"。"朝会"于每天早上召开，会议内容五花八门，气氛轻松愉快，让员工一天都精神饱满；"恳谈会"每月召开一次，主要内容是让员工聚餐聊天，K歌跳舞，娱乐放松，舒缓心情；"信息员例会"也是每月召开一次，内容主要是让员工发泄情绪。从薪酬到住宿条件，从同事到领导，有什么牢骚不满，都可以拿出来大说特说。每个部门分别选出一名员工参加会议，会议结束后，员工代表将问题反映到相关部门，相关部门必须在规定时间内做出书面答复。

除了借鉴松下的会议沟通制度外，内部刊物、组织集体活动、旅游、运动、竞赛等沟通形式，都可以拉近员工和管理者之间的距离，使沟通更加顺畅和人性化。

激励是快乐的"催化剂"

美国著名心理学家赫茨伯格在对200名企业员工进行调查后指出，最能给员工带来工作满意度的是企业的"激励因素"，如工作富有成就感、工作成绩得到认可和肯定等；而使员工感到不满意的是企业的"保健因素"，如企业的政策制度、工作条件、薪酬待遇等。对员工来说，即使企业在"保健因素"方面进行了很大的改善，也只能减少他们的不满意，却达不到使他们满意的程度。而只有让员工满意，才能给员工以快乐感和满足感。因此，管理者要在改善企业"激励因素"方面下功夫，以提升员工的满意度和快乐感。

在松下，公司大力推行"透明化经营"，公司每次取得突破性的成绩，高层领导会议一结束，各层管理者就会尽快将好消息告诉广大员工，以鼓舞员工的士气。一家生物公司则给员工设立了一笔梦想基金，凡是在年末实现年度目标的员工，都可以拿到 5 万元的梦想资金来实现自己的梦想。

"家的温馨"是快乐的源泉

在单调乏味的工作中，员工很容易产生心理疲劳，导致缺乏活力和工作情绪低下，这时候，营造"家的温馨"可以使员工心头温暖起来，从而使他们更加快乐地工作。

在谷歌，员工可以随意带心爱的小狗进出办公室，可以在公司的食堂里免费吃午餐和晚餐，公司还允许员工在不耽误工作的条件下在上班时间去打曲棍球。在这种自由和信任的环境下，谷歌的员工感受到了"家的温馨"，所以很多员工都自愿留在公司里加班赶工，死心塌地地为谷歌效力；在伊利，公司设有关怀礼金，如每个员工都有结婚礼金、生日礼金，并有子女商业保险；在西安杨森，工间操、庆生会等措施，让员工感受到了家一样的温暖，所以每个员工都能把快乐氛围带到工作中去。

让员工看到未来

要想让员工快乐地工作，最重要的一点是让他们看到"我的未来不是梦"，即让员工看到未来、看到希望，看到良好的职业发展前景。

2005 年 12 月，智联招聘在上海、南京、广州等十几个大中城市进行了以"快乐工作 PK 台"为主题的网上调查活动。在"公司哪些政策让你最满意"的调查中，"及时全面的培训发展制度"以 24.27% 的比例位居第一位，而"挣钱多少"仅以 9.82% 的比例位居倒数第三位。由此可见，单纯给予员工金钱上的奖励，员工未必快乐。只有以员工的发展前途为导向，加强员工的培训工作，才能让员工看到未来、看到希望，进而得到快乐。

太平洋人寿保险公司为了让员工快乐地工作，同时为了应对代理人流失的问题，特地为绩优的代理人成立了"常青树"和"常春藤"两个精英俱乐部，以激励员工朝着更高的方向努力。现在，太平洋人寿已经将建立"学习工作化、工作学习化"的学习型企业作为目标，建立了分层级、制式化的培训体系，让员工在快乐工作的同时，把自己的前途和公司的发展紧密联系在一起。

企业的成功源于员工的快乐。员工只有在工作中得到了真正的快乐，才能真正地融入企业，充分地释放自己的聪明才智，实现自身价值，实现自我管理，为企业创造价值。

让员工成为企业的"主人"

在企业管理中，管理者只有树立起员工的主人翁意识，让每一位员工都切实地成为企业的主人，真正加入到企业的管理和建设中去，才是企业的立足之本、取胜之道。

"主人翁"指的是主体对客体的关系。当主体对客体拥有所有、使用、经营管理等关系，能以自己的意志去影响、支配客体的活动时，主体就是客体的主人或者说主体在主客关系中处于主人翁地位。

对企业来说，员工的主人翁地位就体现在员工对企业的所有、使用和经营管理关系以及相应的权利上。当员工的主人翁地位在企业中得到切实保障时，员工的积极性、创造性和聪明才智就能充分发挥出来，从而使企业充满勃勃生机。因此，管理者要做的就是，树立员工的主人翁意识，保障员工的主人翁地位。

为了达到上述目标，管理者主要应该在经济和精神两方面下功夫，在经济上主要是让员工与企业共担风险，共享利润。在精神上主要是提高员工对企业的归属感，让每位员工像关心自己的事业一样关心企业。要想达成这个目标，最经济、最有效的方法就是让员工参与到企业管理中来，即在不同程度上让员工参加企业的决策过程及各级管理工作，让他们与管理者处于平等的地位，使他们体验到自己的利益与企业的发展密切相关，从而产生强烈的责任感和使命感。这是培养员工主人翁意识的出发点。

联合经营钢材公司的管理者拉塞尔·梅尔认为，对员工讲实话，把所有情况向员工公开，与员工同甘共苦，并且总是让员工看到希望，是激励员工、充分调动员工主动性和积极性的最佳方法。

梅尔认为，为了使员工充分施展他们的才能和潜力，必须让他们懂得怎样以主人的姿态自主自觉地、认真负责地做好工作。为实现这一愿望，梅尔认为最好的方法是把所有信息、方法和权力都交到员工手中。他深信，如果他能使所有员工都感觉到他们对公司担有一份责任，那么，公司的一切，无论是员工的信心和积极性，还是产品和服务的质量，都会得到大幅度提高。他说："如果钢材是由公司的主人生产的，其质量肯定会是一流的，这是毫无疑问的。我们的目标是创建一个能够充分满足客户需求、为客户提供具有世界一流质量的产品和服务的公司。只有实现了这个目标，我们这些既是公司的员工，又是公司主人的人才能保住饭碗，才能使我们公司的地位得到提高。"

梅尔清楚，要实现这一目标，必须在公司内部开创一个员工充分参与合作的局面。只有这样，公司才能在激烈的市场竞争中生存下去。联合经营钢材公司理事会的人员结构充分体现了梅尔这一观点，其中4位理事是由工会指派的，三位来自管理部门，包括梅尔本人和另一名拿薪水的员工。

梅尔让员工明白了当主人应该做些什么，使他们的思维从"那是老板的问题，与我无关"转换到"我即是公司，所以，这些事应该由我来处理"的轨道上来。

联合经营钢材公司的员工现在都具有双重身份，一种身份是公司的雇员，另一种身份是公司的主人。尽管这两种身份截然不同，但每一种身份都会对另一种身份起到促进作用。公司也会因此发展得越来越好。

由此可见，管理者要想树立员工的主人翁意识，就要让员工积极参与到企业管理中来，让他们切实体会到企业的每一项决策、每一个成功，都有他们的一份心血和汗水，是他们的努力促成了企业的成功。

具体操作起来，管理者应该从以下几方面入手培养员工的主人翁意识。

尊重每一名员工

在一个企业里，员工因为学历不同、能力不同、岗位不同，为企业创造的价值也不相同，但是，每一名员工都在自己的工作岗位上为企业创造了价值，从事的工作也都是企业所必要的，这一点毋庸置疑。因此，管理者要尊重每一名员工，尊重员工的人格和劳动。

给员工提供学习和培训的机会

企业的利润是由员工创造出来的，而员工由于知识水平、技术水平的不同，又相对制约着企业的生产力发展水平。也就是说，当员工的知识水平、技术水平得到提高时，也能带动企业生产力发展水平的提高，增强企业的生命力。因此，管理者应该鼓励并尽力为员工提供学习、培训的机会和条件，支持他们不断充实自己、提高自己。这是企业能够持续有效发展的源泉和动力。

让员工享有充分的权利

管理者应该把员工看做企业的合作伙伴，让员工充分参与到企业发展中去，并将企业的重大事项、方针、政策及时向员工通报，给员工行使民主权利的机会，让员工看到和感受到企业的广阔发展前景，使员工充分发挥自身的优势和潜能，把学到的知识、技能充分运用到工作实践中去，为企业的成长和发展贡献力量和智慧。

为员工提供合理的平台

实现自我价值是每个人的心理需求。一旦满足了人的这种需求，不但能充分调动起人的主动性和积极性，还能最大限度地挖掘出人的某种潜力。因此，管理者要善于为每一个员工提供实现自我价值的机会和平台，以促进员工的成长和企业的繁荣。

打造员工实现自我价值的平台

> 每个员工都有实现自我价值的愿望。一个员工，一旦他的学识和才能有了用武之地，自身能力在工作中得到了充分发挥，就会产生一种成就感、满足感和幸福感。

现代管理学之父德鲁克说："组织的目的只有一个，就是使平凡的人能够做出不平凡的事。"作为企业的管理者和经营者，除了要为市场提供合格的产品、优质的服务以外，还应该通过各种方法和手段，鼓励员工将自己的目标、利益与企业的目标、利益统一起来，与实现自我价值的需要统一起来，从而达到企业造福员工，员工成就企业的理想境界。

美国著名心理学家马斯洛的需要层次理论认为，人有生理需要、安全需要、社交需要、尊重需要及自我实现的需要，其中自我实现的需要是最高层次的需要。每个人都有潜在的能量，都有自我实现的需求和渴望。在企业里，让员工最大限度地发挥自己的潜能，实现自我价值，往往要比发一个"大红包"更能激发其工作热情和积极性。

然而，在现实生活中，有很多管理者只是把员工当做用体力或脑力换取工资的"奴隶"，认为员工工作只是为了拿那份薪水，因此他们总在心底里盘算：他们干多少活，我就发给他们多少工资，公平合理，天公地道。殊不知，这种短浅的目光不仅会使员工的工作充满机械性和痛苦，也会使企业丧失前进的动力。而成功的管理者则不同，在他们看来，工作不仅是员工获取生活来源的平台，更是员工实现自身价值、实现自我发展的平台。在这一点上，微软做得非常成功。

一位微软研发部专家说："我之所以从其他公司再次回到微软，看重的就是微软的环境。它能够给我一个最好的平台，让我实现自己的想法，这个平台的魅力是不可抗拒的，是我放弃一些现实的利益来换取的。"

一位中国员工把微软提供给员工的资源比喻成高压水龙头："公司拥有大量的信息、资源，只需要你张开嘴巴，就不停地往里灌。只要你愿意张大嘴巴，你的知识、能力、经验就会得到很快提升。"

不可否认，员工和企业之间是一种雇用与被雇用的商业关系：员工出力（体力或脑力），企业出钱。但是，透过这层商业关系，如果我们用心去体会，就不难发现，企业不但是员工获取生活来源的平台，更是员工展示自我才能、发挥自我潜能的平台。管理者只有意识到这一点，才能让员工自觉工作，实现员工的自我管理。

韩国有一家工厂曾经实行过"一日厂长制"。"一日厂长"就跟真的厂长一样，拥有处理厂内一切公务的权力。如果"一日厂长"发现工厂存在某些问题或对工厂有某些意见，可以详细地记录在工作日记上，各部门主管要根据这些批评意见，随时改正自己的工作。实行"一日厂长制"以后，这家工厂里大部分当过"一日厂长"的员工对工厂的向心力大大增强。更重要的是，"一日厂长制"增强了员工对公司经营的参与意识，使他们的积极性和个人潜力得到了极大的发挥。结果，这家工厂的管理收到显著效果，节省了200多万元的生产成本。

实行"一日厂长制"的管理模式，可以使那些平时绝少有机会相互交流的员工、中层管理人员等都有机会参与到企业管理中来，使之确立自己的价值，满足自我实现的需要，从而提高员工的积极性，为企业创造更多的财富。

日本麦当劳老板藤田田就深谙此道。他为了把员工实现自我价值的心理欲望转化为工作热情，促使员工更好地为麦当劳工作，想出了一个"员工加盟制度"的"金点子"。藤田田向所有员工宣布：凡是在他的麦当劳汉堡店干满10年的员工，如果有意"单干"，经营日本麦当劳分店，日本麦当劳总店将予以大力支持，总店将为这样的员工选择好分店的开办地点，员工只需要向总店交纳 250 万日元的保证金，就可以利用日本麦当劳的名义"单干"了，从此该员工就是日本麦当劳加盟店的老板。这对所有在日本麦当劳工作的员工来说，无疑具有强大的吸引力：冲着日后能当老板，日本麦当劳的员工个个干劲十足，热情高涨！

日本麦当劳之所以成功，就在于它为员工们打造了一个实现自我价值的平台，从而实现了员工的自我管理。

"自我管理"是一种"以人为本"的管理理念，其实质不仅在于以人为根本、以人为中心、以人为目的来考虑问题，注重人的生命、价值和尊严，更重要的是，它能够让员工积极参与到企业管理中来，从而最终实现"利用员工"与"实现员工自我价值"的和谐统一。

在一个企业里，最大的财富是员工，最具有开发潜力的资源也是员工。因此，最大限度地挖掘员工的潜能，充分调动员工的积极性、主动性和创造性，使员工的自我价值在工作过程中得以实现，是现代企业管理活动的保证，是管理的核心，也是实现员工自我管理的关键所在。

培养员工自我管理的技能

诙谐作家杰克森·布朗说："缺少自我管理的才能，就好像穿上溜冰鞋的八爪鱼。眼看动作不断，可是却弄不清楚到底是往前、往后，还是原地打转。"在现代企业管理中，员工的自我管理虽然是可能的，但真正做到却并不容易，它需要管理者对员工进行热情、耐心的培训、帮助和引导。

很多管理者在管理员工的模式上，常常会面临这样几种选择和矛盾：宽容、温和式的管理，可以营造和谐融洽的氛围，增强员工的归属感，但容易造成纪律松垮、秩序错乱、效率低下等管理不力的局面；严格地把所有的细节都置于制度和标准的控制之下，可以保证管理的力度，提高效率，但容易造成员工的压抑心理，使员工失去参与意识和创新精神，甚至可能造成优秀员工的流失。以激励为主的管理模式，实际上是将尊重、理解、宽容与制度管制有机结合起来，引导和激励员工实现成长和进步，但是，这种方式也有它不可避免的弊端，因为激励并不是某种完全格式化的东西，它的实现情况往往取决于管理者的素养和判断。

其实，要解决上述这些矛盾并不难，它需要管理者转换一下视角去对待这个问题，即管理者应该从"培养员工自我管理能力"这个角度入手。

西门子是全球最大的电气和电子公司之一，它有个著名的口号叫"自己培养自己"，反映出了西门子公司在员工自我管理方面的深刻见解。和世界上很多优秀的公司一样，西门子公司很早就将员工的全面职业培训和继续教育列入了公司战略发展规划，并认真地加以贯彻实施，从而打造了大批具备一流自我管理能力的优秀员工。

由此可见，管理者应该在日常工作中更多地去帮助和引导员工实现自我管理，而不是单纯地要求员工完全按照已经设计好的方法和程式进行思考和行动。

某公司市场部经理张先生感慨道："员工们真是不让我放心，他们几乎所有的工作都需要借助我或者其他同事的帮助，当他们独自面对某一项任务时，常常会无所适从，不知所措。老刘，你有这样的感觉吗？"

老刘是和张先生同期上任的经理，他深有同感："我必须时时处处过问他们的工作。如果我把项目交给他们，结果常常是他们外出一天，回来却什么成果都没有。类似的事发生过很多次了，真是让人头疼！"

"是啊！我估算了一下，他们完成的工作量，充其量只有我当时处在他们这个位置时完成工作量的 80% 左右。"

"真不知道该怎么办！我给他们施加压力，可是一点用处都没有。而且，每当我发现一个能干的员工时，他很快就跳到别的地方去了。"

故事中的两位经理并不清楚自己面临的问题的根源所在。在他们的意识里，自己的下属之所以把工作搞得一塌糊涂，完全是因为缺乏工作动力和责任心的结果。但这并不是问题的关键所在。最主要的原因是他们的下属缺乏自我管理的技能，他们不知道如何安排自己的时间和工作。如果管理者抓不住这一点，那么采取其他任何手段都是徒劳无功的。

那么，管理者怎样才能培养员工的自我管理技能呢？

要求员工学会管理自己

要想让员工具备自我管理能力，管理者首先必须向员工提出这样的要求，即学会自我管理。如果没人要求员工这样做，他们根本没理由进行自我管理。

让每个员工都参加自我管理的培训

很多员工之所以不善于进行自我管理，原因就在于他们不知道如何管理。所以说，自我管理首先是一个能力问题。如果员工缺乏这方面的能力，就算管理者对他们大喊大叫，也无济于事。为了帮助员工培养这种能力，提供相应的培训非常必要。作为管理者，应该主动去为员工寻找这样的培训机会，因为这样的培训能教会员工如何合理安排自己的工作和时间，如何制订工作计划并自觉遵守，如何设定工作目标并激励自己去达成这些目标。

将需要运用自我管理技能的任务交给员工去做

即便管理者为员工提供最好的培训，如果没有实践，员工也会很快把所学的东西忘得一干二净。因此，管理者应该为员工做好培训后的工作安排，这样当员工回来工作时，就能将学到的技能运用于工作实践。

留意并认可员工在自我管理中的每一个进步

管理者必须明白，人是需要认可和鼓励的，员工也不例外。因此，当员工在自我管理方面取得进步时，管理者要给予他们恰当的赞美和鼓励，甚至是奖励，并为他们提供施展自我管理能力的锻炼机会。这样才能激发其他员工学习自我管理技能的积极性和主动性。

让擅长自我管理的员工帮助训练后进员工

在培养员工自我管理能力的过程中，管理者还可以采取"先进带后进"的做法。这样做，管理者将获得一箭双雕的效果：不仅能使那些擅长自我管理的员工在实践中得到锻炼和成长，还能帮助管理者对其他员工进行自我管理的训练。